本书为广东省国际传播青年人才培养基地第一批培养对象深化扶持培养项目成果，得到广东省2018年文化繁荣发展专项资金（第七批）的资助。

国际传播与媒介发展论集

朱颖 主编

中国社会科学出版社

图书在版编目（CIP）数据

国际传播与媒介发展论集 / 朱颖主编. —北京：中国社会科学出版社，2020.5

ISBN 978-7-5203-5664-0

Ⅰ.①国… Ⅱ.①朱… Ⅲ.①传播学—中国—文集②传播媒介—中国—文集 Ⅳ.①G206-53

中国版本图书馆 CIP 数据核字（2019）第 259080 号

出 版 人　赵剑英
责任编辑　陈肖静
责任校对　刘　娟
责任印制　戴　宽

出　　版　中国社会科学出版社
社　　址　北京鼓楼西大街甲 158 号
邮　　编　100720
网　　址　http://www.csspw.cn
发 行 部　010-84083685
门 市 部　010-84029450
经　　销　新华书店及其他书店

印　　刷　北京明恒达印务有限公司
装　　订　廊坊市广阳区广增装订厂
版　　次　2020 年 5 月第 1 版
印　　次　2020 年 5 月第 1 次印刷

开　　本　710×1000　1/16
印　　张　18.25
插　　页　2
字　　数　271 千字
定　　价　96.00 元

凡购买中国社会科学出版社图书，如有质量问题请与本社营销中心联系调换
电话：010-84083683

目　录

上篇　国际传播与对外报道

广州城市形象国际传播策略研究
——聚焦《财富》全球论坛以来的国际传播工作 …… 胡良光（3）
融媒体时代广东英文媒体国际传播策略研究……………… 王　凯（12）
深度系列报道：被持续发现的溶洞
——从中国新闻奖获奖报道“揭秘青蒿素与广东的故事”
浅谈深度系列报道采写 ………………………… 王　倩（19）
广州中文媒体的对外传播研究
——以《新快报》《Hi 广州》栏目为例 …………… 唐佩阳（28）
运用境外社交平台创新新闻外宣的研究
——以《今日广东》在脸书的传播创新为例 ……… 蔡文捷（38）
如何建立品牌，讲好广州故事…………………………… 连　超（53）
浅谈中国电影国际传播的现状及策略…………………… 关　韵（59）
浅谈中国图书出版“走出去”中的创新
——跨媒体合作和“图书 +”的几点思考…………… 黄洁华（68）
“优质国情教育读本”的国际传播何以成功
——以《我的家在中国》丛书的多版本输出为例…… 周　莉（79）
镜鉴“资本出海记”版面
——《21 世纪经济报道》中企跨境并购报道特点和
导向变化 ………………………………………… 辛　灵（86）

外事新闻报道创新与转型
——新媒体语境下的国际传播探索 …………………… 孙　锦（94）
中国主场外交议题优化的创新思路………………………… 丘倩怡（102）
地市级纸媒跨国报道的困境与探索
——以《佛山日报》“佛山制造·海上丝路万里行”
系列报道为例 …………………………………………… 莫　璇（109）
以侨搭桥　裂变传播：地方报业的国际传播策略初探…… 方晓旻（118）
新媒体时代城市外宣网站转型探索
——以“今日东莞”英文网为例 ………………………… 谭　晶（127）
破除视野之殇　壮大本土制造
——浅析广东城市电视台栏目纪录片的
外宣传播力再造 ………………………………………… 梅天恩（134）

下篇　媒体转型与融媒实践

打造新型主流媒体：“四重逻辑”审视……………………… 毛玉西（145）
纸媒数据新闻可视化的策划与呈现技巧
——以《羊城晚报》《数据控》栏目为例 ………… 赵　鹏（155）
美国传统媒体与社交媒体融合的新趋势和转型思考……… 罗丽婷（165）
新媒体环境下纪录片的创作与传播………………………… 李　林（174）
浅析历史纪录片的进行时态
——以纪录片创作实践为例 ……………………………… 温盛远（181）
微纪录片的传播特征及叙事美学
——以《三分钟》微纪录片为例 …………………… 邓少涛（187）
新技术如何成为做好港珠澳大桥报道的重要“触媒”
——珠海特区报社融媒改革的一种有益尝试 ……… 钟　夏（194）
县级融媒体中心建设：地市级媒体的机遇优势
和路径创新……………………………………………… 刘远朋（203）

浅谈地市级党报新闻客户端发展问题与对策
——以“掌上梅州”客户端为例 ……………………… 黄　焱（211）
新时期地市级媒体公众号运营策略………………………… 裘蓓蓓（216）
新媒体时代气象灾害报道的探索与思考
——以“中山发布”对台风“山竹”的报道为例…… 叶倩儿（222）
地市报业推动“新媒体＋会展产业”的实践与探索
——以西江日报社举办“肇庆动漫文化节”为例…… 涂晓峰（231）
地方报社转型中的新闻传播路径探索……………………… 池　榕（239）
融媒背景下地级市党报全案服务模式的探索
——以《清远日报》为例 ……………………………… 黄扬梅（245）
地级城市电视台微信公众号提升传播力策略初探
——以潮州电视台微信公众号为例 …………………… 杨宗楷（253）
人工智能与贵州智慧城市建设……………………………… 万　婧（266）
网络新媒体时代高校舆情治理研究………………………… 王豪菁（280）

上　篇
国际传播与对外报道

广州城市形象国际传播策略研究
——聚焦《财富》全球论坛以来的国际传播工作

胡良光*

【摘要】做好城市形象国际传播工作，是增强国际话语权、提升城市软实力的重要手段，在新时代体现出前所未有的重要性。以《财富》全球论坛落户广州为契机，广州城市形象国际传播工作开启了新的探索，进一步优化了顶层设计，构建了多元传播主体，提高了传播技巧，值得加以梳理、分析和总结。

【关键词】城市形象　国际传播　机制　主体　技巧

随着综合国力和国际地位的不断提升，中国日益走近世界舞台中央，国际社会也正在高度关注着中国。推进国际传播能力建设，讲好中国故事、传播好中国声音，向世界展现真实、立体、全面的中国，提高国家文化软实力和中华文化影响力，显得尤为重要且迫切。

广州是中国改革开放的前沿阵地，也是世界观察中国的重要窗口。2010年广州亚运会的成功举办，使广州的国际知名度与影响力迈上了新的台阶。近年来，广州积极顺应新时代发展的新要求，不断强化“四个意识”，增强“四个自信”，进一步树立全球视野，更新发展定位，将城市形象国际传播全面融入国家大外宣格局，以软实力的提升带动硬实力的增强。

---

* 作者简介：胡良光，男，文学硕士，南方日报时政新闻部国际传播工作室主任。

2017年12月举行的《财富》全球论坛，是继亚运会之后广州举办的又一具有广泛国际影响力的主场盛会。以2016年9月13日该论坛正式宣布落户为新起点，广州城市形象国际传播工作开启了迭代升级，在机制、主体、技巧等方面进行了一系列新探索，推动“广州故事”“中国故事”传播得更广、更深入人心。

一 广州加强国际传播的时代性和必要性

经过40年的改革开放，中国发生了翻天覆地的变化，一跃成为世界第二大经济体。然而，信息流进流出的“逆差”、中国真实形象和外界主观印象的“反差”依然十分明显，归根结底在于软实力和硬实力的“落差”。

“软实力”概念的提出者约瑟夫·奈指出，“软实力”主要有三个来源：一是文化，当一国文化包含普世的价值观，且政策是促进别国所共有的价值观和利益时，其获得理想结果的可能性增大；二是政治价值观，指在国内能实现民主、在国际机制中与别国合作、在外交上促进和平与人权的价值观；三是被认为合法和拥有道德权威的对外政策。

提升软实力，是中国走向世界舞台中心的必要条件。从自身角度来看，如今的中国有责任也有条件向世界宣介自己的主张、弘扬自己的价值、讲好自己的故事，以获得更多理解和支持，共同构建人类命运共同体；另外，中国的发展变化举世瞩目，世界也更加关注中国，国外受众更加需要对中国的权威全新解读，从而形成客观、真实的认知。要实现上述目标，以我为主提升国际传播能力，增强国际话语权，是必由之路。

国际传播是在民族、国家或其他国际行为主体之间进行的、由政治所规定的、跨文化的信息交流与沟通。广义的国际传播包括跨越国界的大众传播和人际传播。近年来，中国以区域为单位、以政府为主体，为提升国际显示度、影响力而开展的国际传播行为日趋系统、频繁。广州是其中的重要一员。

（一）这是中心城市服务国家大局的使命使然

作为改革开放的排头兵、先行地、实验区，广东要努力在构建推动经济高质量发展体制机制、建设现代化经济体系、形成全面开放新格局、营造共建共治共享社会治理格局上走在全国前列。国家中心城市、省会广州责无旁贷，必须在服务全国全省发展大局中发挥广州作用、贡献广州力量。做好城市国际传播和品牌提升工作，无疑是一个重要的支撑要素。

（二）这是千年商都提升城市能级的内在需要

新一轮科技革命和产业变革正在重塑全球经济结构和城市版图。中国一线城市纷纷以更大的视野、更高的要求和更强的紧迫感，提升战略定位，汇聚全球资源，在“世界一线城市”中争先进位。北京将坚持和强化首都全国政治中心、文化中心、国际交往中心、科技创新中心的核心功能，努力建设成为国际一流的和谐宜居之都；上海要全面提升在全球城市体系中的影响力和竞争力，着力打造社会主义现代化国际大都市；深圳未来则要建成代表社会主义现代化强国的国家经济特区，成为竞争力、影响力卓著的创新引领型全球城市。面临“标兵渐远，追兵渐近”的境况，在城市总体规划中，广州的发展目标也与时俱进：从建成广东省宜居城乡的“首善之区”和服务全国、面向世界的现代化国际大都市，转变为打造“美丽宜居花城　活力全球城市”，未来要逐步建设成为中国特色社会主义引领型全球城市。适应新的国际国内形势，对国际传播的机制、主体、技巧等进行优化和再造，加强城市形象国际传播的力度、广度和深度，扩大国际显示度与知名度，提高全球资源配置能力，通过软实力的提升促进硬实力的增强，这是广州的发展自觉。

二　广州城市形象国际传播特点分析

2016 年 9 月 13 日，世界上最有影响力的经济发展论坛之一——《财富》全球论坛正式宣布落户广州。以此为契机，广州将《财富》全球论坛宣传和城市形象推介提升紧紧结合起来，根据论坛筹备和会时两个阶段不同特点，强化组织保障，树立全球视野，坚持国家站位，构建全方位、立体化境内外传播矩阵，加强内容策划引领，创新传播方式方法手段，在国际舞台上讲好“中国故事”“广东故事”“广州故事”。随着论坛于2017年12月圆满闭幕，广州也以崭新姿态“绽放”于世界，使全球商业领袖和精英等群体强化了对广州的认识与信心。

城市形象可以理解为公众对城市总体特征和属性的感知。相较而言，广州亚运会时期的城市形象国际传播，其覆盖范围、目标受众、调度资源等主要局限在亚洲，且以传统宣传推介为主。广州自《财富》全球论坛落户以来的国际传播工作，则体现出目标要求更高、传播范围更广、国际化程度更深、传播手段更加多样等特点。该论坛不仅成为羊城发展的一个新起点，也翻开了城市形象国际传播的新篇章。围绕“美丽宜居花城 活力全球城市”的愿景以及建设中国特色社会主义引领型全球城市的目标，广州不断扩大《财富》全球论坛效应，总结探索经验，凝聚多方资源，凸显城市特色，从机制、主体、技巧等“战术”层面推动城市形象国际传播工作跃升。

（一）树立全球视野，坚持国家站位，建立完善上下联动、纵合横通的机制，构建同频共振、有机互动的国际传播新格局

1. 优化体制机制

以往重要节事活动结束后，相关传播工作也告一段落，面向未来的新规划新举措有待跟上。而在《财富》全球论坛结束后，广州立足长远，乘势而上成立了城市形象国际传播工作小组，由市委、市政府主要领导牵头，市委、市政府相关单位担任成员，牢固树立服务于中国特色大国外交和城市高质量发展的理念，推动形成系统化的组织架构和立体化的工作体系，统筹决定国际传播和国际品牌提升等重大决策事项。其办公室常设在市委宣传部，下设外联活动组、新闻策划组、综合财务组、新闻采访线组、舆情研判组等五个工作小组，负责具体统筹协调各项组织工作。

2. 强化顶层设计

2018城市国际传播年和国际品牌提升年建设，被列入广州市委重点工作督办事项。通过深入调研，广州制定了《2018广州城市形象国际传播年工作方案》，并推进《2019到2035城市品牌提升行动计划》的起草，以保障相关工作的顺利开展。从2018年开始，广州加强城市形象品牌研究，外宣工作致力于推进“花城”品牌国际影响力提升，立足用五年左右时

间，把“花城”品牌城市形象打造成为在世界上影响力广泛、特征鲜明、知名度高的城市品牌形象。

3. 深化上下联动

在纵向上，广州进一步加强与中央和省相关部门、机构的沟通，及时掌握最新精神和资讯，并与市、区、镇、街等相关单位密切联系，深挖资源，做到“上接天线，下接地气”；在横向上，广州把城市外宣融入全市经济社会发展的战略格局，坚持融合打通，与各单位、各区、各社会力量在城市形象推广上深入合作，形成“全市一盘棋，上下一条心”的工作格局。

（二）加大引导力度，开拓发展思路，形成党委政府主导、海内外力量协同参与的主体阵容，增强了传播的深度与广度

国际传播包括跨国家、跨文化的信息、意见和观念等方面的交流、碰撞和互动。通过完善机制、开放合作，广州城市形象国际传播正在从相对单一的主体向覆盖海内外的个体、机构等多元主体转变，政府与市场的力量正在融合，围绕共同的目标各司其职、各显神通。

比如，为了取得良好的传播效果，在《财富》全球论坛筹备阶段，配合城市形象“走出去”，广州加强与国际传播公司罗德公关、新华社的合作，向境内外高端商务人群、主流人群精准推送城市在经济、政治、社会、文化、生态建设等领域的相关建设成效、举措，以期助力论坛嘉宾邀请和城市形象高端辐射工作。

广州还着力建立国际传播人才队伍体系，整合国内外政界、学界、商界、科技界等各界资源，加强国际传播智库和国际传播志愿者队伍建设，促进国际话语权的提升。按照加强建设、善用外脑的原则，经严格选拔，广州目前已组建数十人的中外专家顾问团，选择恰当时机在媒体上撰文、在活动中亮相，为宣传中国、广东、广州出力。

（三）创新方式手段，提高传播技巧，确保国际传播和国际品牌提升的有效性、针对性、可实施性，使效果更加深入人心

1. 在内容取向上，通过软性题材传递中国价值，以微观故事展现宏大主题

美国营销传播大师安妮特·西蒙斯指出：“在信息时代，事实是非线性的……复杂世界中，谁说的话有道理，谁讲的故事好听，人们就选择听谁的。”在一系列国际传播活动中，广州一改以往简单推介的方式，突出人的维度，把城市故事和国家故事紧密相连，打造“广州故事”品牌，区分对象，精准施策，通过组织海内外代表讲好城市改革发展、开放包容、创新创业，以及与世界各国在科技、经贸、文化等领域的交流交往故事，把中国道路、中国理论、中国制度、中国文化、中国精神、中国力量寓于其中，努力出新出彩，见人、见事、见思想。如：在2018博鳌亚洲论坛年会期间举行的广州城市形象国际传播年推介会上，以色列“创新之父”、以色列ICQ投资人尤西·瓦尔迪先生与广州9位创新企业代表共同讲述了中国城市创新与开放的感人故事，展现了广州开放包容、务实创新的城市精神。广州还积极开展“向幸福出发——我与改革开放的广州故事”“向世界出发——我与改革开放的广州故事”“向未来出发——我与改革开放的广州故事”以及系列文化、体育等城市故事，组织各行各业代表现身说法，呈现改革开放的伟大成就；主动加强议程设置，筹备制作“广州故事”十个系列短视频，从交通、科技、美食、文化、生态、商贸等十个方面着手，用生动的故事、丰富的视觉元素来呈现鲜活的、有温度、有深度的“广州故事”，借助新媒体进行广泛传播。

2. 在平台建设上，打通国内国际链接优质资源，搭建一流立体化传播矩阵

近些年来，中国影响力不断提升，移动互联网和新媒体迅速崛起。基于这样的环境变化，区别于广州亚运会时期，紧密对接国内国际一流资源、突出新媒体传播优势，成为广州国际传播工作的一大重点。广州不断扩大国际媒体“朋友圈”，积极利用国家重大平台和央媒强大资源，与人民日报社、新华社、中央电视台、中国日报社等建立战略合作，对城市进行深度展示；充分利用好《金融时报》《华尔街日报》、BBC、CNBC、Twitter、Facebook等境外主流媒体力量和社交平台，“借船出海”，用世界语言影响主流人群，扩大国际影响力；同时，重点打造“花城+”等本地英文融媒体平台，建设“家在花城”“大咖说花城”等英文平台，在全球形成国际主流媒体、网络媒体、社交媒体、自媒体全方位传播矩阵，构建境内外全媒体传播局面，展示广州城市魅力。

3. 在操作方式上，融合线上线下覆盖主场客场，提升传播精细度和精准性

广州按照互联网时代移动终端传播、媒体传播、线上线下传播、自诉他诉等规律，创新传播方法手段，使广州城市形象更加生动地传播到境内外。《财富》全球论坛准备时期，广州城市形象宣传片连续一周亮相纽约时代广场、广州首个 VR 城市形象宣传片在硅谷推介会亮相、腾讯大粤网制作推出的 H5 在境内外各个平台点击量一个小时之内便突破 200 万……为了配合巴塞罗那世界航线发展大会接旗仪式，广州城市形象宣传片登陆西班牙足球甲级联赛赛场，影响了近两百个国家地区的观众，成为西甲赛场第一个进行城市形象宣传的城市。

将“走出去”与“引进来”紧密结合起来，对标国际一流，搭建城市形象路演推介平台，重点围绕改革开放、粤港澳大湾区、广州 IAB 产业、NEM 产业、三大枢纽建设、科技创新发展等主题，以及美食、花城等品牌打造设计路演内容，这是广州国际传播的另一个新特点。一方面，打造“全球主场”，在继续做好广交会、中国留学人员广州科技交流会、广州国际城市创新大会等盛会的基础上，引进了《财富》全球论坛、世界航线发展大会、世界港口大会等具有较高国际影响力的会议平台；推出广州国际投资年会、官洲国际生物论坛等新平台，并以“1+N”模式打造由国际性财经专业媒体开展的会议论坛智库平台，如加强与《经济学人》合作，举办首届“全球未来城市峰会”（简称琶洲论坛），与国际主流财经媒体 CNBC 合作开展广州南沙首届科技峰会（南沙论坛）。另一方面，积极“走出去”，服务国家外交大局，借助 G20 峰会、APEC 峰会、金砖国家峰会、中非合作论坛、世界经济论坛、博鳌亚洲论坛等国际一流会议平台，采取推介、对话、表演等形式展现广州风采、增进中外友谊。

三 关于优化广州城市形象国际传播的建议

客观而言，经过多方努力，近几年广州的国际显示度与影响力有了新的突破。

2018 年 11 月 13 日，全球最权威的世界城市研究机构之一 GaWC 发布的 2018 年世界级城市名册显示：广州的排名上升到 Alpha 级别，在世界一线城市中居第 27 位，名列中国第五。相较国家和省提出的要求，对标国内外先进城市的做法，对照自身的发展目标，广州城市形象国际传播工作仍有一定的提升空间，笔者认为，可从以下角度进一步优化，在全球城市坐标体系中擦亮“广州品牌”。

（一）不断完善机制，确保长效持续

城市形象国际传播是一个系统工程，需要统筹兼顾，充分激发相关部门和社会各界的积极性与战斗力，投入众多资源，久久为功，才能取得理想效果。为了进一步提高政治站位和国家站位，提高对城市形象国际传播的重视程度，在现有工作小组机制的基础上，进一步明确部门职能与岗位职责，提升工作整体性与内部协调性，强化城市形象国际传播规划与计划的前瞻性、系统性与可操作性，明确人力、财力、物力等要素的长期投入、产出、评估和优化等机制，是值得继续推进的工作。

（二）拓展传播渠道，唱响美妙和声

在国家形象和区域形象的国际建构方面，过去受一些条件制约，中国主要依赖官方的大众媒介，在新兴媒体、人际传播和跨文化传播等渠道的拓展方面相对不足。近年来，这种现象有所改观。广州将媒介传播、人际传播、活动传播等整合为“组合拳”推出，收效明显。不过，总体来说，广州城市形象国际传播尚未完全跳出“媒体本位”“宣传本位”等思维框架，在多产品定制、多渠道推介、多介质展现等方面还有较大发展空间，可以更多地尝试互联网传播、流行文化传播、特定群体传播等方式，以多声部大合唱提升城市美誉度。此外，目前广州本土缺乏有影响力的国际传播平台，重点事项往往要借助外力，沟通协调成本相对较高，对传播效率、效果形成一定制约，打造一个与广州的城市定位和发展愿景相匹配的主流平台，十分重要。

（三）官方民间并进，用好社会力量

在新时代背景下，加强党对宣传思想工作全面领导的前提下，应充分发挥民间资源在国际传播、公共外交中的独特作用。当前广州国际传播更多地体现出官方主导的色彩，需要进一步提升引导能力、策划能力和聚合能力，最大限度调动海内外的社会力量，包括国际化、市场化水平较高的企业、文化机构与社会团体，为城市推介、国际交流合作等“送出助攻”，壮大主流声音。

（四）本土国际并重，增强传播效果

国际传播实质上是跨文化的交流，必须走心。囿于单向、线性传播，吸引力、感染力、影响力和公信力有待增强，是中国城市国际传播普遍仍然存在的问题。中国改革开放不停步，作为国家中心城市，广州置身于全球化的语境之中，唯有不断革新理念，提升国际化、专业化水平，尊重国际常规，认清文化差异，适应技术变革，深入把握国际社会的研究兴趣点、议题聚焦点、利益交汇点、情感共鸣点，平衡好本土与国际、自我与他者的关系，因时因地多形式地设置议题，才能提高传播效果，推动城市形象国际传播实现从“走出去”到“走进去”的跨越，切实增强话语权。广州是国家历史文化名城，可以更多地挖掘梳理岭南文化的内涵，打造系列国际传播产品，为打响城市品牌、传播中华文化、讲好中国故事提供生动载体。

（本文发表于《青年记者》2019 年 5 月下）

参考文献：

李春良：《传播主流舆论 做强主流媒体》，《新闻战线》2018 年第 8 期。

卫庶：《让全世界都能听到并听清中国声音》，《求是》2018 年 10 月 28 日。

杨振武：《把握对外传播的时代新要求——深入学习贯彻习近平同志对人民日报海外版创刊 30 周年重要指示精神》，《人民日报》2015 年 7 月 1 日第 7 版。

张昆：《当前中国国家形象建构的误区与问题》，《中州学刊》2014 年 1 月 31 日。

张昆：《从“他塑”为主转向“我塑”为主 改革创新国家形象传播方式》，《人民日报》2016 年 6 月 19 日第 5 版。

［美］安妮特·西蒙斯：《故事思维》，俞沈彧译，江西人民出版社 2017 年版。

融媒体时代广东英文媒体国际传播策略研究

王　凯*

【摘要】在全球化的背景下，“讲好中国故事，传播中国声音”已经成为新闻传播领域的重要使命，更是广东英文媒体亟须研究、取得突破的课题。本研究旨在总结当前广东省英文媒体的国际传播策略、科学评估其合理性、有效性，并为进一步优化广东英文媒体的国际传播策略提出建议。

【关键词】融媒体　英文媒体　国际传播

在移动互联网迅速普及、媒体加速融合发展的时代背景下，英文媒体在国际传播中有了新的助力，也迎来了新的挑战。习近平总书记在党的十九大报告中提出：“推进国际传播能力建设，讲好中国故事，展现真实、立体、全面的中国，提高国家文化软实力。”这是习近平外宣思想的集中概括，也是对国际传播的新要求以及对新理念的探索。

一　当前的国际格局和广东省国际传播形势

（一）国际格局趋向更加均衡的态势

“国际格局”不仅是国际问题研究关注的重要场域，也是国际传播

*　作者简介：王凯，男，文学硕士，南方新闻网英文网主管。

工作必须考虑的外部环境。“冷战”结束以后，“一超多强”的国际格局持续相对稳定，但一直处在变化、转型、重构之中。21世纪以来，一大批新兴市场国家和发展中国家快速发展，世界多极化发展加速，国际格局日趋均衡，国际潮流大势不可逆转。目前，全球治理体制变革正处在历史转折点上。世界多极化趋势越发明显。一方面，以威斯特伐利亚体系为发源的，西方占据主导地位的国际体系仍在持续。另一方面，随着新兴国家群体性崛起，发展中国家作为整体在政治、经济、文化等各方面对世界的贡献也越来越大。

当今的国际格局，以美国为代表的西方发达国家与以中国为代表的新兴市场国家和发展中国家之间关系的发展趋势更加平衡。

（二）当前国际格局变化对中国国际传播局势的影响

在我国日益走近世界舞台中央的今天，我国也面临新的国际传播形势。2018年8月21–22日召开的全国宣传思想工作会议上，以习近平总书记为核心的党中央更是赋予国际传播“展形象”这一重要使命任务。近年来，我国在国际传播方面采取许多举措，取得明显成效，但西强我弱的国际舆论格局仍未得到根本改变，做好国际传播仍然任重而道远。实施精准传播，针对不同国家的不同受众采取不同传播策略与传播方式，是提升国际传播效果的必然选择。另外，当前的国际格局、移动互联网的大为普及、媒体加速融合也为我国打破传播壁垒、从而能够获取更多优质的第一手信息，为中国声音深入地传播到西方主流社会提供了绝佳的契机。

（三）广东省面临新的国际传播机遇

广东是改革开放的排头兵、先行地、实验区，在我国改革开放和社会主义现代化建设大局中具有十分重要的地位和作用。改革开放40年来，独具“天时、地利、人和”优势的广东，得风气之先、领风气之先，以“敢为天下先”的气魄，创办经济特区，发展“三资”企业，开放商品市场，经济迅猛发展，空前繁盛，屡创奇迹，取得举世瞩目的辉煌。广州的经济总量连续29年稳居全国第[illegible]。至今已举办124届的广交会，也已成为全球的贸易盛会。广东文化独具特色、多姿多彩，囊括了社会经济生活的方方面面，如粤菜、潮州菜、客家菜文化，粤剧、潮剧、客家汉剧文化，早茶、工夫茶文化，骑楼文化、侨乡文化、岭南音乐及岭南画派等等，不一而足，美不胜收。

根植于广东这片沃土的英文媒体，拥有着丰富的经济社会文化等各个方面的国际传播资源。如今，“广东既是向世界展示我国改革开放成就的重要窗口，也是国际社会观察我国改革开放的重要窗口”，这是当前广东省国际传播面临的最新形势，广东省必须向国际社会讲述好“中国故事”。

二　当前广东省英文媒体的国际传播策略研究

通过笔者对国外报道和国外主流社交媒体平台的粗略统计，国外媒体近年来对广东的报道集中于广东的商贸环境、制造业、人事变动，每年比较集中地报道“改革开放的试验区”“广交会”“珠海航展”等几个方面。而国外主流社交媒体平台则对广州、深圳及岭南美食有比较浓厚的兴趣。

在此背景下，近年来，南方英文网、广东英文对外广播、广东国际频道、《丝路邮报》《深圳日报》等广东省内主要的英文媒体通过平台、内容、渠道、形式等方面的创新，逐步形成了独具特色的国际传播策略。

（一）对供给渠道进行多样化拓展

借助融媒体时代“一次采集、多次分发”的特性，近年来，广东省各主要英文媒体相继推出了适合融媒体时代和移动互联特质的平台、拓展了相关渠道。

2011 年，广东广播电视台率先通过卫星传送面向全球播出的全新电视频道——广东国际频道。国际频道节目内容以新闻资讯和纪录片为主，播出语言以英语为主，普通话为辅，根据全球不同时差安排节目版面，全天 24 小时播出，面向西方主流社会、海外华侨和华人后裔。2014 年初，广东广播电视台广播新闻中心英语节目部开发了外宣节目 App——RGD。2015 年，南方报业传媒集团唯一的英文平台南方英文网完成全面改版升级，同时在微信和境外媒体 Facebook、Twitter、YouTube、Instagram 上开设了名为“GD Today”的账号并定期更新。2016 年 12 月，英文网在广东的友好省比利时林堡省的官方网站上开通了介绍广东的专属网页。此外，广州日报集团、深圳日报集团也陆续推出了《丝路邮报》、Eye Shenzhen 等全媒体平台。

目前，广东省已经形成了拥有境内外社交媒体平台“报、网、台、端”互为助力的全媒体国际传播格局。

（二）对内容生产进行“供给侧改革”

在新的传播形势下，广东英文媒体全面创新了“讲故事”的方式，用多种形式对西方主流社会讲好广东“改革故事”。首先，叙事手法正在国际化。例如，广东国际频道 2014 年 9 月制作的纪录片《回家的百年老照》，时长仅 32 分钟。影片主要讲述居住广州的美国青年乔治，克服重重困难，把远在新西兰的 2000 张广东历史照片带回广州。其次，提升了“故事”可读性。南方英文网在 2018 年 8 月 31 日至 9 月 5 日联合南方网融媒体实验室、《南方日报》海外版、南方 + 客户端推出的“粤非颂”融媒体系列报道融合 MV、双语深度报道、全媒体专题，获得《人民日报》客户端、广东广播电视台、东方网等 30 多家国内媒体网站转发，更被美国全国广播公司网站、中东通讯社、津巴布韦新闻网、塞拉利昂新闻网等 200 多家境外媒体相继转发，覆盖人群数量超 1000 万，在境内外引起强烈反响。最后，“点穴式”精准传播获得成效。例如，广东广播电视台广播新闻中心围绕用户的完整动态数据尝试建立了“大数据中心”，用科技手段对用户数据实现搜集和分析，将用户数据渗透到我们外宣节目采编播推广等每个环节当中，实现更精准的国际传播。

（三）找准对外主动发声的时间点

我国面临的新的国际传播局势要求我们必须在关键时间节点主动发声。2016 年年初，英文网与茂名市委宣传部共同策划，推出了“冼夫人精神‘唯用一好心’英文翻译全球征集活动”，这是广东第一个地方文化口号向全球征集英文翻译的活动。活动共收到了来自中国、美国、俄罗斯、马来西亚等 18 个国家和地区的 8000 多份翻译作品，网络投票近

12万次，相关文章的阅读量与转发量超过40万次，网上用户反应热烈。在2016年7月12日海牙国际常设仲裁庭对南海问题公布了无效仲裁结果之时，英文网搜集史料，迅速组稿，及时推出《驰骋南海这件事，冼太夫人“自古以来”就这么做了》中英双语稿，巧借冼夫人历史文化资源，积极为维护我国南海权益发声，获得共计近80家媒体转载，累积点击量12.6万次。这是抓住时间节点对外宣传广东，推介广东，讲好新时代“广东故事”的一次成功案例。

（四）探索线上线下“两位一体”的国际传播形式

互联网、移动端平台是融媒体时代传播的主力军，但是从国际传播的角度特别是文化国际传播的角度来看，线下活动可以帮助外国人更好地体验文化，从而实现传播的入脑、入心。

例如，从2014年起，南方英文网便以“欢乐中国节”为契机，组织在粤外国人体验春节、剪纸、写春联等民俗节目。在举办线下活动的同时，南方英文网也在新媒体各个平台同步直播活动，引起了强烈反响，一周之内取得100多万的转发量与点赞量。

再如，2014年，广东广播电视台围绕广东国际频道《回家的百年老照》纪录片，在广州图书馆、广州地铁等单位相继合作办展，展出主题为“有朋自远方来——新西兰与老广州图片展”，并制作语音导览。这些都成为此纪录片继续在公众平台上进行国际传播的重要基础。

这些活动不但让在粤外国人“沉浸式”地体验了岭南文化，让他们将无形的文化转化为有形的人生阅历，岭南文化更是借助在粤外国人的力量，以一种更加生动、多维的模式走出了国门。

三　广东英文媒体提升国际传播能力的对策

国际传播实际上是一种力图超越不同地区文化差异与障碍的跨文化传播。因此，广东仅仅拥有英文外宣型媒体是不够的，更要关注外宣媒体的实际传播效果。当前，广东英文媒体优化国际传播可以尝试以下四种路径。

（一）强化国际传播话题的议题设置能力

主动提出话题、设置议题，围绕中国主场外交寻找与广东相关的议题，围绕广东省主办的重大国际会议和在广东省举办的国际盛会设置议题。对外及时传播、解读广东出台的重大方针政策。更多地从西方主流受众的视角出发，把我们想说的和国际社会关注的有机结合起来，扭转广东议题被境外设置的被动局面，把解读广东的话语权、主动权牢牢掌握在自己手中。

（二）借助“融媒体”力量进一步改进英文新闻的内容生产

“融媒体”为国际传播的内容生产提供了新的生产方式。2018 年改革开放四十周年之际，南方英文网与南方日报经济部、南方 + 客户端联合设置“安家”的议题，以《新“客家”洋人群英会》为主题，深入一线采访在广东安居乐业的各类外国人群体，重点报道具体个案、人物故事、心得感悟。同时，制作漫画、微型纪录片、公益宣传片等形式丰富的新媒体产品，结合广东举办的重大活动，实现线上线下传播叠加效应，在全球 50 多个国家重点推广，获得超过 1 亿的点击量。用小切口讲大故事，寻找中外两个舆论场的共通点。通过引起中外主流受众共鸣的话题、素材引发情感共振，提升说服力、感召力。在报道中聚焦普通人物、发掘人物生活细节，多做典型人物报道方面，应多采写人情味、生活味、故事味浓的新闻，使故事更加立体丰满，使新闻报道真正接地气、有人气。

（三）培养一支有融媒体思维的国际传播人才队伍

相比日常的新闻传播，国际传播是一门专业性很强的领域，必须要有专业的人才储备。广东省 2017 年年底创办了国际传播青年人才培训班，为国际传播培养后备人才。这种做法应该持续下去并且加大力度，在人才培养上应侧重对海外传播渠道、平台、受众的了解，培养一支真正想传播、懂传播、能传播的人才队伍。

（四）解放思想拓展更多形式的海外合作

“借筒传声”“借船出海”可以运用更被西方主流受众熟悉的平台，事半功倍地达到国际传播效果。国际传播能力的建设工作不但是一项长期性、系统性的工作，还需要凝聚中、外多方力量。因此，广东形象的海外推广需要利用好平台与契机，积极推动跨省、跨国新闻交流，主动“造船出海”，寻求“点穴式”的精准传播海外落地。

从2012年起，在广东国际频道开播一年多之后，广东国际频道与美国时代华纳有线电视网合作，在其旗下的纽约华语二台的频道实现全频道免费落地。随后，时代华纳与广东电视台还共同打造具有岭南特色的对外宣传平台。在纽约落地后，广东国际频道与CNN、HBO、TBS和Cinemax、Cartoon Network、半岛电视台英文频道等著名的电视频道为邻，在美国时代华纳有线电视网上绽放异彩。

2016年9月底，南方英文网牵头组建广东外宣媒体联合采访团赴荷兰、比利时就“一带一路”倡议进行采访、交流活动。借助此次活动，南方英文网与荷兰乌特勒支省RTV电视台、《中荷商报》和比利时林堡省传媒集团等当地品牌性传媒就加强新闻合作、稿件互换、海外社交平台账号互推等多方面合作开展深入交流。随后，南方英文网与林堡省新闻集团签订深入合作意向书，双方在两地网站上互相开通了新闻宣传专页。

今后，广东英文媒体应进一步解放思想，积极寻求借力西方主流媒体以及社交媒体的传播平台“借船出海”，努力将广东声音传播到海外。

参考文献：

蔡文捷：《浅谈历史题材纪录片的跨文化传播策略——以〈回家的百年老照〉为例》，《新疆艺术学院学报》2015年第3期。

廖怀凌：《讲好中国故事 提升国际传播能力》，《南方论坛》2017年第5期。

邱宁：《拓展海外市场 展示魅力广东——以广东国际频道落地纽约为例》，《南方电视学刊》2012年12月刊。

深度系列报道：被持续发现的溶洞

——从中国新闻奖获奖报道“揭秘青蒿素与广东的故事”浅谈深度系列报道采写

王　倩*

【摘要】在中国新闻奖等全国新闻评比中，“专题系列报道”被新闻界业内认为是最能彰显媒体采编综合实力，分量最重、角逐最激烈的奖项。作为深度报道的一种重要表现形式，专题系列报道已经成为媒体在重大热点新闻报道中最有力的竞争手段之一。

2015年至今，笔者有幸参与了《羊城晚报》关于广东与青蒿素的大型深度系列报道。其中，“揭秘青蒿素与广东的故事”系列报道获得了中国新闻奖与广东新闻奖。这组报道有些不同寻常，一方面，《羊城晚报》关于青蒿素的报道是在屠呦呦获奖这个热点之外延伸出的另一条主线，并发展出新的核心；另一方面，由于报道内容的主角之一是一家民营企业，而报道并非典型财经新闻，媒体如何在公益性、社会意义和利益规避方面平衡，非常考验功力，此类报道在中国新闻奖中也实属少见。笔者试图以这组报道为例，兼及其他范例，探讨深度系列报道的操作思路和经验。

【关键词】深度　系列报道　青蒿素　中国新闻奖

在繁杂的日常报道工作中，记者能参与特别是主持大型系列报道的

---

*　作者简介：王倩，女，文学学士，羊城晚报社主任记者。

机会是非常少的，因为媒体在操作系列报道时需要调动大量的人力、版面等资源。笔者想把这种类似新闻“航母”的巨型报道形式比作溶洞。之所以这样比，首先，作为一种待发现的隐秘事物，它们有本质的类似。在溶洞探险的世界里，有几个有意思的现象：

一、一个巨大的溶洞系统，其入口往往很不起眼，发现只是偶然，需要综合判断是否有发现价值，这要有足够的格局与智慧；

二、洞穴系统似乎永远超出你的想象，在长度、深度与空间上，是个持续发现的过程，常常要多支队伍，甚至经历上百年的时间去发现；

三、最有难度的事情，是搞清整个洞穴系统，要探索所有的支洞直到尽头，并测定坐标，绘制出完整的洞穴系统图，这是一个三维图；

四、洞穴是一个年轻的地质发育者，尤其是溶洞，在漫长的地质构造演变上，它几乎是最新的，你可以目睹它的生长；

五、溶洞系统有伴生现象，它们高度类似，经过探索，不同的洞穴常被证明是同一个洞穴，或者在历史上曾是同一个；

六、溶洞系统虽然庞大，一百公里以上的溶洞长度在当今已比比皆是，但是，因为它是一个相对封闭的系统，掌握核心技术和主洞口径发现者有一种独占性，回报独一无二，有排他性。

同样，深度系列报道也有类似的一些经验。相应的，诸如：

一个偶然的细小发现能引出一个庞大的新闻富矿；其丰富程度完全超出你的想象，各种偶然性导致你持续地发现；需要多角度立体地展现，并加上时间这一维；可以有伴生的平行深度报道；一旦开始以大格局强势面对这一主题，那么，往往形成独占性，同行完全无法竞争，此后几年甚至更长时间，也处于长久的回报之中。

美国哈钦斯委员会在其著名报告《一个自由而负责的新闻界》中为深度报道下的定义是：“围绕社会发展的现实问题，把新闻事件呈现在一种可以表现真正意义的脉络中。”对此，喻国明教授进一步阐释：“深度报道以现实问题的解释、分析为核心，为呈‘点’状分布的有关新闻事实编织出一个正确的确定其社会位置的经纬度坐标系来。”可以看出，无论是脉络还是坐标系的理论认知，深度报道都和溶洞一样，是高度形似的树状结构。

一 顶层眼光与顶层设计的决定作用

如此长达数十篇、持续几个月的系列报道，在媒介里必然属于顶层的决定范畴，而战略大智慧在这里是起决定作用的。

2015年10月5日，中国科学家屠呦呦与另外两名科学家分享了当年的诺贝尔生理学或医学奖。这是中国科学家因为在中国本土进行的科学研究而首次获诺贝尔科学奖，是中国医学界迄今为止获得的最高奖项，也是中医药成果获得的最高奖项。这条轰动性的消息立刻席卷了国内外各家媒体的头条和深度报道。然而笔者发现，屠呦呦获奖之后，很多媒体第一时间都在关注获奖人选的争议问题，将话题焦点引向了一个狭窄的角落，关于青蒿素这一中国人对世界做出的巨大贡献反而报道不足，导致很多读者在屠呦呦获奖多天后还不清楚青蒿素究竟是怎么回事。这就是常见的重大题材报道的失误——陷入所谓的“揭黑”误区，甚至为了吸引眼球不惜炒作，另辟蹊径背后突袭，如此舍本逐末，暴露了媒体价值观的缺陷。

屠氏获奖是在瑞典，而她本人常年居住北京，地方媒体除了转载如何入手？

首先，想办法找到这一事件中与广东有关的元素。比如广东媒体大多找到了“青蒿素第三人”、广州中医药大学的李国桥教授，他是一位药物专家，是屠氏原理的实践者。虽然李国桥教授的故事非常感人，但大多出自久远的过去，媒体在跟着热点挖掘完第一铲史料后，就没有动力继续下去了。同时，第三人较之第一人，在新闻含金量上的差别，也是相去甚远的。所以这些报道都很难超越全国同行尤其是央媒的报道。

而《羊城晚报》是有备而来又厚积薄发的——在获奖消息公布的第一时间，《羊城晚报》总编辑刘海陵即感到，报道的时机到了。作为老新闻工作者，他知道李国桥等科学工作者的实践，因工作关系，他早就了解到广东新南方集团在非洲进行了人类医学史上罕见的成功实践。这些实践意义重大，但新闻的规律是，没有触发点，就不会被传播。也就是没有所谓的新闻眼，就形成不了新闻。

现在，新闻眼出现了。刘总当即决定：以系列报道的形式，从李国桥教授身上牵出一个广东民营企业十几年独资进行药物研发和国际推广的感人故事，并继续深入，探讨中医药产业国际化之路，以及民企在公共事业中的贡献和后继等问题。

新闻是可以点石成金的。此后报道的发展证明了《羊城晚报》顶层设计的眼光与魄力。这里面有新闻的考量，这种考量放大到了政治、经济、科技、民生、外事等国家发展战略层面，这对广东的实践具有巨大的意义。

在《羊城晚报》历史上，有过类似的范例。1996年春节，《羊城晚报》突然在头版推出新闻连载《泌阳奇案 广州洗冤》，连续十篇报道，引起巨大反响。同样是外地新闻本地化的报道——时任社长看了外报一个豆腐块新闻，决定将其在本报做一个大型系列报道。

顶层的眼光与设计是决定性的。也就是说，他们发现一个洞口，并敏感地判断溶洞的巨大规模而作出相应巨大的投入。表面上看往往是赌博，事实上是经验与智慧在起作用。

二 一种非线性的多角度系列报道

前面提到的两个范例，正好属于不同的系列报道，系列报道也正分为这两种。

一、线性系列报道，一般以时间为线的故事性报道。新闻连载《泌阳奇案 广州洗冤》属于此类。其优点是逻辑性强，结构简单，容易操作，读者每天被有悬念的故事情节吸引，欲罢不能，报道影响日日叠加，影响空前；弱点是容易被对手截胡，如何防范竞争对手提前透露结局是个问题。此报道由于事发点远在河南，且作者采访时即与采访对象约定独家发稿，再加上这种体裁当时相对新颖，对手反应不及，所以读者能够用十天时间慢慢读到大结局。由于此报道成功，《羊城晚报》又推出了另两篇新闻连载。竞争对手在系列报道第三天便一次性刊出事件始末，导致《羊城晚报》的系列报道匆匆结束。

二、块状多角度系列报道。一般是一个现象的组合型解释性报道，采访对象与写作题材甚至写作体裁多样，讲究深度和多角度。弱点是，并无决定性线性故事，内容复杂多样，发掘这些角度，形成题材有相当难度，写作更是涉及多方面知识。优点是这种体量、深度及其隐含的决心与工作态度，让对手气势先输，难以跟上。也就是说，自己一旦居于战略高地，对手的战术性应对造成不了太大影响，对手的截胡往往也没多大意义，因为这类报道故事性不强，无线可截，这比的是体量与内功。另外，笔者对新南方集团董事长朱拉伊的成功专访，让他觉得我们甚至比他的员工更了解他的志向，堪称知音，因此他对《羊城晚报》高度信任，可以说，本报也独占了这一核心资源。

在常规性报道之外的8期系列报道“揭秘青蒿素与广东的故事”，迅速将读者视角从遥远的瑞典、北京拉回广东本地，并深挖出广东做出的、一直未能引起重视的重大贡献。

这组报道形式多样，涵盖了消息、通讯、人物访谈、述评、内参；角度多种，分别包括科技新闻、医疗新闻、社会新闻、产经新闻等；传播方式多样立体，报纸之外，通过《羊城晚报》全媒体矩阵进行立体传播。多角度报道，适合多次重新拆分组合，传播效率倍增。线性报道，如同走上高速路，容易被拦截；多角度块状报道，如同探测溶洞，本身是个立体系统，难以拦截，因为一个系统是难以轻易攻破的。

三　一种随处生发的膨化生长型报道系统

战略需要决心，战术运用之妙，则在于苦功与悟性。事实上，领导定下方向与盘子时，并未指明采写的题目。别的媒体不知道我们会写什么，记者在完成了基本的先期策划后，也并不知道将要面对什么样的内容，所有的次级主题和细节挖掘全部在快节奏的采访中完成。特别是第一组系列报道，由于热点来得突然，需要记者以每天一篇的节奏推出报道，前期准备时间只有三天。

更难的是，笔者在采访中发现，这个现象级事件中，时间线和关键点庞杂，参与者众多，在长达十几年的工作中，有的人离职了，有的人甚至离世了，有的人则远在非洲。很多采访对象对采访内容只知其一不知其二，就像流水线工人一样，虽然对手上的零件非常熟悉，却说不清楚整个产品是什么样的。这导致采访内容支离破碎，重叠错乱。更难的是，虽然朱拉伊本人是整个事件的重要参与者和策划者，但他恰好是一个非常不善言辞的人——他身边的秘书告诉笔者，新员工往往在入职三个月后才能听懂老板的“方言”。而笔者必须在第一次见面采访，就要搞明白他的总体思路和深层次想法。

这些难点的解决需要记者对复杂线索素材的处理能力非常强。通过对已有线索的把握和分析，迅速规划复原，并修订下一步采访方向，最终《羊城晚报》以一天一篇的节奏推出报道。

2015 年 10 月 10 日，《羊城晚报》在头版独家报道了《广东抗疟药物“救”了一个国家》《一群广州 80 后变身“来自中国的白求恩”》讲了广东抗疟团队在非洲 8 年工作的故事，生动感人，可读性很强。当然，这两篇是题中应有之义；再登什么，一时记者为难。不过，世界上各种事物都是相关的，只要方向正确，通向罗马的路自会浮现出来。笔者戏剧性得知我集团羊城晚报出版社竟然出版过一本关于青蒿素研究唯一的史料书籍《迟到的报告》，这本尘封了近十年的珍贵史料鲜有人知，这本身就是新闻。笔者立即联络已退休或调走的当时的采编负责人，用一篇《解密“523 任务”》，作了独家报道。

接下来是医学报道《青蒿素再显威，或降服关节炎》紧跟动态，独家披露广东科研人员的最新成果；然后又是产经报道，《青蒿素类抗疟药物八成市场份额被西方占据》属于调查报道，通过揭示广东青蒿素药物在国际推广中遭遇的困境，分析国产药物国际化道路中需要解决的问题；然后《疟疾输入风险仍高，很多医院无抗疟药》则从社会医疗防控角度表明研究抗疟药物的现实必要性。

为了报道青蒿素药物的产业化，并使报道有现场感，《羊城晚报》深入产地丰顺，采写了《广东丰顺青蒿“含金量”领先全国　提纯度高人一截》，揭秘全国最大的青蒿种植基地。

在7篇系列报道之后，读者对这一发展了十几年的事件有了从背景到最新进展以及辉煌成就的整体认识，此时进行深层次的讨论则水到渠成。人物访谈《持续12年投入14亿——一份钢铁般的坚持成就青蒿素的扬名》最后推出，牵出了一个中医出身的民企老总深藏多年不被理解的情怀。每篇报道的关注角度都不同，针对不同的话题受众，传播层次丰富。 这一组报道经过《羊城晚报》全媒体矩阵进行了各种重新拆分组合，引发更多的次生话题，使传播覆盖面进一步扩大。现象级的新闻，不是单一事件，其背后的事实也是海量的。徐国源著《深度报道：理念与操作》认为："专题系列报道是一种从多侧面、多角度透视同一重大事件或主题，由若干独立篇章构成的组合报道方式。作为深度报道的一种形式，系列报道具有稳定的时空表现形态，在一定时间内对人们比较关注的某个问题或某些重大的新闻事件，进行多角度、多方位、多层次的分析和解剖，以形成报道合力。因此完整的系列报道通常由多篇与主题相关的子报道组成。"

事实上，在全部关于青蒿素与广东的深度报道中，《羊城晚报》共派出了7名记者，刊发了两组系列报道及独立报道共计18篇，时间跨度长达一年半。现在，这个系列报道在某种程度上还在持续。2017年春，笔者就随新南方集团工作人员到肯尼亚进行考察，又形成了最新的报道。他们的事业已经在非洲大陆打开突破口，实现了跨越式的发展，一年前最大的国际阻力也正在削弱。我们的报道远远没有结束。正如发现溶洞的过程，是一个持续的过程，而溶洞本身，也还在持续发育变化中，发现不会有真正意义上的停止。

因此，《羊城晚报》这一关于"现象"的报道，本身也成了新闻界的一个现象。

四 一种高度战略层面的价值体系

如前所述，这种报道是战略层面的。这种战略，不只是媒介本身的营销战略，其对应的，正是企业、国家的战略思维。

《中国青年报》《南方周末》、财新传媒的深度系列报道，是这方面最佳的范例，可以说这些报道决定了该集团的形象与前景。所以，一个大型系列报道应该是从传媒企业本身的战略发展高度去考虑的。在新媒体方面，澎湃新闻即是以数篇深度报道，迅速奠定了其行业领先地位。

而我们的这一系列报道，从某种角度来看，其实有不利之处：媒介持续围绕一家企业进行报道，很容易引起读者反感，更谈不上引起评委肯定。只能说，我们发现了这一题材的超越性，这种升华使得大家忽略了我们的弱点。

一、《羊城晚报》自身的发展战略，是与一家杰出企业、广东省以至国家的战略轨迹重合的。媒介须说大事，关注并助力于地方与国家的社会综合发展。广东经济是外向型的，对于这家企业的报道自然有其意义。这家企业布局深入非洲大陆十几年，眼光长远。而到今年，“一带一路”高峰论坛在中国召开，引起全球注目，这家企业正是这一伟大实践的最佳注脚。从这个意义上看，当初《羊城晚报》的决定是有相当的政治、经济敏感度的，有大格局，报道的成功已经与时代大势密不可分。

二、战略层面往往是人心层面，是价值层面。甘惜芬主编的《新闻学大辞典》认为：“系列报道不仅仅简单报告事件的现状、变动和结果，而且还需透过现象触及事物的本质，回答人们关心的问题。是一种有较强指导性的报道形式。”

我们每个人为什么不关心终极问题，为什么不关注星空？是因为星空太远，就没有意义？当然不是。作为个人，作为媒介，空谈理想主义是可笑的，但落实到实事上面，就是可信的。这家企业和科学家们志向高远，有理想主义因素，其理想主义实践与以往的先进典型不同，它是走出国际的，有其新闻性。我们的报道突出了这一价值观，将读者引向价值层面。

最好的报道，绝不止于事件本身，事实上它们是以新闻的方式，提出终极问题。

溶洞再引人入胜，体量上也是有限的，但在科学家眼里，它关乎整个地球。

参考文献：

徐国源：《深度报道：理念与操作》，苏州大学出版社 2004 年版。

喻国明：《深度报道：一种结构化的新闻操作方式，选自媒介的市场定位》，北京广播学院出版社 2000 年版。

美国哈钦斯委员会：《一个自由而负责的新闻界》，展江译，中国人民大学出版社 2004 年版。

广州中文媒体的对外传播研究

——以《新快报》《Hi 广州》栏目为例

唐佩阳*

【摘要】 要讲述“真实、立体、全面的中国故事”，对外传播不能单靠国家级媒体的单打独斗，地方中文媒体也要把握对外传播的新时代要求，根据受众的传播需要增强对本土涉外新闻的报道，一方面在本土营造出良好的对外传播舆论环境，另一方面也让外国受众通过更接地气的都市生活故事了解中国，“增信释疑”。地方中文媒体做好对外传播，是对国家级主流媒体对外传播的有力辅助，对塑造中国形象有重大意义。

【关键词】 广州中文媒体　本土涉外新闻　对外传播

说起媒体的对外传播，人们总是以为，只有以外语语种为载体、国家级别的主流媒体将报道覆盖范围触及目标受众所在的国家与地区，才能做好对外传播。事实上，随着中国经济政治地位的提升，经济贸易、文化生活的全球化发展，中国越来越受到世界的关注，原本我们以为不在对外传播范围的国内新闻，也经常受到外国受众及传媒的关注与二次传播，对内传播与对外传播的边界正在日益消融；与此同时，外籍留学生与劳动力正在以前所未有的规模进入中国社会，涉及这一人群的涉外新闻报道，在外籍人口流动频繁的国内城市尤其受到本土受众与外国受

---

* 作者简介：唐佩阳，女，文学学士，广东新快报社编辑。

众关注，也经常引发外国媒体的浓厚兴趣。

在广州这座对外交流历史悠久的外贸城市，这一情况尤其凸显。如广州的非洲裔群体就多次被包括半岛电视台、美国国家公共电台、英国广播公司等在内的国外主流媒体关注和报道，但内容不乏片面与误解之处。而在2018年9月中非合作论坛举办之际，新华社就广州的非洲裔群体作了《宝汉直街“整容记”——广州“非洲人街”见闻》等一系列客观、优秀的报道。但若没有大型涉外会议或活动举办，对外国人群体在广州的生活状况，中央级媒体的报道是缺失的。广州8万外籍人口的工作生活状况，以及他们如何与本土人士交往与互动，如何让读者看到这样的“中国故事”，广州的地方媒体实际上作出了许多努力。总部位于广州的广东三大都市报之一《新快报》就开设有《Hi广州》常规栏目，对本土涉外新闻事件与人物定期作专题报道。本文以《新快报》的《Hi广州》栏目为例，探讨地方中文媒体在对外传播上的价值所在与可为之处。

一　广州的中文地方媒体参与对外传播的重要性

若非举办像中非合作论坛这样的大型涉外活动，广州在央媒中的被关注度比不上北京上海，但广州具有外籍人口流动频繁、中外贸易与文化交流活跃度高等特点，十分适合作为对外传播的前沿阵地。与此同时，坐拥地方媒体的视角与信息资源的广州都市媒体，也更容易获取微观叙事的题材，能够在对外传播上有所作为。

（一）广州相当比例的外籍人群使用中文媒体，并以此了解广州乃至中国

广州自古以来就是中国重要的外贸口岸城市，1957年以来，在广州举办的中国进出口商品交易会（广交会）更成为中国外贸的风向标，源远流长的贸易传统带来了外国人员的大量涌入。据2018年11月9日广州公安出入境管理部门通报，最新在穗外国人达到83716人。与同样有大量外国人居留与流动的京沪不同，在穗外国人来源更为广泛多元，与

贸易相关性高，各阶层都有。[①]

广州国际地位的提升也为其带来了大量的境外旅游人员。2017年10月，广州被世界旅游及旅行理事会（WTTC）评为世界十大旅游城市之一。同年广州市社科院国际问题研究所发布《广州蓝皮书：广州城市国际化发展报告（2017）》指出，2016年，广州接待过夜入境旅游者861.87万人次，同比增长7.3%，首次超过2010年广州亚运会时的水平；其中外国人入境旅游人数达329.68万人次。

广州还有相当规模的具有中高层次经济与文化水平的外籍人口。据广东省人民政府办公厅的公开数据，截至2018年10月26日，广州的领事馆数量为63个，仅次于上海，是全国拥有领事馆数量第二多的城市。领事馆外事官员不少本来就是“中国通”，加上留学生的聚集，意味着广州的外籍人口中相当比例拥有一定的中文能力。[②]2010年，有面向在穗外国人媒介使用情况的调研指出，对这一群体而言，对英文媒体的使用虽因语言优势高于中文媒体，但并没有形成绝对优势，相反，中文媒体的使用程度不如想象中低。[③]

可以预见，往后来到广州、来中国的外国人士只多不少，而现在的流动规模也已经相当可观。这些外国人来华之前，受自己国家传媒的影响，先入为主对中国有了一定印象，这种印象却不一定能反映真实的中国。2018年春节，国务院新闻办公室创作的《解读中国》系列中，推出了以一名来华澳大利亚女大学生为视角的《我在中国过春节》短视频，视频里即将来华游学的女大学生向朋友们咨询中国印象，就反映了年青一代外国人对中国依旧存在的刻板印象：“我所有的朋友都说那里（中国）不安全，空气也差，晚上也危险，我根本就不了解中国。”然而，他们来到中国之后，通过与中国人的接触，或是在生活、求学的日常中，

---

① 王帆：《在华外国人的媒介使用与效果研究——中国对外传播研究路径的再审视》，博士学位论文，复旦大学，2012年，第116页。

② 谭秋明：《驻穗总领事是“中国通” 推广旅游寻找投资机会》，大洋网，http://news.ifeng.com/gundong/detail_2013_12/04/31779590_0.shtml，2013年12月4日。

③ 杨凯：《城市形象对外传播的新思路——基于外国人对广州城市印象及媒介使用习惯调查》，《南京社会科学》2010年第7期。

或是在本土中国媒体上，正如《我在中国过春节》的女主角一样，才再一次认识中国，并在回国后将自己重新认识的中国形象带回国内传播。在穗乃至来华人口的基数庞大，这一认识过程对中国形象的塑造有着重大意义。

（二）外媒报道广州，采用广州中文媒体为信源的比例高于外宣媒体

2002 年，在华生活多年的南非人“金玉米”（Jeremy Goldcorn）开办博客“单位”，用翻译中国媒体报道、原创以及图片和视频的方式向世界介绍中国，在其翻译中国媒体报道的栏目《今日头版》中，有对其进行研究的论文发现，在选取的 204 个样本中，总共涉及 57 家报纸，其中地区发行的都市 (早晚) 报所占比例最大，达到 93%。而随着世界对中国的关注度的提高，外国媒体在报道中国时，也一样会援引中文媒体作为信息来源。

一项研究对 1999—2009 年十年期间《纽约时报》《泰晤士报》和《海峡时报》涉穗报道进行文本分析后发现，这三家海外媒体涉穗新闻来源中，香港、广州与国内其他中文媒体占 40%， 其中广州本地中文媒体占新闻来源的 18%，中央外宣媒体的影响力占 10%。《华盛顿邮报》驻京记者潘文表示，中国地方报纸是他获取新闻线索的重要来源。随着对内对外报道界限的日趋模糊，中文媒体，尤其是本地媒体对外媒的新闻选择影响力逐渐加强，正在成为外媒报道中国区域新闻时议程设置的重要力量，并最终影响了区域的国际形象和对外传播。

（三）相比国家级媒体，广州中文媒体更容易获取微观叙事的题材

相对于国家级媒体宏大叙事的优势，广州中文媒体利用地方媒体的视角和信息资源，更容易获取微观叙事的题材，讲述生动、真实的“中国故事”，达成以小事件透视大时代，以小人物折射大变化，以小故事揭示大趋势的传播效果。这就要求，广州乃至广东的中文媒体，在进行新闻传播活动，尤其是对本土涉外新闻的报道中，要具有对外传播的意识，突出地域特色，肩负起做好对外传播的重任，让国内受众了解城市的涉外交往情况，让国外受众了解都市生活层级的“中国故事”。这种微观层面上的对外传播，是对国家级媒体层级对外传播的有力补充。

二 广东《新快报》的对外传播现状与不足

《新快报》被称作与《南方都市报》《信息时报》并肩的广东三大都市报之一，2011 年 7 月 12 日创建关注在穗外国人的专门版块《Hi 广州》，每周常规出版 4 个版，内容包括封面、封面故事、资讯版等，是广州乃至国内较早注重本土涉外传播的传媒平台之一。《新快报》是中文媒体，《Hi 广州》也是全中文版块，只在早期下属栏目《羊城洋语》面向在穗外国人征集“广州印象”相关主题的来稿，再以中英文双语的形式刊发。

（一）广东《新快报》对外传播的现状

1. 常规报道　解除本土居民对外国人群体的疑惑

国人总是十分关心自己在外国人眼中的形象，也十分关注来华外国人群体的发展，《Hi 广州》在选题上兼顾了国内和国外受众的兴趣。如对广州庞大的外教群体进行专题报道（《十个老外在广州 就有一个是外教》，2017 年 5 月 10 日《新快报》A15—17），从他们为什么来广州做外教，在广州做外教收入怎么样，广州最早什么时候开始有外教，外教是不是赚钱很轻松，真的有在国内找不到工作，来中国“捞金”的外教吗，到在广州执业 30 年的老外教你选择靠谱外教，外教市场良莠不齐的困境与反思……解答本土受众对外教群体的好奇及疑惑，同时通过外教这一在广州逐渐发展壮大的群体，折射广州这座城市的发展历程，“人们从对外教盲目崇拜追捧，到质疑外教的经验和水平”。

对外传播不只是停留在媒体层面上的传播，也要营造出良好的舆论环境，对于本土的受众来说，发生在国外的国际新闻事件毕竟离自己太远，而对身边的外国人群体增进了解，有助于促进民间的跨文化交流。曾任国务院新闻办公室主任的赵启正于 2017 年 10 月 21 日《我是演说家》节目中探讨中国印象缘何产生时，将中国比作 13 亿页的“中国读本”，“凡是有机会与外国人交往的中国人都有可能为中国的国际声誉做出贡献”。真实、立体、全面的中国形象，必然意味着“个性化”的展示需求，而多主体参与即是个性化、生动化、真实化国家形象的有力保障。

2. 善假外口　借外国人之口传播广州的正面形象

荀子有云："君子生非异也，善假于物也。"他认为君子的资质与一般人没有区别，只是更善于利用外物。在对外传播上，也要"善假外口"，借用外国人来现身说法，对于身在国外的外国受众而言，会更有说服力。我国很早就有借助外国人之口进行对外传播的成功范例，如元朝的《马可·波罗游记》之类以西方人的眼光来看待和描绘中国的作品，无疑对西方大众更具说服力和吸引力。如今，外媒对中国涉外新闻的报道，不管是出于采访过程中的障碍，还是有意为之，往往有忽略甚至误解官方所采取的措施与努力的趋向。例如，同样是对于广州非洲裔群体的报道，由于视角不同，外媒多把关注点放在在广州谋生的非洲裔人群生活不易以及对现行政策的不理解上；《Hi 广州》对于广州非洲裔群体聚集的登峰街的报道，则更加平衡。在 2016 年 11 月 2 日刊出的《登峰街外国人的中文课堂》中，对广州登峰街外国人服务中心面向外籍人士开办的免费中文课堂进行报道，其中一名来自马里的女学生告诉记者，她来学习中文，是通过数年前曾在广州谋生时到登峰街学习中文的母亲的指引，这项小小的政府购买服务，影响了一个家族两代人的命运；而中文名为"心亮"的非洲男孩则向往学好中文，回家乡找到一份好工作，又让人感受到中国资本在非洲的正面影响。

《Hi 广州》还报道过这样的在穗外国人群体：他们在广州居住了较长时间，对广州有独到而深刻的见解，同时也大力帮助其他初来乍到的外国人通过他们规划的路径来认识广州。如 2017 年 4 月 6 日刊发的《第三只眼游广州 老外带你去骑行》一文，就介绍了一个叫 Cycle Canton 的骑行活动机构，由荷兰人 Bram van Ooijen 和美国人 Ben Strong 创建，专门带领对"探索广州的美丽和多样性"（Cycle Canton 官网上如是说）感兴趣的来穗外国人骑着自行车深入广州的大街小巷。他们与全球旅游网站猫途鹰合作，将自己的服务内容发布在澳大利亚、加拿大等国的猫途鹰网站上，而在这些网站上，都留下了参与过活动的外籍人士对广州之美的兴奋评价。对外国受众来说，像这样现身说法的"广州故事"，要比外宣媒体的报道更加亲切可信，令人心驰神往。

让外国受众在对外贸易、文化交往和大众传播中扮演积极的角色，可直接作用于其他国家的基层民众，可以极大地拓展中国的对外传播渠道，也可由此提高中国对外传播的效能。

3. 与外国领事馆建立媒体合作及沟通渠道

广州的领事馆数量在国内城市中居于前列。除了为本国公民颁发签证外，各个国家设立领事馆的主要目的还包括增进两国间的商业、经济、文化、科学技术关系及两国友好关系的发展，此外，也可作为民间来往的窗口和桥梁，准备来华投资、旅游的外国人可以通过这个窗口了解中国，了解地方；或是为想“走出去”的中国企业、人员与外国企业机构牵线搭桥。

《Hi 广州》资讯版面设有《领事访谈》等栏目，也集中报道相关的合作资讯，注重对外国驻穗领事馆、商会等高端读者的宣传联系。对外传播中不仅有交锋，更有交流交融，从多种渠道以寻求国际社会对中国的理解和认同，从而为中国的发展创造良好的国际环境。

（二）广东《新快报》对外传播的不足

《新快报》作为平面纸媒，在当前的传统媒体式微大潮流下也难免受到影响。《Hi 广州》在制作上以内容详细有重点、版面色彩鲜艳明快为特色，但表达方式单一，形式静态——只有文字 + 图片 / 图形；报纸一经刊出，内容便不会有变化，相关报道即使有后续回应，也无法“同场”刊出；做不到像新媒体的“实时反馈、即时互动”，难以及时获知传播效果：这些都是受以报纸为传播平台本身的“先天不足”所限制的。

再者，《Hi 广州》以中文形式出版，一是在都市媒体有限的人力物力下更有可持续性，二是避免在英文语境切换下由于对外语传播语境不够熟悉与专业而可能造成的传播反效果，但与此同时，这也是一把双刃剑——会将更多不懂中文的潜在外国受众阻挡在传播范围之外。

三　对地方媒体如何进一步做好对外传播的思考

党的十八大以来，以习近平同志为核心的党中央高度重视对外传播工作，并做出了一系列重要工作部署和理论阐述，党的十九大报告中明确指出：“推进国际传播能力建设，讲好中国故事，展现真实、立体、全面的中国，提高国家文化软实力。”当下，新华社等中央媒体也借力“一带一路”倡议等跨国机制，在我国对外传播上取得了丰硕的成果，但也要看到，中国对外传播仍有很大的提升空间，只有将地方中文媒体整合到对外传播的布局中，才能在不同层级上的对外传播中形成合力，达到更好的传播效果。要做好对外传播，地方媒体要做到以下三点。

（一）坚持有针对性，有深度地对外传播报道

报纸传播的非线性特征，使人们可以自由选择阅读的内容和先后顺序，还可以反复阅读，但它在一定程度上限制了传播的范围。但报纸仍有它存在的现实意义，在现有条件下最大化地发挥自己的作用，在纸质媒体上的对外传播，更适合有深度、有思想的表达。像《Hi 广州》坚持对选题的专题化操作，是可行的、可持续的。中国应该合理利用中文传媒来塑造自己的形象。

西方媒体如英国广播公司等，往往将对外传播的目标受众集中于 18 岁到 40 岁的青年人群，这部分人被称为“灰色群体”。因为这个群体中许多人的世界观处于正在形成的状态，更容易接受新信息，形成新认识。这一群体恰与来华外国人员群体有较大重合之处（除留学生外，根据相关规定，外国人在中国就业，男的年龄应在 18 岁到 60 岁之间，女的年龄应在 18 岁到 55 岁之间）。地方媒体参与对外传播，需要对受众群体有精准定位，强调传播实效。

（二）善用国际传播技巧，提高中文媒体的公信力

一些国家，尤其是西方国家的民众对政府渠道的“宣传”存在本能的戒备甚至抵触情绪，民众和民间的传播行为因其非官方的特点往往更为他们所接受。对非党媒背景的中文媒体来说，也要善于利用这一原理，多用事实说话，多“讲”少“论”，真正赢得受众的信任，同时也可防止国外媒体利用这些技巧对中国进行不实的报道。

相比政治经济的内容，旅游、美食、文化等话题更容易引起外国受众的青睐。地方媒体也要具备国际意识与国际视野，在传播活动中不仅

要考虑为地方服务，也要善于运用中外文化中的共通元素，架构与其他国家人民的沟通桥梁，实现良好的对外传播效果。

（三）积极探索利用新媒体传播，实现媒体间联动

对外传播中的信息元素是复杂的、多样的，只有通过整合传播思路，合理运用多种媒介形态，构建多维的对外传播网络，才能将这些信息立体地扎根于广大受众的脑海之中。积极探索利用包括网络在内的新媒体，有效利用网络的互动平台和自由化等特性，准确地塑造和传递中国国家形象。

事实上，广州媒体对本土涉外新闻的报道活动一直十分活跃，形式也多种多样。除了《Hi 广州》，还有面向在穗英语语种外国人、以全英文报道的南方英文网，广东广播电视台以短视频形式传播、英语播报中文字幕的《Facetime 面对面》栏目，双语播报的广东广播电视台广播新闻中心英语节目《GRT Radio》……不管是只懂中文不懂外语的中国人，还是不懂中文只懂英文的外国人，是有兴趣学中文的外国人，还是想学英文的中国人，都能找到为自己服务的媒体平台。各媒体之间可以进行联动与合作，实现单个主题涉外报道在对外传播效果上的最大化。

从国家级媒体到地方媒体，都应从不同层次上发挥对外传播的积极能量，只有当各级媒体的传播力量能够发挥其应有的作用，并形成全面覆盖、内外平衡的传播矩阵时，结合从民间到政府、从自发到有意识推进的力量，我们才能真正“展现真实、立体、全面的中国”，达到预期、平衡、双向的对外传播效果。

参考文献：

董海涛：《全球化语境下我国对外传播中的平衡策略研究》，博士学位论文，武汉大学，2012 年，第 137 页。

胡泳、哈丽丝：《在华国外传播者对我国对外传播的启示——以“单位”网个案研究为例》，《现代传播》2012 年第 1 期（总第 186 期）。

匡文波：《区分受众群体 采用多种手段 增强对外传播针对性实效性》，人民网—人民日报，http://media.people.com.cn/n1/2016/0821/c40606-28652399.html，2016年8月21日。

唐佳梅:《区域对外传播共识的补充与修正——〈纽约时报〉、〈泰晤士报〉、〈海峡时报〉十年涉穗报道分析》,《现代传播》2010 年第 5 期(总第 166 期)。

钟新、令倩:《全民外交:中国对外传播主体的多元化趋势》,《对外传播》2018 年 9 月第 264 期。

运用境外社交平台创新新闻外宣的研究

——以《今日广东》在脸书的传播创新为例

蔡文捷*

【摘要】推动媒体融合发展，优先移动媒体发展战略，对外宣传也不例外。在过去，外宣是“高大全”；在今天，外宣要“接地气”。受众在哪里，外宣就在哪里。全球最大的社交媒体平台脸书（Facebook）聚拢了全球约三分之二的网民，善用西方社交媒体，是我们“借台唱戏、借筒传声”讲好“中国故事”的有效途径。本文以有着二十多年历史的广东外宣电视栏目《今日广东》实现在脸书平台有效传播为例，从媒介转移、品牌转换、内容转变、对话路径转向四个方面，结合真实的脸书后台数据，给出中国外宣媒体在境外互联网平台创新新闻外宣的策略。

【关键词】外宣　脸书　创新传播方式

对外宣传是我国一项全局性战略性的工作，以塑造国家良好形象、维护国家根本利益、传播中华优秀文化、服务党和国家对外战略为基本任务，讲好“中国故事”，展示新时代的中国，为我国营造于有利的国际舆论环境。但随着媒介环境的不断变迁，传统的报纸、广播、电视等媒体的对外宣传效果逐渐式微，以意识形态为主导的对外宣传无法达到预期效果。2014 年 8 月中共中央审议通过《关于推动传统媒体和新兴媒

---

* 作者简介：蔡文捷，男，文学学士，广东广播电视台国际频道英语专题组记者，纪录片导演。

体融合发展的指导意见》，明确媒体改革的重点要放在媒体融合。外宣工作者必须跳出从前外宣固有的窠臼，走媒体融合之路，寻辟新的舆论高地。本文以广东广播电视台老牌电视外宣栏目《今日广东》为样本，结合实际传播数据，探析新闻外宣利用境外最大的社交平台“脸书”（Facebook）抓取境外受众关注的新闻外宣发展新思路。

一 《今日广东》外宣栏目发展困境和突围思路

《今日广东》是广东省政府新闻办与广东广播电视台、广东各地市(外宣办)电视台、频道协办的电视外宣专栏，最早设在原广东电视台海外中心，现设在广东广播电视台对外传播中心·国际频道。1997 年 7 月 1 日分别在北美、欧洲等地首先开办，从原来向美国一家中文电视传媒提供节目发展到现在 13 家固定播出。栏目全面反映广东改革开放以来，广东各行各业所涌现的新人新事、新风尚，以电视纪录片、专题片的形式展示发生在今日广东的方方面面。节目曾在国外引起关注，尤其受海外的华人、华侨的欢迎。

近年，新媒体的普及加剧造成电视观众的流失是全球共有现象，电视开机率的下降，导致境外电视媒体上为数不多的中国外宣栏目观众凤毛麟角。加上受众收看习惯的碎片化、快节奏化，十几二十分钟的常规电视专题纪录片已经很难再抓取受众特别是年轻受众的注意力，栏目的海外电视播放收效甚微。外宣渠道不通畅也逐渐成为问题，一些地方的外宣节目，基本都是通过与国外国际台、外宣台节目互换的形式，实现所谓的海外播出，完成了“政治任务”，远没有真正有效到达国外受众注意力最集中的主流传播平台，而真正对中国感兴趣的国外受众，也无法全面、有效地接触我们传递的中国声音。因此，受众在哪里，外宣就在哪里，登陆国外主流社交平台，开辟新的传播阵地，为制作国外受众喜闻乐见的内容而变革节目形态，实现更加精准地推送和投放，成了《今日广东》外宣工作者必须探讨和突围的课题。

创建于大学校园作为小型社交网络平台的脸书（Facebook），截至

2018年7月，其月均活跃用户数为22.3亿，约占全球网友的三分之二，俨然已成为全球最大的社交媒体平台和月活跃用户最多的网络应用。脸书赋予了个人和组织用户一个操作便捷、传播高效的信息沟通平台。众多互联网信息传播行为主体如国家政府、职能部门、媒体机构、企业公司、社会团体、自媒体、意见领袖等，都非常重视该社交平台对个体用户在生活消费、价值取向等方面立竿见影或潜移默化的影响，视其为信息传播和引导舆论的高地，纷纷入驻脸书，建立公共主页（Page），抢占一席之地，以此为官方账号，力争让全球主流网民及特定细分领域受众听到自己的声音。善用西方社交媒体，是我们“借台唱戏、借筒传声”讲好中国共产党治国理政故事的有效途径。

二　媒介转移——寻辟新的外宣舆论场

入驻脸书平台，如何有效利用其赋予用户的社交功能成为关键。脸书最基本的个体为账号（ID），在账号的基础上提供公共主页（Page）、小组（Group）功能。公共主页是基于账号生成的开放性信息发布平台，以个人、团体、企业、政府部门等为主体，提供以文字、图片、短视频为主要形式的信息，呈现自上而下的时间线形分布。直观来说，公共主页有点类似新浪微博，“都能看，自己发。”公共主页可以吸引受众订阅，接受受众点赞和评论，转发与被转发，并为管理者提供后台分析工具，可以清晰观测到每一篇推送的覆盖人数、点击量、点赞数、评论数，这是权衡一个主页传播力和影响力的有效判断依据。小组则是一个相对封闭的交流模式，有点类似QQ群，“加入难，活跃高”它是不同用户基于相同兴趣、目的建立在一起的群落，具有更高的用户黏性。用户在小组内可以发布图文、短视频、投票。但加入小组需要得到管理员的审核通过，非小组成员无法看到小组内发布的内容。

近年来，我国国家、省级媒体纷纷登录脸书建立公共主页并发力，央视的中国国际电视台CGTN，新华社的China Xinhua News，湖南卫视的芒果TV，上海中国东方卫视的公共主页在用户订阅和播放点击上都有不俗的表现。在 2017 年年初，脸书向 CGTN 新媒体部颁发脸书杰出新闻媒体主页奖，表彰 CGTN 在 2016 年超越 BBC 和 CNN 等西方主流媒体，成为脸书平台总粉丝量全球第一的新闻媒体公共主页。党的十九大期间，央视 CGTN 主持人刘欣的短评微视频《点到为止》，有力回击了英国 BBC 记者戴“有色眼镜”报道党的十九大，一针见血地指出 BBC 是在别有用心地用不适宜问题——“你如何看待金正恩？”采访党代表遭拒，从而捏造党的十九大对外媒不友好、不开放的不实印象。该视频在脸书上的播放量超过 6.9 万次，迅速“吸粉”到 137 万人，刘欣的观点得到大量外国网友的点赞和认同。中国媒体在境外社交平台上站稳脚跟澄清谬误，有力驳斥抹黑中国的言论，对外传播中国声音，逐渐成为我国外宣非常重要的方式。

借力社交功能，借鉴成功经验，《今日广东》栏目在 2016 年 10 月 9 日登录脸书，开设“Canton Today”公共主页，设计了全新的 Logo，实现了栏目主体从电视到社交媒体的媒介转移。主页语种为英文和繁体中文，目标受众设为海外对中国和广东感兴趣的英语语种用户、港澳台地区及海外华人华侨用户。开号两年，迄今（截至 2018 年 11 月 12 日）共收获粉丝 29,510 人，主页获赞 29,003 次，主页评价 4.7（满分 5），《今日广东》这一党媒外宣栏目经过媒介转移后的主体基本成型。

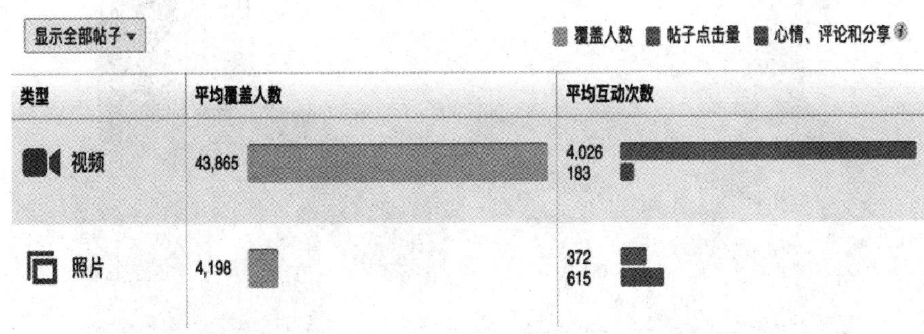

图 1　公共主页短视频和图文传播力对比

三　品牌转换——向短视频植入 IP

公共主页开设后启动转型模式，《今日广东》这块有着二十多年历史的广东外宣金字招牌，如何在境外社交平台上擦亮？其节目要以什么样的卖相吸引海外受众的点击和订阅？在后台可以看出，该公共主页发布的体裁主要分为图文和视频，而无论是平均覆盖人数还是平均互动次数，相比图文，短视频在传播力上占绝对的优势。

脸书上最具传播力的载体是短视频，它契合移动互联网时代受众碎片化阅读的习惯，在4G技术成熟及普及的环境下，具有传播速度快、制作门槛低、社交属性强等特性，也深受有个性化需求的90后、00后欢迎。但开设“Canton Today”公共主页后的头两个多月——2016年10月9日至2016年12月底，该号推送的三五分钟的短视频，大多是二十分钟电视节目的精剪版，即传统电视节目经过再包装后的网络短视频，并不是真正意义上的网络短视频。直到2017年1月21日，《今日广东》栏目对“Canton Today”公共主页进行了第一次改版，在短视频中引入IP概念，打造“小马大哈”两个人物形象，把这一在境外社交媒体上的主页真正做成名副其实的移动互联网产品。

图2 “小马大哈”

IP是Intellectual Property（知识产权）的缩写，在移动互联网时代，IP概念被泛化，如产品的IP化、品牌的IP化，指的是用“创造知识财产的方式”来塑造品牌和产品，所以在这种语境下，把IP理解为“知识财产”更加确切。由于在IP应用中，人物化的使用较多，所以很多产品IP又被赋予了“独立人格”“独特价值观”等品牌人格化的特征。品牌人格化其生理学的基础就是人更加容易记忆人物形象，对人物化的事物更加容易接受。建立品牌人物形象与用户关系有两条路线：感性路线和理性路线。感性输出形象、个性，企图获得的反馈是受众或消费者对之形成的正面情感，如喜爱、欣赏、模仿、崇拜；理性输出功能、立场、利益、价值观，企图获得的反馈是受众或消费者对之形成的判断、权衡，认可该产品及其背后主体输出的价值观和立场。移动互联网时代，成功的人物IP打造从来不缺乏例子，从早些时候的大热网红Papi酱到美拍知名博主喵大仙，再到今年火爆今日头条的知名优秀“三农”博主——养竹鼠的华农兄弟，都在持续诠释着“IP如何自带流量”。

《今日广东》在脸书平台打造的“小马大哈”（Little Ma Big Ha）组合是一对青春靓丽的中外搭档形象，由广东广播电视台签约澳大利亚籍主持人赫韩瑞（英文名Hazza）饰演“大哈”，广东广播电视台双语主持人马粤惠饰演“小马”，两人在短视频中的人物设定是一对有暧昧之情但又不用捅破窗户纸的斗气冤家兼好朋友、好伙伴，有颜值，有笑点。“小马大哈”系列视频是典型的新闻博客类视频，是对近段时间内发生的新闻事件的整合，通过小马与大哈在广东日常生活中对同一事物的不同看法，将中外文化差异做生动有趣的对比和展示，通过诙谐幽默、轻松明快的互联网短剧方式全方位展示今日广东对传统文化的传承发扬，对新鲜事物的兼容包并，对创新发展的执着追求，对美好事物的颂扬点赞。“小马大哈”不仅有“外脸”，更有“外脑”。澳大利亚籍主持人赫韩瑞除了出镜饰演外，还积极投身到编导、策划后期中，使得每集短视频的包装卖相、叙事方式、故事节奏、幽默笑点、情感共鸣都很贴近外国网民喜闻乐见的方式。第一期的“小马大哈”视频于2017年1月21日登录“Canton Today”公共主页，短视频时长3分钟，每周一期，内容改版的效果明显，平台用户买账，从后台数据可以看出，相比前三个月（2016年10—12月）电视版短视频的影响力，后两个月（2017年1—2月）的粉丝净增数呈现井喷式增长。

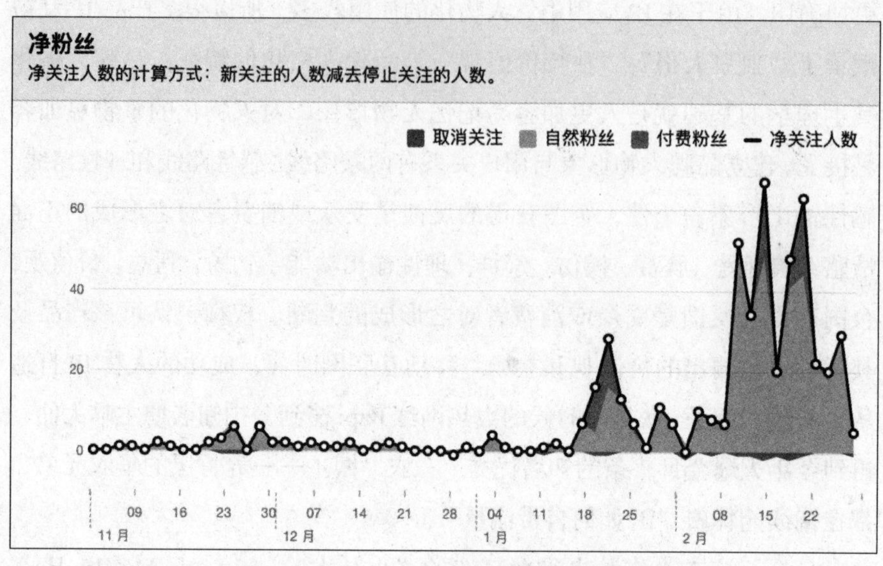

图3 脸书《今日广东》改版后净增粉

四 内容转变——从“形变”到“像变”

新品牌形象确立后，《今日广东》如何在内容上做好广东形象乃至中国形象的成功输出，实现外宣使命？首先，我们要先了解“形象”的概念。从心理学理论来说，形象是人们通过视觉、听觉、触觉、味觉等各种器官在大脑中形成的关于某种事物或人的整体印象。在传播学的理论中，形象是信息传递过程的产物。在传播过程中，物质在不断运动变化中表现出不同的特征和差异，形成信息，这就是“形象”中的“形”；这个信息通过一定的媒介传输到受众的大脑，受众通过已有的认知对接收到的信息进行加工，形成“像”，并通过一定的方式“输出”，最后形成“形象”。形象具有客观性与主观性，客观性是指形象的物质本源性，不可捏造和歪曲；形象主观性是指人们对事物或人感知的综合，带有强烈的主观意识，会被捏造、歪曲、误读，最终形成偏见。海外消费者对于一个国家的印象主要来自两个方面：一是对这个国家的洞悉，二是对这个国家输出的产品的洞察。

过去对于我国部分的外宣工作——文化产品输出，有过这么一句评价，“对外宣传外宣看，外宣不看无人看”。这句话虽然有点偏激，听起来有点刺耳，但也道出了过去甚至现在仍然存在的我国国家与地方外宣内容的弊病——不接地气，传播的内容当中塑造的人物高大全、故事性差、表达偏重说教、历史传统和社会风俗差异没有消弭等，导致我们输出的内容不符合国外受众的接收习惯，从而令我们在对外讲述“中国故事”的时候，不可避免地出现“文化折扣”。

2013 年 8 月 19 日，习近平总书记在全国宣传思想工作会议上发表重要讲话，“要精心做好对外宣传工作，创新对外宣传的方式，着力打造融通中外的新概念新范畴新表述，讲好中国故事，传播好中国声音”。打造“新概念新范畴新表述”，就是要求我们摆脱并消除我国外宣工作曾经形成的窠臼，坚持“以文化人”，着力消弭对外传播中的“文化折扣”，使我们要传播的声音不仅走到国外，更走进外国受众的心里，使外国受众从被动接收变为主动消化。

“小马大哈”视频《大哈的广东无现金一日游》就是这样的例子。该视频讲述大哈在广州如何度过无现金出行的一天，从早上醒来去便利店买早餐，到骑共享单车前往地铁站搭乘地铁上班，到午饭订外卖，到下午茶喝咖啡手机钱包余额不足向朋友借钱，到下班乘坐网约车回家，再到网上下单请阿姨清理房间，全部费用支付用手机完成，大哈真真切切地感受到了移动互联网时代“中国黑科技”给生活带来的极大便利。黑科技原指小说里非人类自主研发、凌驾于人类现有的科技之上的知识；现普遍引申为超越人类想象的科学技术产品。党的十八大以来，科技创新已成为支撑国家发展的关键力量，扮演着现代化建设和实现“两个一百年”奋斗目标发动机的角色。广东智造的无人机、人脸识别、智能手机、基于移动互联网的万物互联技术等科技创新产品给人民的生活带来翻天覆地的变化，中国无现金模式在生活各个环节的无缝连接让众多外国人叹为观止。对科技改变生活的赞叹是人类共通的经验与思维，而体验式的表现手法让外国网友看得懂、听得进，他们纷纷留言，为新时代中国的科技生活点赞。该视频在脸书上覆盖人数 4.2 万人，点击数 2.4

万次，并获得 2017 年（中国）南派纪录片最佳短视频奖。

五 对话路径转向——从“走出去”到“走进去”

在过去《今日广东》电视栏目的对话对象主要是两个，境外的国家宣传媒体和广东地级市媒体。通过与国外的外宣媒体交换节目，如韩国的阿里郎电视台，实现《今日广东》的海外播出；收集广东地市媒体的优秀节目，丰富《今日广东》的电视节目内容……这些都是“媒体对媒体”的对话方式，节目是“走出去”了，收视率如何、社会效益如何，几乎无从得知。

如今在移动互联网时代，在脸书社交平台进行新闻外宣，直接对话的是全球三分之二的网友，网友评论、粉丝通过脸书通信工具 Messenger 的实时留言，甚至网友对视频观看的时长和留存度，一目了然，实现了看得见反馈的外宣。从“Canton Today”公共主页后台数据得知，在订阅用户（粉丝）的 29,510 人当中，男性和女性比例为 56 : 44，其中 18—24 岁的用户成为主要订阅者（男 37%，女 31%）。开启了外宣栏目《今日广东》真正意义上的“媒体对用户”，“外宣走进用户”。

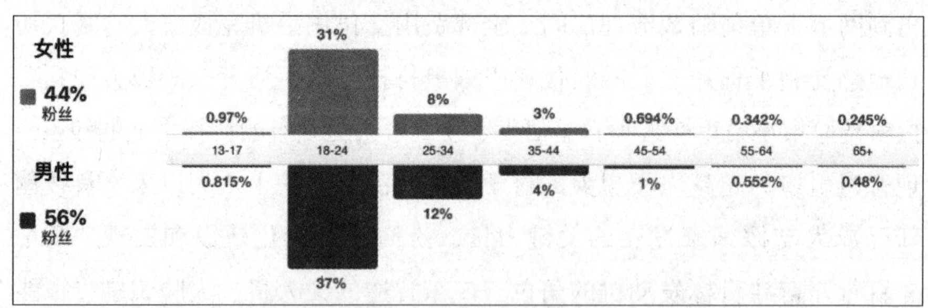

图 4 Canton Today 公共主页订阅用户性别和年龄构成

意料之外的是，订阅用户中最多的是印度尼西亚的脸书用户，马来西亚和缅甸分列二三。从订阅用户分布地区来看，前十一当中，印度尼西亚的地区占了八个。从订阅用户的语种来说，印尼语以绝对优势占据第一位，这表明订阅户大多数并不是在印尼的华人华侨，而是印尼本地人。这一方面折射出 2018 年印度尼西亚智能手机用户数将超过 1 亿大关的真实状况，印尼的移动互联网市场有巨大的人口红利，正处在高速增长的阶段；另一方面也说明超过 2.64 亿的印尼人，特别是年轻的移动互联网用户，由于地缘性和文化习俗相近等因素，正有着了解广东、了解中国的迫切渴求，这为《今日广东》栏目有目标、有侧重地进一步开展针对性海外宣传拓展，提供了非常好的数据参考和决策建议。

国家/地区	粉丝
印度尼西亚	20,450
马来西亚	2,795
缅甸	1,161
中国	852
泰国	431
菲律宾	417
台湾地区	278
中国香港	275
印度	231
美国	185
柬埔寨	169

城市	粉丝
印度尼西亚，雅加达	1,633
印度尼西亚，棉蘭，…	796
缅甸，仰光	536
马来西亚，吉隆坡	495
印度尼西亚，巨港，…	476
印度尼西亚，萬隆，…	424
印度尼西亚，万鸦老…	409
印度尼西亚，古邦，…	397
印度尼西亚，望加錫…	358
印度尼西亚，茂物，…	348
广州市，广东省	318

语言	粉丝
印度尼西亚语	20,348
英语（美国）	3,868
英语（英国）	1,416
马来语	738
简体中文（中国）	683
繁体中文（台湾地区）	355
泰语	274
繁体中文（中国香港）	256
越南语	177
my_MM	149
法语（法国）	116

图 5　Canton Today 订阅用户分布国家、地区、城市及语言前十一位

除了实现“媒体对用户”的对话模式之外，“小马大哈”的“美国华人寻根之旅”策划还实现了外宣视频产品与企业合作——“广东外宣媒体对话企业”的新突破。通过与服饰品牌以纯、国际名厨甄文达等美籍华人团队的合作，实现资源互换，“小马大哈”带动广东广播电视台品牌第一次登上了位于美国纽约时代广场的纳斯达克半圆柱形巨幅屏幕，向世界介绍美国华人寻根广东的故事。“美国华人寻根之旅”系列策划还在广州花园酒店召开启动仪式，广东广播电视台、开平市人民政府、开平市外事侨务局、美国驻广州总领事馆及多家企业代表出席了活动，见证了这次外宣产品的跨界对话。

图6 《今日广东》“小马大哈”登陆纽约时代广场大屏幕

六 进一步探讨与建议

登陆脸书两年以来，尽管外宣栏目《今日广东》在电视媒体转型社交视频媒体上取得了质变的突破，但对比我国央媒、其他地方媒体大号甚至很多对标的自媒体，在订阅数、点击数、留存度、传播影响力等方面都存在量级上的差距。可以尝试从以下几个方面更好地做好外宣栏目在境外社交媒体上的传播。

(一) 进一步提高抓取热点的能力

要加大展现我国、广东省“新时代、新常态、新成就”热点内容的制作力度。“小马大哈”的视频内容中，《大哈的广东无现金一日游》是“议题设置”的典范，但这类视频的数量不多。中西方习俗对比、现代男女情感方面的内容偏多，这些虽然对吸粉有一定的帮助，但对新闻外宣的贡献不大。应多结合重大时事热点做策划、做国际舆论的引导，如结合港珠澳大桥的启动做系列策划、结合习总书记视察广东各地的特色做有趣的短视频，用外方听得懂、听得进的方式做新时代中国的“轻传播”。

（二）树立用户思维，做订阅户想看的内容

在舆论导向正确、坚定外宣立场的前提下，多用用户思维来指引我们的内容生产。不是我想说什么，是用户想知道什么我说什么。基于后台的数据分析，针对性生产出匹配绝大多数用户需求的视频内容，从而达到进一步的精准传播。通过查看 Canton Today 公共主页后台数据，我们发现，订阅用户最多的是印度尼西亚的本地网友。那么，在接下来的内容策划中，我们就有的放矢地制作更多印尼网友喜闻乐见的“小马大哈”短视频。比如首先可以发帖子或制作短视频，向印尼网友问好、感谢他们的鼎力支持、询问他们最想了解广东的哪些方面，并挑选有参考价值的留言，作为有针对性策划的依据；还可以与印度尼西亚驻广州总领事馆合作，前往印尼拍摄“小马大哈”特别节目，并在当地举办地推活动，与订阅用户见面，进一步拉近彼此距离。通过线上节目、线下活动的结合，定能在订阅户增长和区域外宣影响力上再创新高。

（三）充分利用脸书小组功能，提高用户黏性

上文提及，兴趣小组（Group）是脸书非常重要的功能，是一个封闭性但粉丝密集聚拢，培养用户黏合度的工具，而 Canton Today 几乎没将这个功能利用起来，对粉丝在实时通信 Messenger 上的留言也是几乎没有回应。《今日广东》栏目组应增设一名脸书账户管理员，负责日常粉丝的维系，如管理好“小马大哈”小组，设定规章制度并引导订阅户加入小组，多举办投票、线上活动，积极回复订阅户在公共主页、小组、实时通信 Messenger 上的留言（日常打招呼、询问、意见反馈、合作意向等等），让订阅用户感觉到这是一个积极的、活跃的、有人情味的媒体号，自然而然会增加停留、互动、再访的频次。

（四）巧用脸书付费推广功能，提升曝光量和知名度

从 2018 年 7 月开始，《今日广东》栏目组对 Canton Today 公共主页增加了脸书平台付费广告投放投入，费用为一期短视频 30 元港币。从后台数据看，自投放开始，公共主页在脸书广告栏的曝光率和主页人数的关注，有着明显的同步及正比关系。

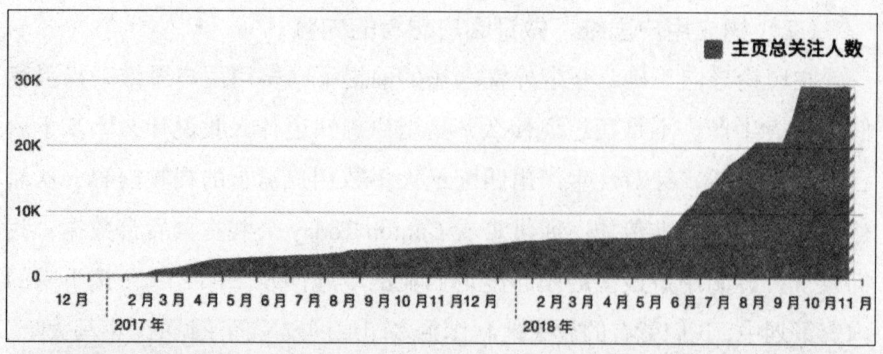

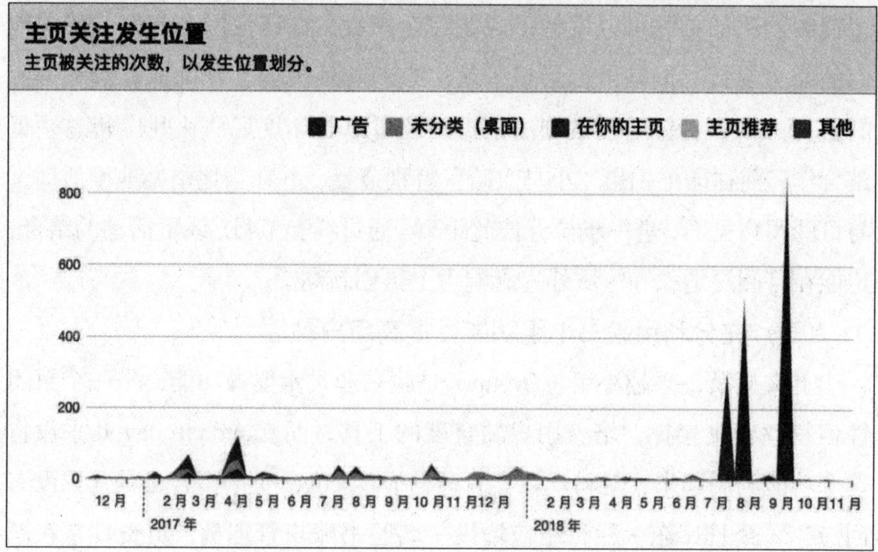

图7 主页关注历史总人数、主页关注历史发生位置

脸书的广告在进行投放的时候需要明确你的受众群体，以及他们能接受什么类型的广告内容。进一步做好后台数据分析，根据策划的视频内容做精准投放，可有效提高公共主页的曝光量和知名度。广告的配图、文字也要下功夫做精心设计，不要做硬推，不让人反感，根据目标受众的兴趣喜好，做“戳心”的推广吸引，否则一旦激起潜在订阅户的反感，让他们点击了广告上“隐藏帖子”的功能（这也是脸书广告投放系统最具人性化的设计），那么这篇帖子推广将越来越少地展示在人们面前，即便投入再多的钱，帖子的展示也是越来越少。另外，可以根据提高传播力度的需要，增加广告投放的费用。

（五）加大对境外社交平台传播的人力物力投入

推动媒体融合发展，必须顺应移动化大趋势，移动媒体优先这个发展战略，做外宣也不例外。目前《今日广东》栏目组对“小马大哈”节目制作的人员配置是一个科组长兼主持人，一个外籍顾问（校对和脸书推文撰写）兼主持人兼编导，一个全职编导兼后期，两三名兼职编导。这样的人员配备可以满足一周一期短视频制作推送的播出量。而对于社交平台媒体号持续性更新的要求来说，这样的配置只能“应付播出”，要持续性加强用户黏合度和关注度，做到每日更新是必需的。对标脸书上频繁更新的短视频自媒体，一周一期的更新相形见绌。因此，建议加大对“小马大哈”的人员配置和节目制作经费。

七　结语

“外宣”一词提炼了早期对外传播的理念，在那个时代，对外传播即对外宣传，对外宣传就是对外传播。随着媒介融合的发展，媒体工作者们逐渐厘清了对外传播与对外宣传的界限，改变了传统的单向“宣传”思维，逐渐采用双向的、多元的“传播”理念，外宣也从此被赋予了开放性、交互性。随着越来越多的中国媒体登陆脸书，展示真实的中国，脸书也逐渐成为国外受众了解和认识中国的重要渠道。中国外宣媒体只有坚持传播媒介有变，党媒属性不变，传播技术有变，“内容为王”不变，充分运用境外社交平台创新新闻外宣，才能在日常点滴中，建立起中国外宣媒体在境外的话语权和公信力。

（该论文发表于《对外传播》2019 年第 5 期）

参考文献：

范红：《国家形象的多维塑造与传播策略》，《清华大学学报（哲学社会科学版）》2013 年第 2 期（第 28 卷）。

刘小燕：《关于传媒塑造国家形象的思考》，《国际新闻界》2002 年第 2 期。

彭修彬：《对外讲好新时代中国共产党治国理政的故事》，《对外传播》2018 年第 7 期。

翁辰、陈俏健：《Facebook 社交平台运营思路及方法初探》，《科技传播》2018 年第 7 期下。

张树军、贾亮：《新时代对外讲好中国共产党治国理政的故事之策略探析》，《对外传播》2018 年第 7 期。

约翰·费斯克等：《关键概念——传播与文化研究辞典》，李彬译注，第 132 页。

如何建立品牌，讲好广州故事

连　超*

【摘要】一座城市，想要让人印象深刻，就需要将自己的魅力散发出来。在全球城市竞争日益激烈的今天，一座城市的品牌和国际形象的塑造势在必行。近年来，广州不断提高城市形象国际传播的主动性，其城市品牌在国际上的“显示度”明显提升。本文以广州为例，就“如何建立品牌，讲好广州故事”这一主题进行探讨。

【关键词】城市品牌　国际传播　广州

一座城市的国际形象，指的是国际社会对这座城市的历史、人文、经济和社会发展等各方面的具体感知、整体印象和综合评价。良好的城市形象不仅展示城市的魅力，同时也是一笔无形的财富，可以用来塑造城市品牌，提升城市竞争力。

习近平总书记在全国宣传思想工作会议上指出，要精心做好对外宣传工作，创新对外宣传方式，讲好中国故事，传播好中国好声音。从城市形象国际传播角度而言，就是要用国际语言发出城市的声音，向国际社会传递发展的积极信号，提升我国城市的知名度和影响力。

近两年，广州在全球城市体系中的地位持续快速上升，全球范围内掀起了一阵广州热：“广州之夜”在夏季达沃斯惊艳亮相，广州城市形

* 作者简介：连超，男，法学学士，广东广播电视台电视新闻中心国际新闻组监制。

象宣传片《花开广州·盛放世界》“霸屏”纽约时代广场，广州《财富》全球论坛吸引世界目光……2018年更是被定为广州城市形象国际传播年和国际品牌传播年。“广州故事”的强势传播，取得了超乎想象的宣传成效，有效地向世界展示了全面、立体的广州形象。可以说，广州书写了一座城市进行城市品牌塑造和国际化形象传播的精彩案例，细究其历程，可以得到如何建立城市品牌的一些启发：整合活动资源，立体化呈现城市品牌；媒体议程设置，品牌传播保持高热度；增强公众参与，激发二次传播效应。

一 整合活动资源，立体化呈现城市品牌

（一）借力国际活动，让全世界目光聚焦广州

举办高端、专业的国际活动不仅仅是“办活动”，更是一座城市吸引全球目光、提高城市知名度、塑造城市品牌的良好契机和重要途径。海南博鳌镇举办博鳌亚洲论坛、浙江乌镇举办世界互联网大会便是典型的例子。

近年来，广州借力一场场高端会议赚足了国际的眼球：2017《财富》全球论坛在广州举行，世界500强高层及世界知名政治家、经济学家齐聚羊城，广州由此成为世界瞩目的焦点；被誉为全球民航界“奥运会”的世界航线发展大会在广州开幕，来自全球的各大机场和航空公司、机场管理机构、业界专家、政府高层代表参会，为广州乃至全球城市航空发展问计献策；再如，被誉为“花艺界的奥林匹克”的世界花卉协会年、2017世界城市日全球主场活动会等，众多国际会议和展览接连在广州举办，让广州实现了从“旁观者”转变成“参与者”，取得了传播主动权，以此为契机强势推动自身城市品牌传播，由此深度拓展广州的世界“朋友圈”，提升了城市的国际影响力。

（二）积极对外推介，建立世界城市关系网

俗话说：酒香不怕巷子深。但如今，在高速的信息化时代，城市的发展显然需要更注重效率，借助外力“主动吆喝”已成为城市展现自身

魅力的一门重要功课。

自 2017《财富》全球论坛宣布在广州举办后，广州精心策划组织了为期一年的世界重点城市路演推介活动，按照全球 500 强企业聚集地、广州国际经贸主要伙伴地区的标准，广州选择了 13 个世界重要城市开展全球论坛推介活动，广州也由此成为《财富》全球论坛所有承办城市中第一个进行精细化、精准化全球路演策划和实施的城市。13 场密集的推介会，让广州与全世界“亲密接触”，并在全球范围内掀起热议广州的热潮。在此基础上，2018 年被确定为广州城市形象国际传播年，年初在瑞士达沃斯，广州国际传播年推介计划正式启动：从 3 月的中国发展高层论坛，到 4 月的博鳌亚洲论坛，再到 6 月的上合组织青岛峰会、7 月的 2018 世界城市峰会，总能看到广州积极自我推介的身影，系统地讲述“广州故事”，展现新时代广州的城市新形象。可以说，广州创新推介传播形式，积极对外推介，让有辨识度、有温度、有质感的“广州故事”与国际搭建起了沟通的舞台，同时也探索出了城市品牌建设、构建国际传播能力的新路径。

二　媒体议程设置，品牌传播保持高热度

（一）精心策划，多方媒体协同发力

城市品牌形象的建立离不开媒体的传播，如何充分利用好媒体，同样是摆在城市品牌宣传中的一个值得研究的问题。从议程设置角度而言，大量媒体的海量传播使得公众的参与程度以及媒体的不断报道产生了信息传播的“共鸣效应”：媒体主体对受众进行议程设置，报道提升了事件的舆论热度，于是更多的受众开始被吸引，舆论与关注点由小变大，最后形成事件的“高热度”。

中国第一展——广交会至今已举办了 124 届，成为广州向世界打出的一张永不褪色的城市名片，随着广交会规模和影响的不断扩大，广州国际性商贸城市的形象日渐深入人心。2010 年广州举办亚运会，同时又让这座千年古城在现代国际社会上焕发出了新彩。就亚运会广州城市形

象传播而言，整合各种传播手段与资源是提升城市品牌的有效保障。亚运会期间，报纸、广播、电视、网络、手机等各种媒体以各种形式突出宣传报道，强大的媒体造势宣传报道，不仅为全世界提供了一场精彩的亚运盛宴，更是完美地呈现了广州风采，凸显了广州的开放与现代化。

2017年，广州举办《财富》全球论坛，更是广州的一大盛事，同时也是媒体的一大盛事。不仅广州、广东当地的媒体精心策划，还联动了中央媒体以及其他地方众多媒体，形成报道合力，共同做好广州财富时间的宣传推介。在《财富》全球论坛开幕前，北京、上海、天津、哈尔滨、西安、南京、长沙、成都等全国8座城市的8家权威媒体报纸同时推出整版，这些版面上不约而同地出现了一个神秘的“单字谜”，一时引来社交媒体上的网友关注点赞。直到将8个版面“合体”后才发现，这是广州向全国人民发出的一封“请帖”：“广州过年，花城看花。”这个创意让网友纷纷点赞，“来广州过年”也刮起了一股流行风。

（二）构建国际话语，外媒追捧“广州故事”

在积极搭建全球经济共享平台的同时，广州还注重采用国际话语体系，对“广州故事”、中国声音进行立体化传播，积极与境内外主流媒体合作，形成境内境外全方位的传播格局。

广州举办2017《财富》全球论坛期间，吸引全国乃至全世界各国媒体的聚焦。论坛举办前后，国内外媒体记者云集广州，有关广州的新闻占据了中外主流媒体的重要位置。《华尔街日报》连续4个月刊登了广州专题报道，美国《财富》杂志连续推出8期广州特稿，《今日美国》《纽约时报》《芝加哥论坛报》《新苏黎世报》、德国《商报》《日本经济新闻》也相继推出广州专题报道，形成了全球媒体聚焦广州、报道中国创新案例的热潮。

在“走出去”的同时，广州也广邀各界媒体前来广州采风，先后组织了世界主要华文媒体看广州、2017“一带一路”沿线国家和地区主流网络媒体看广州、世界主流财经媒体广州行等活动，邀请境外记者来穗采访，深入发掘广州素材，宣传广州城市形象。利用海外媒体的报道资源讲好“广州故事”，有力地建构了国际话语体系，推动了广州的“显示度”不断提升。

三 增强公众参与，激发二次传播效应

（一）受众视角叙事，产生情感共鸣

在城市品牌的建立和传播过程中，口碑传播作为一个重要的信息渠道发挥了重要作用，更具有柔和性和可信性。通过贴近性的叙事技巧，以得到全体市民的情感认可，更容易产生信息的二次传播效应。

在2017《财富》全球论坛的宣传报道中，众多形式都在叙事上考虑到了受众视角，通过接地气的案例和元素，博得受众对广州城市的文化认同。如在《花开广州·盛开世界》城市形象宣传片中，广州选择性地呈现了市民熟悉的城市景观、历史人文、生活习俗以及美食美景等元素，这不仅是传播广州形象的独特名片，也是最能让受众产生情感共鸣效应的纽带。为增强市民的参与度，提升市民的主人翁意识，打造接地气的国际生活，在财富论坛的推介会上，广州创新性地组织启动了小信使活动，在全市200多万大中小学生和青年志愿者中发起“财富小信使致信世界500强CEO和领军企业代表”活动，广州小学生首次加盟路演，给马化腾等企业家发邀请信。

（二）社交媒体发酵，掀起二次传播

一个好的有创意、接地气的宣传可以带给受众一种身临其境的“生活场景”，引发他们对其进行讨论和分享。《花开广州·盛放世界》获得了广泛的“国际赞”，便是一个有力的例子。这部宣传短片没有一句解说词，也没有字幕，通过“行花街”“广绣木棉”“水上花市”“叹早茶”等画面，不仅让观众看到了浓浓的“老广味”，以广州塔为核心的广州城市新中轴CBD、规模世界第一的琶洲国际会展中心、世界级超大港口、世界级商业门户天河商圈、炫酷的无人机灯光编队表演等一系列“新广州”代表元素也悉数入镜，向世界展现了广州的发展新面貌。这张精心制作的“广州名片”在纽约大放异彩，唯美大气的画面在微信朋友圈等社交媒体不断刷屏。

再如在2017年，广州推出《你有一封丝路花语的来信》互动H5游戏，

以与广州有关的“花”设置问答，吸引了众多市民参与；发布“丝路花语”魔方九宫格，刷爆朋友圈，在社交媒体上引发了数以十万计的热议，由此掀起了二次传播的高潮。传统媒体和社交媒体的共同发力，形成了立体化的传播攻势，有节奏的传播节点，形成一波紧接一波的热潮，使得广州城市形象不断地展现出来，城市品牌影响力不断提升。

四 结语

城市品牌形象，对内有整合作用，市民认同，对城市感到自豪，形成城市内生活力；对外，可以让更多人关注、向往，形成情感认同，最终提升城市吸引力、竞争力。党的十九大报告提出，中国特色社会主义进入新时代，这是我国日益走进世界舞台中央、不断为人类做出更大贡献的时代，要推进国际传播能力建设，讲好“中国故事”，展现真实、立体、全面的中国。广州城市品牌形象的对外传播，既是讲好“广州故事”，更是讲好“中国故事”，向世界展示新时代中国城市形象的生动注脚。

参考文献：

何春晖、刘依卿：《城市形象传播的媒介思考》，《国际公关》2005 年第 6 期。

何国平、王瑞应：《广州亚运会与广州城市形象对外传播》，《对外传播》2010 年第 11 期。

刘茜、李丹、林野、曾俊良：《对标世界一流城市 打造国际城市品牌》，《南方日报》2017年7月11日第6版。

倪光辉：《胸怀大局把握大势着眼大事 努力把宣传思想工作做得更好》，《人民日报》2013年8月21日第1版。

周佳琪、朱康生、蒋晓丽：《全球媒介事件中媒体对区域文化的传播与建构》，《新闻界》2014 年第 24 期。

浅谈中国电影国际传播的现状及策略

关　韵*

【摘要】随着中国成为全球第二大电影市场，通过进一步推动中国电影的国际传播，提升中国文化软实力和国际影响力的需求越来越迫切。本文通过对中国电影的国际传播、好莱坞电影的跨文化传播以及具有一定可比性的印度电影国际传播的现状梳理和分析，为中国电影的跨文化传播提供有益的借鉴。

【关键词】电影　国际传播　跨文化传播　文化折扣

自120多年前诞生以来，电影已经发展成为深受大众喜爱，包含影像、音乐、语言、动态的多维综合艺术。无论从传播文化信息的密度、质量还是广度去衡量，电影都是传播意识形态最有效的方式之一，正因为如此，电影在提升国家文化软实力的总体战略中占有重要而特殊的地位。好莱坞电影产业不仅是美国经济的重要支柱，更是对外输出美国价值观的重要载体。提高国家文化软实力，是我们党和国家的一项重大战略，习近平总书记指出，“提高国家文化软实力，关系‘两个一百年’奋斗目标和中华民族伟大复兴中国梦的实现”。产业化改革以来，中国电影市场开始进入高速增长期：2017年，中国电影票房总收入突破559亿元，即将超越北美（美国及加拿大）成为全球第一大电影市场。国产影片在本

* 作者简介：关韵，女，经济学硕士，珠江电影集团有限公司影视规划部经理。

土市场表现亮眼，近5年国产影片的票房占比基本维持在55%左右。作为文化软实力中的重要组成部分，电影在国家层面获得高度重视：2018年3月印发的《深化党和国家机构改革方案》中，确定由中央宣传部统一管理电影工作，进一步突出了电影在宣传思想和文化娱乐方面的特殊重要作用。中国电影作为传播中国文化、宣传中国形象的重要媒介，必须在国际传播中发挥积极作用，助力中国走向世界舞台中心。

一 中国电影国际传播现状

（一）中国电影海外传播的历史

尹鸿教授将全球化背景下，中国电影探索国际化的进程划分为三个阶段：第一阶段（20世纪80年代后期到90年代前期）是民俗电影时期，张艺谋、陈凯歌等中国第五代导演凭借《大红灯笼高高挂》《霸王别姬》，以国际电影节获奖为突破口，形成了中国电影第一次国际化浪潮；第二阶段（20世纪90年代中期到末期）是独立电影时期，张元、王小帅、贾樟柯等中国第六代及其后的新生代导演，以另类、自我、碎片化的表达方式去探讨社会边缘题材，尽管在国际上产生了一定反响，但始终难以进入国内及国际主流电影市场；第三阶段（2000年以来）是跨国制作时期，随着中国加入WTO，中国电影产业和市场向全球开放，跨国资本大量涌入，合拍片成为市场主流，《英雄》《十面埋伏》《满城尽带黄金甲》等“中国大片”在海外市场掀起了一个小高潮，在全球化背景下，国产电影、中国电影的概念正逐步让位于民族性更为模糊的华语电影，甚至是非华语的华人电影。

（二）近年中国电影海外传播的表现

1. 海外市场方面的表现

尽管票房并非衡量电影传播力和影响力的唯一指标，但不可否认，包括影院票房在内的电影版权销售额是衡量电影传播效果最重要、最直观的指标之一。2017年，中国国产电影海外票房和销售收入突破人民币42.53亿元，比2016年增长11.19%，但仍然不及当年全国票房总收入的零头。以北美市场（全球第一大电影市场）为例，表 1 列出了在北美上映的外语片中部分中国电影的票房排名。

表 1　中国电影在北美市场外语片票房的历史排名（前 200 名内）

排名	片名	所属	年份	导演	北美票房（单位：美元）
1	《卧虎藏龙》	中国台湾	2000 年	李 安	1.28 亿
3	《英雄》	中国	2004 年	张艺谋	5371 万
7	《霍元甲》（李连杰版）	中国	2006 年	于仁泰	2463 万
12	《功夫》	中国香港	2005 年	周星驰	1711 万
14	《少年黄飞鸿之铁马骝》	中国香港	2001 年	袁和平	1469 万
28	《十面埋伏》	中国	2004 年	张艺谋	1105 万
43	《饮食男女》	中国台湾	1994 年	李 安	729 万
49	《喜宴》	中国台湾	1993 年	李 安	683 万
53	《一代宗师》	中国香港	2013 年	王家卫	659 万
54	《满城尽带黄金甲》	中国	2006 年	张艺谋	657 万
79	《霸王别姬》	中国	1993 年	陈凯歌	522 万
88	《色·戒》	中国	2007 年	李 安	460 万
161	《花样年华》	中国香港	2001 年	王家卫	274 万
163	《战狼 2》	中国	2017 年	吴 京	272 万
164	《叶问 3》	中国	2016 年	叶伟信	268 万
170	《大红灯笼高高挂》	中国	1992 年	张艺谋	260 万
191	《活着》	中国	1994 年	张艺谋	233 万

资料来源：boxoffice mojo。

从上述数据可见，在北美市场中，位列外语片票房首位的是李安导演的《卧虎藏龙》，此片可以说是华语电影在海外市场创造的一大奇迹，不仅荣获第 73 届奥斯卡最佳外语片等 4 项大奖，其 1.28 亿美元的票房更是将排在第二位的意大利电影《美丽人生》（1998 年，5756 万美元）远远抛开。虽然北美票房历史排名前 10 的外语片中有 3 部是华语影片，前

200位中有17部是华语影片，但不难发现，17部影片中有14部是2008年之前的影片，这意味着近十年来，中国基本没有再推出过能真正打开北美市场的影片。（2017年的合拍片《长城》不作为外语片）2017年席卷中国暑期档的《战狼2》虽然创造了多项票房纪录，但在北美市场仅获得272万美元的票房，排在第164位。从影片类型来看，前100名中的12部华语片，武侠/古装类占绝对优势。从世界范围来看，中国电影海外发行的市场分布主要是北美、澳新、东南亚，这与华人华侨的海外分布规律也有很大关系。

2. 参展获奖方面的表现

在艺术评价方面，近年中国电影在海外主要电影节展（欧洲三大电影节及其他国际A类电影节、美国奥斯卡、金球奖）中的表现也较为疲软，仅2013年贾樟柯导演的《天注定》获得第66届戛纳国际电影节最佳剧本奖、刁亦男导演的《白日焰火》获得第64届柏林国际电影节最佳影片金熊奖和最佳男演员银熊奖（廖凡），缺乏代表当前中国电影发展水平的重磅获奖作品。

从上述两方面的表现来看，虽然近年来中国电影在海外的票房和销售总体有所增长，但很大程度上是得益于在海外学习、生活的华人群体不断扩大带来的市场增长，中国电影在海外尤其是西方主流社会中产生的影响力和传播范围依然非常有限。

二 中国/华语电影海外传播经验的教训

无论是早期在各大海外电影节展中得到认可的“民俗电影”，还是近十几年在海外市场取得较好成绩的合拍“中国大片”，这些中国电影对于海外观众来说，最大的吸引力主要是来自“奇观”。

Edward T. Hall的高低语境文化理论认为，中华文化是一种典型的高语境文化，中国电影也大多具有高语境文化的特质，高语境文化更多地依靠语境而非通过语言本身传达信息，而西方文化（如大部分英语国家）则相反。虽然高低语境文化差异容易导致在跨文化交流中产生误解或失败，但正因为电影是一项以视觉为主的多维综合性艺术，如果处理得当的话，反而可以一定程度上抵消东西方语言差异产生的文化折扣。这也能够解释为何大部分在海外市场取得成功的中国影片基本都是“奇观化”的影片，例如以动作、肢体语言为主的影片（武侠/功夫片），或充满意象、景观及其他有形或无形的文化元素（如：长城、宫殿、黄土高原、红灯笼、京剧）的影片，或这两者的结合。奇观化的非语言表达容易吸引观众，也更容易被其他语境的观众所感知（不一定是理解）。

电影本身是视听为主的艺术，奇观作为电影的一种本性，自始至终都伴随着电影。早期这些带有奇观化的中国电影，很大程度上是以西方的东方主义视野和期待来展示一个具有异国情调的中国，不失为中国电影吸引海外观众、进入海外尤其是西方市场的一种有效策略。但是，中国电影“走出去”的最终目的还是通过电影的“软输出”向世界传播中国文化，传递中国价值观，构建中国话语体系，奇观本身更多只是吸引观众的一种手段，要实现跨文化的价值观传递，仅靠奇观并非长远之计。合拍大片《长城》在北美市场的失利，更说明了将中国元素和西方叙事套路生硬结合并不可行。

三　其他文化圈电影跨文化传播经验的启示

（一）好莱坞电影跨文化传播优势的启示

反观好莱坞，作为美国电影的象征，好莱坞电影在世界范围内的广泛传播得益于全球化进程。在20世纪50—80年代，电影还远不是好莱坞的天下，法国、意大利等国的电影在国际市场也占有重要的位置。然而到了世纪之交，大部分的国际电影市场已经被好莱坞抢占。

作为好莱坞电影在跨文化传播中的一例，不妨考察皮克斯于2017年推出的动画电影《寻梦环游记》（COCO）。该片全球票房8.07亿美元，其中北美票房约2.1亿美元（26%），其他地区票房5.97亿美元（74%），虽然在全美动画电影票房中仅排名第36位，但却是好莱坞动画电影中海外票房占比最高的作品，这个比例甚至超过了号称为中国市场打造的《功夫熊猫3》。该片海外票房中贡献最大的是中国大陆（1.89亿美元），其余依次为墨西哥（5786万美元）、日本（4634万美元）、法国（3331万美元）、英国（2621万美元）、韩国（2593万美元）、西班牙（2141万美元）等，在西语国家的市场表现尤其突出。影片以墨西哥为背景，创作团队中也包括大量拉美裔的创作者。首先本片同样具有强烈的“奇观化”体验：在视听上呈现了大量观众或熟悉或陌生的墨西哥和拉美文化元素（大檐帽、玉米粽、亡灵节、音乐、西语口音等），并对这些文化元素进行了创新性处理（亡灵世界、灵魂动物等），对非拉美文化圈的观众来说，这是一种具有强烈吸引力的异国风情奇观，对拉美文化圈的观众来说，则在新鲜感之外更有天然的亲切感。更重要的是这些奇观并非对文化元素进行简单的堆砌和拼接，而是切实地服务于故事主题和内容的；在设定上传达了墨西哥偏向母系、家庭式小企业为主的社会经济结构；在主题上则表现了墨西哥文化中的家庭观、生死观。虽然故事的内核还是好莱坞推崇的“普世价值”：亲情、成长、爱和包容，在叙事手法方面也并未脱离经典的好莱坞叙事模式，但与民族文化元素相得益彰的有机结合，使得好莱坞电影看起来更具有世界性、跨文化特质，越来越“不像”美国电影，更有利于好莱坞电影和美国价值观的跨文化传播。

探究好莱坞电影在国际市场上取得广泛成功的原因，一是美国先进的电影技术和成熟的电影工业体系，精良的制作保障了好莱坞电影在电影产品属性方面的品质，无论是奇观的创造（电影技术带来的视听效果呈现）、成熟的叙事（易于跨文化观众解码的叙事手法）、善于运用普世价值的内核（能引起不同文化背景观众共鸣的主题）都能对观众产生“普遍吸引力”；二是美国在全球经济贸易上的强势和优势，为好莱坞电影建立了强大、完善的国际发行渠道；三是全球性思维——美国作为一个移民国家，本身就是一个多元文化的综合体，因此好莱坞聚集了来自世界各地不同文化背景的电影制作人才和团队，其文化的开放性和多样性使得好莱坞电影很容易融合不同国家、地区的文化要素，从而提升文化亲近感，在跨文化传播中，能充分调动电影中的不同文化要素，再加上英语是全球使用最广泛的语言，这些因素使得好莱坞电影进入其他国家的文化折扣大为降低，促进了美国好莱坞电影全球化进程。

虽然中国电影的国际传播不可能也不应该完全照搬好莱坞模式，但好莱坞模式还是有不少值得借鉴之处：首先是建立在文化自信基础上的国际视野和思维。尽管近年来中国电影“走出去”的呼声日益高涨，但实际上每年出品的中国电影中，真正从国际传播出发、瞄准国际市场的作品极少，中国电影创作者对“走出去”的主动性还是不够强烈，更多还是政府的“一头热”，或者只是极少数电影制片企业出于市场收益的考量。中国电影要走出去，中国电影创作者必须要积极审视自己的文化和国际市场，寻找具有中国特色的手法去阐释那些更容易为其他文化圈观众所接受的普遍性主题，寻找本土化和国际化的平衡。除了内容以外，在制作方面提升中国电影的质量，在发行方面积极开拓中国电影海外发行渠道，逐步建立海外发行体系，也是今后中国电影持续“走出去”的必备条件。

（二）印度电影近年在国际传播的成功经验

相比成熟的好莱坞，印度电影对于中国电影来说可能更具借鉴价值。印度有多达 40 种语言的电影，2016 年，印度电影产量达到 1986 部（其中以宝莱坞影片为主的印地语电影为 364 部），印度电影票房 998 亿卢比，其中本土电影的票房占比达到 81%。印度及整个南亚地区的海外移民是印度电影市场的关键部分，2016 年印度电影的海外票房和销售收入为 109 亿卢比（约 10 亿人民币，增长 14%）。2015 年的《小萝莉的猴神大叔》印度本土票房 32 亿卢比，全球票房 60 亿卢比；2016 年的《摔跤吧！爸爸》印度本土票房 38.7 亿卢比，全球票房 70 亿卢比；2017 年的史诗大片《巴赫巴利王 2：终结》的北美票房超过 2000 万美元，跻身北美外语片历史票房第 11 位。

虽然一直以来，印度 / 宝莱坞电影给其他地区观众的刻板印象是歌舞、英雄美人搭配以及夸张的情节，但从近年几部在国际市场上取得现象级成功的影片中，能够明显看到印度电影的题材、架构正在走向国际化。歌舞是印度电影的一大特色，但印度以外的观众并不容易接受，大量的歌舞穿插可能会显得突兀，而且使得印度电影片长往往超过 3 小时，这与其他地区电影观众的观影习惯相冲突。但近年的这几部印度电影，大部分为现实题材，而且对歌舞场面进行了限制，更注重将歌舞作为素材与影片的情节甚至主题融为一体，起到了很好的渲染和烘托作用，在保留民族电影特色的同时，化缺点为优势，使电影更容易被跨文化传播。与中国相比，印度作为前西方殖民地，英语是官方语言之一，印度电影走向国际市场有其独特的优势。

值得注意的是，印度电影近年在海外取得成功，更多是得益于在东亚、东南亚、西亚市场的成功而不是传统意义上的“西方市场”。例如《摔跤吧！爸爸》最大的票房贡献来自邻近的中国，在澳大利亚、英国、阿联酋这些印度移民较多的地区，以及与印度文化有较多共通之处的东南亚市场，也有非常亮眼的表现。这些地方或是有较大的印度观众基础（海外移民）或是与印度文化较为近缘，文化折扣相对较小。这种传播的策略和路径，同样值得中国电影借鉴。

四 结语

要推动中国电影的国际传播，讲好中国故事，传播中国价值，实践证明，必须要采取本土化和国际化相结合的策略。因此，中国的电影创作者首先要树立真正的文化自信和国际视野：真正的文化自信应该是建立在对自身文化有深刻理解的基础上。身为创作者，如果我们对自身文化的了解仅停留在表层，无法提炼出文化的核心灵魂，那我们的影片只会变成有形无实的文化元素简单堆砌和装饰。只有建立真正的文化自信，我们才不会惧怕融合，才能放开手脚，以更开阔的视野将中华文化主动地融入国际化语境中。

另外，在中国电影跨文化传播的实践中，要清楚认识高低语境文化差异对国际传播的影响，在题材选择和传播推广范围方面避重就轻，最低限度地减少文化折扣的影响，争取达到事半功倍的效果：在题材方面，要挖掘那些中华文化中更具普遍意义的理念和价值；在推广方面可以按照“海外华人文化圈—儒家文化圈—非西方文化圈—西方文化圈”进行多层次的、由易及难的扩展，逐步扩大中国电影的国际影响。

参考文献：

李琳琳：《浅析电影的奇观本质与当代中国电影的奇观化》，《电影评介》2009年第21期。

饶曙光：《中国电影对外传播战略：理论与实践》，《当代电影》2016年第1期。

尹鸿：《全球化背景下中国电影的国际化策略》，《文艺理论与批评》2005年第5期。

朱玉卿等：《2017丝绸之路沿线国家电影大数据白皮书》2017年版。

[美]爱德华·霍尔：《超越文化》，何道宽译，北京大学出版社2010年版。

浅谈中国图书出版“走出去”中的创新

——跨媒体合作和“图书+”的几点思考

黄洁华*

【摘要】 本文的研究目的是梳理中国图书“走出去”的现状和特征，反思图书“走出去”产品的问题和不足，为日后设计和策划产品提供新的思考。通过探索“图书+”融合新技术和跨媒体的创新，关注“走出去”产品及其传播生命力的提高，挖掘外宣产品的附加值，浅探大型项目的策划及智力成本最大化“套现”的可能性。提出善于抓住当前重大外宣要求的时间节点，既要把握重点热点，又要注意长线规划的建议。

【关键词】 图书出版 “走出去” 跨媒体 “图书+”

一　中国图书“走出去”传播路径和特点

（一）中国图书“走出去”的现状

1. 引进输出数量差距缩小，“三大工程”推动形成新格局

早在20世纪90年代，引进版图书就开始在中国市场呈现扩张的态势，2007年在国内市场上占1/5。[①]2017年，引进版权和输出版权数量比为1.31:1，2017年上半年实体店虚构类前100名中的境外作者作品就有

---

* 作者简介：黄洁华，女，文学学士，广东人民出版社有限公司对外合作编辑室主任。

① 朱健桦：《引进版图书市场份额知多少——近几年中国零售市场引进版图书分析》，《出版参考》2007年第25期。

38种。21世纪初，中国图书行业开始更多地通过参与世界性书展和文化交流活动与国际书业建立合作关系，2004年国务院新闻办公室和原新闻出版总署启动了“中国图书对外推广计划”，到2006年成立了专门的工作小组，使这一计划得到全面推动。经过十几年的努力，在国家和地方政府对文化产业“走出去”的各种扶持激励下，中国图书版权的输出的品种、语种和授权范围都有大幅度的增加。“中国文化著作翻译出版工程”“经典中国国际出版工程”“‘丝路书香’翻译工程”“中国出版物国际营销渠道拓展工程”以及中宣部对外推广局的对外出版项目、国家社科基金中华学术外译项目等，从中央到地方，从翻译资助到出版和推广策划，从开始的政府主导和扶持到企业主导市场化运作，已经建立起一个新的格局。

根据 2016 年“全国出版社走出去情况调查”结果，2010—2015 年，全国图书出版业版权输出数量年平均增长率超过 20%。但全国仅有一半出版社输出过图书版权，版权输出地是 78 个国家，仅占全球国家的 40.4%，且其中 30 个国家引进版权数量低于 10 种，排名前 8 位的国家和地区引进量占 73.6%。[①]2017 年，共输出版权 13816 项，其中：图书 10670 项，录音制品 322 项，录像制品 102 项，电子出版物 1557 项。版权输出数量最多的国家依次为：美国、英国、德国、法国、俄罗斯、加拿大、新加坡、日本、韩国。出口总额 2.06 亿元，比上年增长 11.35%。[②]

2. 中国图书“走出去”内容、传播形式有了质的飞跃

在“走出去”选题、产品、传播和推广活动各方面也有了质的飞跃，主要体现了规范化和多元化这两大特点。规范化是指中央和地方已经有常规化有效机制，去推动、扶持和激励“走出去”的项目，制定相关的项目规划、管理、评估等一系列标准，从而使该项工作有规可循，有章可依。图书“走出去”的各项工作，从开始的“摸着石头过河”，到现

① 中国新闻出版广电网：《2015 年全国新闻出版业基本情况》，http://www.ce.cn/culture/gd/201609/01/t20160901_15472221.shtml。

② 中国新闻出版广电网：《2017 年全国新闻出版业基本情况》，http://www.xinhuanet.com/zgjx/2018-08/06/c_137370768_7.htm。

在有条理、有章法，形成了一套能引领和激励“走出去”推动者的办法，这是值得高度肯定的。横向跟法国、荷兰、北欧（Nordic）等比中国更早有翻译出版资助的国家相比，我国的扶持力度更大。多元化集中体现在“走出去”选题内容、宣传方式、合作范围方面。“走出去”的选题主要是：主题类图书、文化类图书、文艺类图书、哲学社会科学类图书、科技类图书、少儿类图书、汉语教材。近年来，各出版单位不断创新选题策划内容，从原来的国内市场图书的直接翻译外推，发展到从国内市场选题策划之初考虑“走出去”的要素，再到策划直接面向国际市场的项目。在法兰克福、伦敦书展、博洛尼亚、美国书展、东京书展等国际书展和其他文化交流活动方面，活动的策划和表现形式都有很大的进步，融入了更多的创意，规格也提高了不少，拉近了跟国际上同类活动的距离。随着“一带一路”倡议的逐步推广及深入，越来越多的国内出版企业参与国际市场竞争，预计我国出版企业海外布局将呈现更为活跃的景象。出版企业在不断开创通过资本走入国际市场、与海外同行合作的新路径，从最初的版权输出、图书实物出口向并购海外书企、成立分社或国际编辑部等领域拓展。海外并购正成为中国书企以资本输出的形式迅速切入市场、进行国际化布局的重要方式之一。在海外设立分公司、工作室、运营中心的出版集团越来越多，其中颇受瞩目的是：2014 年凤凰出版传媒股份有限公司收购美国的出版国际公司（PIL）的童书资产，8000 万美元的价格创下了中国出版企业海外并购的最高交易额。PIL 公司童书业务在被并购后，至今运营稳定，出版的有声童书年销量居全美前列，年销售收入在 6 亿元以上。[①]其中有通过并购海外出版公司的方式，有国内外合办的方式，也有一些是分拆市场的单个或复合领域合作的方式，目的是借助海外公司原有的品牌和渠道优势，在内容创意、销售发行、印刷、推广等方面，让中方更快地在当地市场立足。另外，不可忽视的是，中国出版的图书（含中文或外文）在直接出口到境外方面也有比较大增幅，《2018 中国图书海外馆藏影响力报告》显示，中国大陆共有 520 家出版

① 中国出版传媒商报社、北京外国语大学中国文化“走出去”效果评估中心课题组：《2018 中国图书海外馆藏影响力报告》，https://www.sohu.com/a/249261638_267807。

社出版的24757种2017年版中文图书进入海外图书馆收藏系统。[①]说明中国出版机构的英文图书出版，在语言人才积累、渠道推广以及优势内容资源等方面，已经初具规模。根据美国2014年发布的2011财政年度报告数据，美国2011年有12.3万家公共图书馆和3.5万家博物馆。这些坐落在美国普通民众身边的公共图书馆，近些年受大量华人社区移民的影响，不断增加对于中文图书的选购预算，使中国大陆出版的中文图书新品种大幅增加。[②]

（二）中国图书海外传播的特征和有待提升的几个方面

1. 海外传播主力军逐渐形成，开始向品牌化发展

中国图书“走出去”出版资源的范围、国际营销网络、国际推广能力都在近几年大幅提升，一些大社、强社知识生产能力持续保持较高的发展水平，其中以专业出版社的品种增长幅度最为突出，出版领域大幅拓宽。传统大社、强社依然保持高速增长趋势，专业出版社增长迅猛，它们成为目前“走出去”项目传播者的主力军。《2018年中国图书海外馆藏影响力报告》列出的排名前30的出版社中，10家出版社的排名与2017年度排名相同，前三甲中的中国社会科学出版社、社会科学文献出版社和科学出版社排名亦无变化。这说明，在海外图书馆这一渠道中，我国已经形成相对稳定的出版社核心品牌，这些出版社已经成为能代表中国文化生产力水平的品牌社。

2. 传播途径更立体化

“图书+”发展是大势所趋，也是海外传播的助力。从传播途径来看，中国图书“走出去”从以往单一的翻译出版授权、实物出口方式，转向“中国内容”的输出和传播更立体的维度发展。利用新媒体、新技术，打造“图书+”的创新产品。“图书+”是指以纸质图书为基础介质，结合新媒体、

① 中国出版传媒商报社、北京外国语大学中国文化“走出去”效果评估中心课题组：《2018中国图书海外馆藏影响力报告》，https://www.sohu.com/a/249261638_267807。

② The Institute of Museum and Library Services (IMLS)：Public Libraries in the United States Survey: Fiscal Year 2011，https://www.imls.gov/publications/public-libraries-united-states-survey-fiscal-year-2011.

新技术，突破原有介质的限制，实现更广泛的传播价值的复合型产品。

3.“走出去”内容特征及几点思考

从“走出去”出版内容看，中国当代文学图书的世界影响力远远超过历史类图书，成为展现中国当代社会发展面貌的一个重要窗口。比如，人民文学出版社出版的严歌苓《芳华》，成为2018年度海外馆藏最广的中文图书，被62家海外图书馆收藏。其次是北京十月文艺出版社出版的周梅森《人民的名义》，被59家海外图书馆收藏。由江苏凤凰文艺出版社出版的匪我思存《爱如繁星》名列第6位，被32家海外图书馆收藏。[①]另外，多个境外合作方在沟通的过程中，普遍反映当代中国社会时政热点、外交关系和“现象”级的中国经济模式等成为境外读者对中国内容的新需求。对图书的作者、题材和表现方式的需求，中外有一定的差异，应该采取共同策划的方式，发挥互相的优势，才能在国际市场上有更好的传播力。结合工作中的经历和思考，笔者认为，中国图书海外传播在以下几个方面有待提升，供出版人和外宣人思考。

（1）在本土化、规模化、市场化这三个维度上，中央和地方政府需要加大扶持力度，企业应该制定适合自身特色的策略，并有规划地推进。在扶持的具体内容方面，除了资金和政策之外，还需要有行业人才的培养和储备、税收减免和政务手续简化等相关环节的考量。企业需要根据自身发展的需要和策略，扬长避短，有规划、有策略地推进“走出去”的战略，创造汇聚世界化、多元化的出版人才的企业氛围，建立开拓国际市场的基础。当前“走出去”的许多产品主题雷同或重复的不少，而且普遍存在本土化不足。比如在话语构建、视觉呈现、推广方式方面，还是“一厢情愿”或“简单粗暴”的做法，这需要我们在构建话语体系、受众心理等方面多下功夫。另外，在版权输出数量上有了相对稳定的增长之后，需要规模化和市场化的升级。当前有不少“走出去”走在前头的企业，一定程度上形成了自身的特色，但大部分其他企业无法形成规模，难以在国际市场上树立品牌。在输出产品的定位和特色上面，还没有“现

---

① 中国出版传媒商报社、北京外国语大学中国文化“走出去”效果评估中心课题组：《2018中国图书海外馆藏影响力报告》，https://www.sohu.com/a/249261638_267807。

象级”的品牌，没有具备持续性和有影响力的中国“符号”。

（2）“走出去”有突破性的思维，主动地作为，实现跨媒体优势资源整合。跨文化、跨语种的出版能力需要提高，传播方式的国际化程度还有待提高。传统出版业在“走出去”的过程中并不是一帆风顺的，由于文化差异、市场的保护主义、守旧的“完成任务”观念等，在实践的过程中，往往很难达到理想的效果。尤其是新技术、新媒体的发展，对“走出去”又提高了要求。可以说，从原来“内容为王”，进化到“受众为上”，哪怕有好的内容，如果运用单一媒体或者是单一的呈现方式，已经无法让好的内容传播出去。好的内容，不结合新的传播手段，在传播的价值上就无法实现最大化，浪费又可惜。所以，在图书这种传统载体上，结合 VR/AR，线上线下互动等附加方式，势在必行。

（3）量化“走出去”成果评估方式上需优化和加大力度。近年来，中央和地方扶持的“走出去”项目越来越多，归口部门不一，在项目执行的成果评估方面有必要进行优化和加大力度。相关资助项目在申报、评审方面的要求和规范程度提高了，比如需要提交专家亲笔推荐信、参考申请单位此前执行类似项目的绩效信誉等，提高了门槛，有效保证了入围项目的水平和执行单位的资质。不过，在项目立项后，进度安排、资金使用、宣传效果等评估方面，需要投入相应的资源。

（4）需要扩大跨地域、跨国别的市场占有率。在出版业的各个环节上，还未能形成全产业链的海外运作方式。许多海外公司的管理和运营问题急需解决。中国图书“走出去”要实现“走进去”，真正进入国际市场和为更多受众青睐，在个别或部分领域实现海外投资运营还是不够的。部分有能力、有经验的中国出版企业，已经在摸索结合国内外两个市场、扩大产品占有率的有效路径。比如，浙少社并购新前沿出版社后保留了原班人马，努力实现出版资源“本土化”发展策略，努力实现出版资源的共享，等等。[①] 实际上，图书“走出去”的建设和发展，是有

① 渠竞帆：《中国出版海外布局进展报告》，http://www.cbbr.com.cn/article/117151.html。

望得到例如文化产业发展中央专项资金、广东省文化繁荣发展专项资金、广东省宣传文化发展专项资金、国家出版基金中华外译项目、中宣部对外出版项目这类资金的支持的，关键要看能不能从产业链这个高度去创新策划出具有新业态发展潜力的项目，提升“走出去”的格局和实效。

二　跨媒体合作和“图书 +”在“走出去”传播中的可行性分析

在策划“走出去”项目的时候，需要充分运用跨媒体合作和“图书 +”思维，才能最大限度地让这个项目实现其传播价值。要实现跨媒体合作，可以借鉴“跨媒体叙事”提出的概念：即基于协同创作、集体智慧的文化活动。主张充分考虑受众在不同媒介平台（如电视、出版、电影、游戏）的内容体验需求，围绕一个统一的观念，在不同的媒介平台上展开相互独立，但逻辑上高度关联的故事主线，使得角色更加丰满、立体。这一个理念运用在图书“走出去”的策划中，可以理解为跨媒体合作的基础：基于某个主题，充分考虑其在不同媒介平台的内容体验需要，而设计出一系列图书产品和活动，以便与其他媒体协同合作传播推广。而“图书 +”在“走出去”这一特定的传播要求里，除了电子书、AR/VR 等新技术之外，还包括和不同媒介展开主线一致的各种维度的合作。尤其是在“走出去”战略从“外宣”定位转变到“国际传播力”这一新阶段，图书出版如果不能实现跨媒体合作，就意味着得不到助力，无法实现产业化的“走出去”。有些跨媒体形态的集团，也做了一些很好的尝试。比如安少社“创新‘走出去’的形式，既要纸质图书‘走出去’，也要数字出版‘走出去’、少儿文化产业 + 产业整体走出去”。[①] 安少社“近 400 种电子图书被国家汉办孔子学院总部采购，应用于‘孔子学院数字书苑’。我们重点打造的‘全球儿童汉语互动阅读推广运营平台’项目和‘国际汉语学习资源

① 张丽：《中国童书如何更好走出去》，http://book.ifeng.com/gundong/detail_2013_04/01/23746379_0.shtml。

研发基地’项目分别入选新闻出版改革发展项目库和国家文化出口重点项目等。通过建设数字版权和读者数据库，推动基于大数据技术的精准营销，数字版权目前已取得1000万元的营收”[①]。

基于为落实中国图书“走出去”工作的重要指示，担当好讲好“中国故事”的重任，以更高的站位完整展示中国形象、讲好广东改革开放故事，在跨国、跨媒体合作上找到突破口和创新点。在新时代下，中国出版人要完整地塑造中国形象、传播中国经验、讲好“中国故事”，为世界的可持续和平发展提供中国方案与中国智慧。而要让不同文化背景的各国人民理解中国模式与中国道路，不能厚古薄今，要注重展示当代中国的发展进步、当代中国人的精彩生活，推动反映当代中国发展进步的价值理念。作为中国出版“走出去”的重要力量，广东出版走向世界是产业发展的必然方向，大力推动和鼓励“走出去”的跨媒体合作与创新，给编辑、版权经理人提供了很好的平台，在这样的前提下，我们进行了一些新的尝试。在此分享、探讨一个还在执行的项目。

为庆祝改革开放40周年，向国际社会展现我国改革开放伟大成就，广东人民出版社创研中心与《中国日报》“中国观察”传播型智库合作策划了《文明的醒狮——国际名人眼中的中国改革开放40年历程》（英中双语版），这是一次广东出版主动联合新型主流外宣、新型主流媒体参与国际化交流合作的重要探索和尝试。策划小组特邀四十位国际社会的思想者、学术或舆论领袖、商界精英、政治人物、体育名将等有分量的撰稿人，以回顾和展望的方式，分享他们与中国结缘的亲身经历，集结他们对重要话题的思考，从国际角度探讨中国改革开放及其世界意义和历史意义，是一本解读新型国际关系的英中双语读物。

改革开放40年留下太多故事，有太多的话题可以成书，但这本书不是国人自说自话，而是外国人眼中的改革开放。难得的是，撰稿人都是国际上不同领域举足轻重的人，比如意大利前总理、欧洲进步研究基金

---

① 张君成：《安少社抓住新黄金机遇走出去》，http://www.cssn.cn/xwcbx/xwcbx_rdjj/201801/t20180130_3833798.shtml。

会主席马西莫·罗奇，牛津大学中国近代历史和政治教授拉娜·米特尔，联合国副秘书长、联合国环境规划署执行主任艾瑞克·索尔海姆，诺贝尔经济学奖获得者埃德蒙·费尔普斯，等等。

全书分“巨变”“挑战”“期待”和“故事”四个维度，每篇撰文言简意赅，聚焦国际社会对中国改革开放的关注点，从不同领域提炼出一些值得思考的问题，其中有许多对中国改革开放与世界发展的深刻认识和独到见解，可为国内研究改革开放的相关专家提供参考，为在新的历史条件下继续深化改革和扩大开放的建言献策带来有益的启发。

2018 年 10 月初，策划小组在法兰克福书展中国展区举行了一场“中国改革开放与世界发展”对话与《文明的醒狮——国际名人眼中的中国改革开放》出版项目推介会。书中的撰稿人代表：中欧论坛创始人、中欧国际工商学院教授高大伟（David Gosset），塞尔维亚贝尔格莱德国际政治经济院“一带一路”地区研究中心主任伊凡娜·拉德杰维克（Ivona Ladjevac），二十一世纪新前线创始人兼 CEO 丹尼斯·帕姆林（Dennis Pamlin），中欧数字协会主席鲁乙己（Luigi Gambardella），以及《中国日报》“中国观察”传播型智库负责人付敬，一起探讨“一带一路”和中国改革开放与世界发展的议题，畅谈和平发展合作共赢的创新模式，展望未来的发展图景和路径。活动体现出广东出版迈向国际，以更高的站位和视角讲述“中国故事”，展现了策划国际性文化交流活动的能力和水平。活动上，代表团给每一位外宾赠送了《习近平治国理政（第二卷）》（英文版）、《中国梦是什么》（英文版）等图书。《中国日报》海外版、《洛杉矶时报》、广东电视台英语新闻频道、金羊网、中国出版传媒商报等国内外媒体对该活动进行了报道，在法兰克福书展上受到了广泛的关注。

该项目不仅将以中英文、德文、法文、西班牙文等多种语言进行出版，并且还将通过《中国日报》、布鲁塞尔知名智库“欧洲之友”、新加坡《联合早报》集团等国内外主流媒体专栏及其客户端、移动端进行选载报道。与此同时，还将配合未来五年我国重要外宣时间节点，把这个品牌策划成一套新型国际关系丛书。策划小组将邀请众多撰稿人在国内外举办多个相关主题的论坛和讲座，不断为这个项目注入新的生命力。目前，策划小组在积极筹备联合国内多所高校举办“《文明的醒狮》进校园”活动，并为这一品牌开辟“国际名人风采录”，把活动现场演讲者的风采制作成短片，跟更多的受众分享，在传播方式和辐射人群上积极探索更多有创意的路径，从原来单一的图书产品形态，挖掘出更多的附加价值，从而升级为更宏大和更具有效应的复合型外宣项目。

三 图书产品“走出去”的几点思考

当前，中国图书“走出去”的重点放在深入宣介习近平新时代中国特色社会主义思想图书、深入宣介党的十九大精神图书、抓好纪念改革开放40周年图书翻译出版、主题类图书、文化类图书、文艺类图书、哲学社会科学类图书、科技类图书、少儿类图书、汉语教材这些领域。笔者认为只有善于抓住当前重大外宣要求的时间节点，做到既把握热点，又注重长线规划，结合自身的优势和资源，用创新的思路进行跨媒体的合作，才能最大限度地延伸和挖掘“走出去”产品的附加价值，实现社会、市场两个效益的最大化。

2019年是中华人民共和国成立70周年、澳门回归20周年，这必定是在全国范围内不同的媒体重点策划和宣传的一个重中之重。广东作为中国改革开放的排头兵、先行地和试验田。进入新时代，国际国内形势发生了广泛而深刻的变化，广东出版如何应对新形势新任务新挑战，在讲好中国改革开放故事，向世界展现真实、立体、全面的中国等方面必须有新的突破新的作为，向世界呈现新中国成立70年来所取得的举世瞩目的成就，展现中国智慧和中国力量。这值得广东出版人和外宣人积极思考，主动探索。笔者认为，图书“走出去”的实践者们，需要从以下几个方面去探索。

中国图书“走出去”需要以守正创新的新思维，在策划高规格、国际化的大型项目上有新的作为。在国际化合作过程中，广东出版既要凸显自信，又要有更高的眼界和站位。中国的发展迈入新的时代，在许多领域极速地刷新着世界历史与文化的新高度，因此，需要把握好“走出去”的最新要求和目标，在统筹策划、内容储备、形式创新等方面都应该有新的作为，走上一个新台阶。国家在“走出去”方面的扶持力度加大，但是对项目策划和执行的要求越来越高，而且明显倾斜于有策划高规格、大型国际项目经验的央企，地方出版集团需要加大力度、充分发挥优势和突出自身特色，才能突围。比如结合“粤港澳大湾区发展规划”这一主题，广东有着绝对的优势，应该大有所为。

抓住新时代新机遇，出版业需要思考融媒体时代如何才有新的作为。目前国际出版业生态随着技术和传播的方式演变，发生着明显的变化，我们在大量吸收了国外新技术、新模式的情况下，如何结合原有的优势和基础，探索出版各个环节深化改革，充分利用国外的经验和技术，用创新驱动新的发展，形成“走出去”“引进来”的新产业链，在内容、渠道、平台、经营、管理构建、媒体产业新生态系统构建、从纸媒传统形态为主向移动端和社交圈多种形态产品转变等方面都要进行更主动的思考和探索。

提升对“走出去”工作的认识，对各级政府和龙头企业十分重要，要理解它既是国家对外宣传的重要举措，也是推动企业对外发展和参与国际竞争的催化剂。“一带一路”倡议、“粤港澳大湾区发展规划”这些都是有巨大潜力的指向标，“走出去”不再仅仅是完成外宣的任务，而是需要最大限度地延伸和挖掘产品的附加值，让它们产生实实在在的效应，包括国际形象、品牌影响力，以及产业升级发展产生的效应。应该从这个角度出发，思考如何构建具有远见的规划，整合企业资源，以创新驱动机制去拥抱新的机遇和挑战。

参考文献：

朱健桦：《引进版图书市场份额知多少 ——近几年中国零售市场引进版图书分析》，《出版参考》2007年第25期。

国家新闻出版广电总局门户网站：《2015年全国新闻出版业基本情况》。

国家新闻出版总署：《2017年全国新闻出版业基本情况》。

光明网：《中国出版海外布局进展报告》，2017-12-11。

《中国出版传媒商报》2018年8月21日。

Public Libraries in the United States Survey，FISCAL YEAR 2011.

"优质国情教育读本"的国际传播何以成功

——以《我的家在中国》丛书的多版本输出为例

周　莉*

【摘要】 本文以国际传播的新形势、新要求为背景，以《我的家在中国》丛书多版本输出的实践为案例，总结了"优质国情教育读本"国际传播成功的几个要素。

【关键词】 优质国情教育读本　国际传播　《我的家在中国》

党的十九大报告指出，推进国际传播能力建设，讲好中国故事，展现真实、立体、全面的中国，提高国家文化软实力。

数年前，就有学者建议，有关部门应从战略的高度，为海外留学生编写科学准确的中国国情读本，向留学生提供了解中国国情、国策、国家核心利益的基本资源。①

在庆祝香港回归祖国20周年大会上，习近平总书记在致辞中强调，要加强对青少年的教育培养，把历史文化和国情教育摆在青少年教育的突出位置。

2018年4月，教育部部长陈宝生在澳门镜平学校向全澳77所学校每

---

* 作者简介：周莉，女，文学硕士，广东教育出版社有限公司对外合作室副主任。

① 郝时远：《为海外留学生提供中国国情读本》，《留学生》2009年第3期。

校赠送20套图书，以表达教育部对澳门教育的支持和对青少年的关怀，他在赠书仪式上特别展示了《我的家在中国》，并表示“这是一套专门为青少年打造的‘优质国情教育读本’，依循‘在地图上旅行’的编写理念，带领读者走进中国的名川大山和风土人情。”

《我的家在中国》有六个系列，共计48册读本，是由檀传宝教授率领的北京师范大学公民与道德教育研究中心团队精心创作、广东教育出版社精工打造的“优质国情教育读本”。通过山河、湖海、节日、民族、道路和城市这六条“观光路线”，带领读者全面理解中国、深度亲近中国。

应该说，这套书从策划之初，就定位为向读者介绍一个真实、立体、全面的中国。真实的中国是立体的而不是平面的，是全面的而不是单维的。展现真实、立体、全面的中国，要求讲述的中国故事从多个视角、多个站位来完整呈现中国，把中国的历史和现实连接起来，把中国和世界连接起来，把中国和中国人的元素体现出来。①《我的家在中国》以“自然中国”“文化中国”“当代中国”三个方面作为维度，致力于为读者呈现一个立体而厚重的中国。其中，山河之旅、湖海之旅讲述的是“自然中国”；节日之旅、民族之旅讲述的是“文化中国”；而道路之旅和城市之旅讲述的则是“当代中国”。

截至2018年11月，该丛书已经输出了繁体字版（分别授权中国香港、澳门和台湾省）、英文版、俄文版和老挝文版。目前，繁体字版、英文版、俄文版已经出版，西班牙文版、泰文版和越南文版的版权正在洽谈中。

这样一套“优质国情教育读本”的国际传播何以成功？笔者试图从以下几个方面来论述。

一 全球文化交流，推动“中国主题”图书的国际传播

党的十八大以来，党和国家更加重视宣传思想文化工作，就文化建

① 钟悠天：《用故事展现真实、立体、全面的中国》，《人民日报》2018年11月8日。

设和新闻出版业改革发展作出了一系列重大决策部署，为出版工作指明了前进方向、提供了政策环境。出版界坚定响应“走出去”的号召，大力开拓国际市场，以书为媒，为世界了解中国架起文化桥梁。①

《我的家在中国》于2016年出版。时隔一年，即在澳门举行了繁体字版的新书首发仪式，时任中共广东省委常委、宣传部部长慎海雄，中央政府驻澳门特别行政区联络办副主任薛晓峰，澳门特区政府社会文化司司长谭俊荣等出席，美国《国际日报》网站以“《我的家在中国》在港澳受欢迎”为题进行了报道和采访，“香港教育专业协会有关人士认为，这套丛书图文并茂、风趣幽默，孩子们看后都比较喜欢。澳门特别行政区教育暨青年局官员则表示，很欢迎这套丛书在澳门出版发行，可以让澳门的青少年全面了解祖国厚重的昨天与灿烂的今天”②。

同年，在“2017感知中国·广东文化欧洲行”活动的首站莫斯科中国文化中心，即与俄罗斯科学出版集团签署了这套丛书俄文版的合作出版意向书，时任中共广东省委常委、宣传部部长慎海雄等见证了这个仪式。并在“广东文化欧洲行”的第二站——有“欧洲心脏”之称的比利时首都布鲁塞尔首度展示了《我的家在中国》英文版。

全球文化交流推动出版全球化。世界范围内的文化交流将会进一步扩大跨文化交流，弱化文明冲突。在这一进程中，世界对中国文化、中国图书的需求会越来越大。我们要抓住机遇，把中国图书推广到全世界，不断提升中国文化竞争力。③

二　作者高端，内容多维，符合版权方以及外版合作方的期待

所谓高端作者，指的是作者群中被公认为在学术上有不凡功力和高

① 柳斌杰：《坚定自信，走进出版强国新时代》，《现代出版》2018年第1期。

② 美国《国际日报》网站：《〈我的家在中国〉在港澳受欢迎》，《参考消息》2017年7月26日。

③ 柳斌杰：《坚定自信，走进出版强国新时代》，《现代出版》2018年第1期。

深造诣、在专业领域有独到建树和较大影响的权威，对学术图书来讲，或者是在某一范围内创一流水平、有突出成就的名家，他们往往是同类作者中很难替代的佼佼者。[①]

这套书的主编檀传宝教授是全国德育学术委员会理事长、北京师范大学公民与道德教育研究中心主任，他是我国“德育美学观”这一理念的首创者，其专著《德育美学观》曾获全国普通高校人文社会科学研究优秀成果一等奖、国家图书奖提名奖等。檀传宝教授所在的北京师范大学公民与道德教育研究中心成立于 2003 年 9 月，以公民教育、道德教育为主要研究领域，是中国德育学术最重要的平台之一。2017 年 1 月 12 日，《人民日报》以《爱国主义教育面临新形势新问题——今天，如何与学生谈爱国》介绍了以这套丛书为底本开展的小学德育课程和活动，并就此专门采访了檀传宝教授。可以说，高端作者是“走出去”图书品质和学术含量的可靠保证。有了高端作者团队，版权方才有充足的底气，把这样的一套书定位为“国际传播重点出版物”。

从外版合作方以及海（境）外读者需求来看，他们希望整套书的编写和设计呈现出的中国之美，不止于地大物博、精彩纷呈之静止美，更有蕴含着数千年文明源远流长、奔腾不息的动态之美，呈现出立体、真实、欣欣向荣的中国。应该说，《我的家在中国》这套书的多维内容设计正是满足了这一用户需求，所以得到了外版合作方的肯定和资源支持。

中外读者们可以从《黄河：黄河之水天上来》《珠穆朗玛峰：勇攀世界第一峰》《长江：不尽长江滚滚来》中感受到中国的山河壮美；可以从《泸沽湖：湖畔有个女儿国》《西湖：人文风景魔法盒》和《青海湖：雪域神湖民族风》感受到中国的湖海秀美；还可以从《春节：爆竹声中一岁除》和《端午节：龙舟竞渡粽飘香》中了解我们的传统节日的故事与习俗和中华民族的独特文化。

在这套书精心设计的“城市之旅”中，海（境）外读者对西安和成都的热情超出了我们的想象，后来我们面对面地交流与讨论，才发现原

① 陈麦青：《高端作者的意义及合作方法》，《编辑学刊》2005 年第 8 期。

来是这两个城市有他们非常感兴趣的兵马俑和熊猫。还有一点很重要：我们想要传播的和海（境）外读者想要了解的内容有重合也有区别。以“道路之旅”为例，我们期待《丝绸之路：条条丝路通亚欧》《郑和下西洋：漂洋过海中国梦》让读者感受到中外交流的历史之悠久，而今天的海（境）外读者对中国的航空航天以及高铁的发展，表现出更加强烈的兴趣，所以他们对《航天：人类神奇一大步》和《铁路：开往春天的列车》表达出强烈的了解意愿。

三　书名辨识度高，尊重海（境）外读者的阅读习惯，实现“文化共赢”

2014年3月，习近平总书记在法国《费加罗报》发表署名文章《特殊的朋友，共赢的伙伴》，“互尊互信、坦诚相待，敢为人先、与时俱进，互利共赢、互惠共容，独立自主、求同存异，同舟共济、面向全球”可以看作“共赢”的前提。

这套书的总书名为《我的家在中国》，书名辨识度高。同时，丛书名和各个分册的书名也是认真琢磨、精心设计的。比如，《北京：百花深处访京城》这个书名是有出处的。“百花深处”就是北京的一条胡同的名字，很多人钟情于此，或许不是因为胡同本身有什么特别之处，而是这胡同的名字带给人无限的遐想与诗意。人们念着“百花深处”，感觉仿佛步入了百花环绕的春深处，这就是中国文字的特殊意蕴带给读者的遐想。还有《广州：冬季来这找春天》，一语道尽花城美。一年四季，都可以到广州看花、赏花，冬天也宛如春天般宜人，怎么不让读者对广州充满期待？

但是，作为国际传播出版物，这个丛书名不符合海（境）外读者的身份定位和阅读习惯。斟酌再三后，我们取了一个对外丛书名——《美丽中国之旅》。同时，在对外传播的过程中，也要需要尊重版权输出地读者的习惯，所以这套书的台湾版的丛书名改为《少年看中国》。五个字看似简单，读起来却自有一股力量。

文化的“共赢”要坚持平等互信、包容互鉴、文化自信、文明互鉴。只有这样，才能各美其美，美人之美，美美与共，天下大同。[①]

四 重视宣传，在国际书展上用视频和图片讲故事

创新国际传播方式，用符合当代大众传播特点的方式讲故事，是需要我们思考和实践的重要课题。要把握外宣工作的特点和规律，积极创新外宣理念、话语体系，拓展传播渠道、方式方法。[②]

国际书展是版权输出及实物出口的重要平台。北京国际图书博览会经过多年培育已经成为世界四大书展之一，要充分发挥会展平台作用。[③]而视频的图像化、立体化的特性，使其能在大众环境中（如书展等），更加高效地激发兴趣，吸引关注。为此，我们邀请了专业团队，制作了一个 7 分钟的专题英文版视频，并邀请中国教育学会名誉会长顾明远、时任中国教育科学研究院院长田慧生以及清华附小校长窦桂梅等出镜推介。

自该丛书出版以来，专题视频和书中的精彩图片已经多次亮相国际书展，引起参展出版人的关注。重视宣传，借力国际书展，创新传播方式，用视频和图片，讲述美丽中国的昨天、今天和明天，是这套书在国际传播过程中“讲故事”的重要抓手。

五 强强联合，寻找同频共振的外版出版方

在寻找海（境）外出版方时，一定要考虑其资源和优势，建议选择

---

① 曹迪，郭文静：《习近平的全球眼：向世界传播中国声音，传达中国方案》，http://news.youth.cn/wztt/201601/t20160105_7491041.htm，2016 年 1 月 5 日。

② 新华社：《黄坤明在全国外宣工作推进会上强调向世界展现真实立体全面的中国》，http://politics.people.com.cn/n1/2018/0823/c1001-30247411.html，2018年8月23日。

③ 柳斌杰：《大力提升我国新闻出版业的国际竞争力——在全国新闻出版走出去工作会议上的讲话》，《中国新闻出版报》2011 年 12 月 23 日。

专注于“中国主题”的合作者，这样可以借助他们已有的品牌、渠道和资源，把图书介绍给版权输出地的读者。

《我的家在中国》澳门版的出版方是澳门启元出版社，也是南方出版传媒股份有限公司的第一家境外分社。为了让这套书的呈现更加符合港澳青少年的阅读习惯，出版社还专门邀请澳门笔会会长汤梅笑逐字审读提出建议。香港版的出版方是颇有影响力的中华书局（香港），台湾版制作团队曾经出版过洛阳纸贵的《话说中国》繁体字版。

另外，《我的家在中国》的英文版出版方是英国帕斯出版社，也是一家聚焦于“中国主题”的出版社；俄文版出版方是俄罗斯科学出版集团，是俄罗斯历史最悠久的出版社之一，也是俄罗斯最大的综合科学出版机构，由俄罗斯联邦科研机构管理局主管。

2017 年 10 月，老挝国家图书出版发行社社长一行来穗，我们了解到一个重要信息：当年 11 月，习总书记将访问老挝——这是一个重要信息，两国在不同领域的合作一定会越来越多。我们双方达成了共识，并开始了长达数月的沟通，敲定了合作出版《我的家在中国》丛书老挝文版的事宜。同时，我们认真准备材料，申请“走出去”资助。2019 年 10 月，《美丽中国之旅》（即《我的家在中国》对外版丛书名）的《节日之旅》和《山河之旅》老挝文版入选“2019 年‘丝路书香工程’重点翻译资助项目”。据了解，“丝路书香工程”是中国新闻出版业唯一进入国家“一带一路”规划的重大项目，于 2014 年 12 月 5 日正式获得中宣部批准立项。

六 结语

面对国际传播的新形势、新要求，我们将继续贯彻党的十九大精神，继续发挥自身优势，抓住当前大好时机，开阔视野，创新传播方式，以出版人的专业力量，让这样一套“优质国情教育读本”走向海（境）外，走进海（境）外的图书馆和书店，走到海（境）外读者的书架和社交媒体，让“中国故事”和中国声音走得更远。

镜鉴“资本出海记”版面

——《21世纪经济报道》中企跨境并购报道特点和导向变化

辛 灵[*]

【摘要】《21世纪经济报道》是南方报业集团下属中国最大的商业报纸媒体，是在世界经济界最受关注的中国经济类日报之一，发行量逾75万份/次。它以分析国际形势、透视中国经济、观察行业动态、引导良性发展为目的，即时有效地反映世界经济格局及变化，跟踪报道中国企业界的动态与发展。

“资本出海记”是《21世纪经济报道》逢双周一见报的专题版面，主要报道中国资本出海的动向和趋势，主要以中国企业的跨境并购、中国个人投资者的跨境投资为关注重点，此外也涉及中国企业海外上市融资、最新的全球性投资趋势等。

笔者从2016年1月开始负责《21世纪经济报道》的双周专题版“资本出海记”，至今（2018年10月）已近三年，而这三年恰恰是中资出海开始为世界瞩目且跌宕起伏的三年。本文将梳理2016年1月开始至今的《21世纪经济报道》“资本出海记”版面情况，专注而全面地分析该版中企跨境并购领域的报道，结合同时期的新闻宣传纪律要求，发现并总结一些规律。

* 作者简介：辛灵，女，文学学士，21世纪经济报道海外部资深编辑。

【关键词】《21 世纪经济报道》 “资本出海记” 跨境并购报道

一 报道特点

整体而言，“资本出海记”版面对中企跨境并购报道可以分为以下几类。

（一）重点个案研究

报道力求采访到交易双方，获取详尽的交易细节，并且结合背景，分析交易成功或失败背后的原因，还对交易后续的整合做出预判和建议。在案例选择上，尽量选取当时该领域重要的、引人关注的、影响较大的跨境并购。例如《中国港湾 7.7 亿美元获西非第四大港口扩建大单》（郑青亭，2016 年 10 月 31 日）、《海航斥 60 亿美元收购全球 IT 最大分销商美国英迈 带动集团加速国际化》（徐维维，2016 年 2 月 22 日）等类似报道。

2017年4月24日，“资本出海记”版面推出“海航全球收购脚步未停”专题，报道《银行授信超6100亿元海航海外并购逻辑拆解》（姚瑶）、《海航系扩张：长钱短用 资本高手》（侯潇怡、叶麦穗、见习记者方海平），引起极大反响。2017年7月24日，中企将伦敦废弃码头改造为金融城，“资本出海记”推出专题，报道《十年磨一剑 中企将把伦敦废弃码头建为亚洲商务港和第三金融城》（师琰）、《17亿英镑“伦敦第三金融中心”项目上线 已有四家中企入驻》（朱丽娜），在企业界和媒体界都好评如潮。

（二）敏锐发现趋势

报道力求及时捕捉跨境并购领域出现的最新苗头并做出前瞻的趋势性判断，或者对于正在发生的潮流变化及时做出深入分析。此类报道关键在于抓住有代表性的个案，见微知著；或者从最新的统计数据中发现新动向，报道需要有点有面，且要分析出趋势背后的原因、未来发展的态势等，采访需权威深入。

“资本出海记”关于 2016—2018 年科技并购趋势的报道就具有高度的敏锐性和权威性。整体报道分为四个阶段。

第一阶段：2016年5月9日推出的一组关于科技类并购的专题报道：《中资海外科技类并购大热背后 今年交易额近80亿美元，科技、化工、工业制造业居首》（姚瑶）、《中企成全球科技企业最大买家 仍苦恼监管关难过》（尤丹婷），这显示了中国企业在政府推动“中国制造2025”，在鼓励行业创新和产业升级的推动下，正在积极从海外市场寻找全球领先的技术。

第二阶段：随着科技类并购潮的降温，2017年2月13日“资本出海记”版面专门出了一期关于降温的专题，代表性报道有《1月新披露交易额仅47.72亿美元 今年中资跨境并购料将降温》（姚瑶）、《实业投资影响最小 中企海外并购中长期势头强劲》（姚瑶）。

第三阶段：继一季度遭遇“急刹车”后，中资跨境并购在2017年二季度回暖。而在回升的交易数据背后，《21世纪经济报道》综合采访发现，这也是一个逐渐回归理性的过程。随着政策导向逐渐被市场接受消化，以及我国外储企稳，符合企业主营业务发展的、符合国家经济发展需要的跨境并购料将进一步回升。同时，中资海外并购的离岸融资需求明显增多，融资结构也日益复杂多样。2017年7月17日，“资本出海记”版面又推出回暖专题报道《中资跨境并购回暖背后：上半年逾92%单笔交易额不超过5亿美元 前三大并购标的是金融、工业和高科技》（姚瑶）、《内保外贷比例下降 中企跨境并购离岸融资需求大增 融资结构更加复杂》（姚瑶）。

第四阶段：2018年，在欧美跨境并购整体遇挫后，中企积极另辟蹊径。“资本出海记”瞄准了中企的思路转变：一是转向欧美之外的地区，代表性作品有《二季度以来多家中企欲投资以色列芯片制造商 中资加快进入以色列科创领域》（周智宇、蔡多，2018年6月11日）、《前三季度并购额井喷 中企瞄准巴尔干半岛投资机遇》（和佳、周智宇，2018年11月5日）；二是转换方式，代表性作品有《私募股权基金成并购市场主力 海外资产估值水涨船高》（朱丽娜，2018年5月28日）。

（三）预警风险，提供建议

中企海外并购如火如荼，同时步步惊心。对于跨境并购交易的一般性财务风险以及随时变化的监管政策风险、环境风险等，报道保持紧密关注并尽快预警。此类报道有的从个案中挑出新出现的、很可能影响随后更多个案的风险点，有的从政策变动或酝酿来披露即将出现或潜在的风险点，同时深入采访专业人士，提供应对、化解或规避风险的具体建议。例如：2016 年 4 月 25 日，“资本出海记”版面专门推出一期深入聚焦中企海外并购风险、探究防范之道的报道，包括《2.65 亿欧元买西班牙大厦险折戟 西班牙政府：万达接受新的改造条件 12 月可开工 项目仍在挂牌销售》（师琰）、《应对海外并购风险：充分信披、全面尽职调查、与利益相关者深入沟通》（姚瑶）、《反垄断调查正成为中企海外并购首个“拦路虎”》（朱丽娜）等。

（四）紧盯监管动向，及时传递信息

中企跨境并购离不开两头的支持，一是国内关于跨境并购的相关制度，包括资金监管、产业引导等两方面；二是国外对于跨境并购的监管政策。政策的任何细微变动，对跨境并购交易来说都可能影响巨大，此类报道就是长期紧盯这两头的政策，牵涉范围广泛，往往跟国际国内经济大形势紧密关联。报道有的从国内外监管层最新公布的信息着手，深入解读其影响，提供应对方案；有的从跨境并购交易实操中被监管的态势着手，捕捉微妙的监管松紧、着眼重点的变化，透露风向传递信息。采访往往既包括监管层或接近监管层的人士，也包括业界和第三方服务人士，确保信息可靠。例如：

2016 年中资跨境并购气势如虹，逐渐开始引发监管层的一些变化，回顾起来，变化经历了一个过程，“资本出海记”也紧随该变化进行及时的信息传递。

2016 年 4 月，美国 CFIUS 尚未正式收紧，但已有隐忧。“资本出海记”推出代表性报道《中资去年投资美酒店业达 26 亿美元 安邦退出喜达屋收购并不意味着投资审查收紧》（姚瑶，2016 年 4 月 11 日）。文中指出，2016 年 2 月份，美国财政部公布了美国外资投资委员会（下称“CFIUS”）向国会递交的年度报告，报告显示中企再次成为 CFIUS 首要审查目标。同时有美国媒体报道称，中企对于美国地产收购意愿变得越来越旺盛，

但美国出于安全保障等方面的考虑，正在提高对于中企收购的戒心。“报告显示中企再次成为 CFIUS 首要审查目标，并不能说明 CFIUS 对中资的审核变得更严格，而是反映出近几年中资对美投资交易数及交易规模的快速成长，另外近年来中资的投资标的开始向科技领域转移。比起 CFIUS 的审查，从美国卖方角度来看，他们更担心中国买方的融资及跨境汇兑问题”。

2016 年 5 月，美 CFIUS 对科技相关的并购案，在具体操作中日益收紧。“资本出海记”推出代表性报道《中企成全球科技企业最大买家 仍苦恼监管关难过》（尤丹婷，2016 年 5 月 9 日）。文中指出，对在全球“买买买”的中国投资者来说，美国外国投资委员会（下称“CFIUS”）的审查正成为一个日益加剧的难题，尤其是在科技相关的并购案中。“‘并没有严格的规定或是标准来划分 CFIUS 的管辖范围，这意味着所有的外国投资者都可能被列入审查名单。’富而德律师事务所（北京）合伙人王庆通过邮件专访对《21 世纪经济报道》表示。王庆表示，积极与 CFIUS 沟通是有意义的，想要获得 CFIUS 的批准，最好的办法就是对监管者保持透明度，并且在全公司鼓励培养合规的环境”。另外的一篇代表性报道是《“操盘手”谈科技企业海外并购：光有钱远远不够，还须赢得收购方信任》（陈植，2016 年 5 月 9 日）。文中提醒：“一旦牵扯到军事用途，美国外国投资委员会（下称‘CFIUS’）就可能认为这笔收购影响到国家安全而拒批，除非中方按要求将所有敏感技术剥离，但这可能导致很多中方希望收购的高新技术间接流失，令收购难以达到预期效果。”孙诚（化名）透露，此前他听说华为集团曾花费约 200 万美元，收购一家接近破产的美国高新技术企业，交割完成后，CFIUS 忽然出现，以这项收购所涉及的高新技术“触犯”美国国家安全为由，迫使华为集团全部剥离这家破产企业的所有敏感技术资产。

2016 年 10 月，德国发出收紧信号。“资本出海记”推出报道《一周两起中资在德收购案叫停 海外并购突遇审查“寒流”》（师琰，2016 年 10 月 31 日）。文中指出，中国常驻日内瓦联合国代表团副代表周小明公参 10 月 28 日接受《21 世纪经济报道》采访时指出，这几年中国对外投资规模不断扩大、质量提升，西方国家对中国投资的态度也发生微妙变化，从欢迎走向限制。

2017 年 4 月之后，财务型和非主业跨境并购遭到来自国内的更强监管，跨境资金监管收紧。该时间的代表性报道是《麦肯锡：过去十年中资零售业跨境并购平均亏损 70%》（姚瑶，2017 年 4 月 10 日）、《反洗钱新规 7 月实施 金融机构严查跨境交易真实背景》（陈植，2017 年 5 月 22 日）、《对“蚂蚁搬家”式购汇监管收紧 海外房产中介忙转型》（姚瑶，2017 年 5 月 22 日）、《欧洲加码外资并购审查 中资海外并购节奏趋稳》（师琰，2017 年 8 月 14 日）。

2018年1月，“资本出海记”做出了欧美监管料将升级的预警。代表性作品《中资对欧美并购大幅下降 发达市场监管不确定性或升级》（姚瑶，2018年1月15日）指出：“近期有迹象显示，CFIUS审查流程在审查时间和审查结果方面的不可预测性正显著增加，另外除了历来重点审查的半导体领域外，触发审查的行业有扩大的趋势。”报道《加拿大以“国家安全”为由叫停中资75亿元并购案背后：欧美国家安全审查更趋广泛严苛 中资并购难度加大》（姚瑶，2018年6月11日）指出：“全球各国实施并扩大外国投资审查的意愿日益强烈，这反映了全球保护主义的兴盛。美国、德国、加拿大，甚至欧洲共同体，都是最明显的例子。……”

其他代表性报道包括：《英国颁新法扩大外资并购审查范围 北方航空并购案被叫停》（师琰，2018 年 7 月 16 日）、《跨境并购寒冬将至？德国一再收紧审查 英国将出新政 欧盟考虑设立审查制度》（姚瑶，2018 年 8 月 27 日）、《美国外商投资审查新规落地 27 行业外资非控制投资面临审查》（姚瑶，2018 年 10 月 22 日）。

此类报道大多在跨境并购一个小阶段（高峰或低谷等）告一段落或者一年或半年度统计数据出炉时操作，在总结数据或阶段性成果的同时，反思不足之处，指出改进或提高的方向。需要注意的是，数据必须权威，反思或建议必须全部来自客观深入的采访，采访信源也尽量包括交易者、第三方服务人士、监管层声音等。记者在该领域长期的积累十分重要，这样才能保证此类报道准确、恰当、有用。

二 导向变化

需要指出的是，根据报道领域实际情况的不同，上述各类报道所占的比重也有所不同。2016 年中企跨境并购火爆增长时，相比其他两种，重点个案研究、预警风险和监管动向这三种报道尤其多一些。2017 年国内监管收紧、跨境并购出现转折时，敏锐发现趋势、监管动向和反思总结的报道更多一些，同时对于逆势而上的反常案例也做了重点报道。2018 年欧美收紧外资审查、跨境并购转向时，就更加紧盯并预判监管动向，这种报道最为密集、突出且持续，同时也积极关注此时出现的新形势。

此外，从 2016 年到 2018 年，随着中企跨境并购日益引人关注且影响广泛，宣传要求也日益细化。《21 世纪经济报道》"资本出海记"版面也随之时时调整报道导向和内容。

2016 年，对于"资本出海记"版面，总体而言没有特别的限制或要求，只是在某些具体的收购个案上，偶尔会有禁令。这一年版面在该领域的报道数量多且内容庞杂，从中国资本玩转海外足球到半导体并购兴起，从并购财务风险到投后管理等，非常丰富。

到了 2017 年，宣传纪律要求配合国内监管政策的转向，引导跨境并购投资理性、侧重实体产业，不得渲染宣扬娱乐、体育等方面的财务乃至投机性质的并购。由此，这时"资本出海记"版面也不再做娱乐、体育等方面或投机性质的跨境并购报道，而更加注重分析实体经济、产业领域有哪些交易、动向、如何把握等。在监管层动向和个案报道方面，也遵守纪律要求。

2018 年以来，对于中美贸易摩擦，禁令多且时时变化，与之相关的跨境并购报道中，有时不得对中美贸易摩擦做过多分析，只可简单提一句。因中企跨境并购较沉寂，"资本出海记"版面关于中资跨境并购的内容少了很多，而增加了其他类型比如另类投资、美元资产配置等报道。

三　结语

如今，“资本出海记”版面已经是《21世纪经济报道》的明星版面，即使在纸媒广告下滑的形势下，也经常有广告指定投放在该版。三年间，对于中企跨境并购的动荡沉浮，“资本出海记”版面持续关注、深入报道、前瞻分析，同时根据宣传纪律的要求变化，时时调整导向，切实提供了有价值的内容和信息。作为该版面的编辑，笔者经常收到读者发来的邮件，有的希望获得报道中提及的报告或更多数据，有的咨询报道中提及的个案信息，还有不少人咨询具体的并购投资建议、形势分析，等等。

在中国经济和世界经济发展融合的大潮中，相信中企跨境并购将克服挫折、继续发展下去，而“资本出海记”版面也将继续对该领域做出更丰富、更深入的报道。上面的一点规律总结，是经验，也有不足，新闻仍在路上。

参考文献：

辛灵（责任编辑）：“资本出海记”版，《21世纪经济报道》2016年1月至2018年11月。

外事新闻报道创新与转型

——新媒体语境下的国际传播探索

孙　锦*

【摘要】从单一线性叙事到以“国际化”为主线的融媒体多元化报道，针对城市在全球坐标系中的新定位加强对外传播的话题设计，主动设置国际话题。全球化、互联网思维正在催生传统纸媒报道的创新转型，即模式、角色和内容三大转变。作为一名资深外事记者，笔者通过此文试图以自身经历探索国际传播新话题、融媒体报道新模式。如何创作出适应新媒体特点的优质内容是如今各大传媒机构面临的共同挑战：“专业平台＋主流媒体”为“新闻生产”沉淀了很多可视化的经验打法。通过报道传递更多来自全球的有效信息，为城市管理、产业发展、市民生活提供更多国际化经验，为城市融入全球化大潮发挥媒介的独特作用。

【关键词】流量走向　媒体MCN（Multi-Channel Networks多频道网络）　视频内容IP（Internet Protocol互联网化）

习近平总书记2016年2月19日在党的新闻舆论工作座谈会上明确提出新时代条件下党的新闻舆论工作的职责和使命，其中谈到“连接中外、沟通世界”，他要求新闻媒体多“走出去”，做中国和世界“连接”和“沟通”的桥梁纽带。

---

* 作者简介：孙锦，女，文学硕士，深圳特区报首席记者。

身处“未来已来”的智媒时代，传统外事报道如何能将内容优势向新媒体拓展，如何在国际传播中唱响主流媒体的声音？笔者试图以此文分析研究在城市国际化背景下，如何通过媒体深度融合发展实现外事报道的创新与转型。

一 全球化为国际传播迎来了“最好的时代”

作为全球第二大经济体，中国的崛起令世人瞩目，而作为中国改革开放前沿城市，深圳更是吸引了全世界的关注，如何向世界讲好“深圳故事”不仅是拓展城市公共外交的重要课题，也成为新时期外事报道的一条主线。

2013年至今，来自50多个国家的100多家媒体记者来深圳采访，其中包括BBC、路透社、《金融时报》、半岛电视台、NHK、《纽约时报》等世界知名媒体。笔者参与深圳相关政府部门共同筹划开展外媒特色采访活动，参观华为、比亚迪、招商局集团、腾讯、海能达等知名企业，与深圳本地媒体的同行交流等，根据后期数据统计，记者团组在返回所在地后发布的后续报道中，正向报道占65%，中性客观报道占35%，在向海外传播深圳城市形象中营造了良好的舆论环境。

在最新发布的“深圳国际化城市建设指标体系”中一项重要指标便是“国际影响”，从城市的全球吸引力、关联度和影响力角度来看，国际主流媒体报道量是一个重要的衡量标准，深圳自2013年以来每年为10余万条，同期北京、上海、香港均达20多万条，新加坡达30多万条，纽约和伦敦达100万条左右。

相比一河之隔的国际大都会香港，深圳的国际知名度亟须提升，这需要借助国际传播的力量，而在短期内更加有效地直达受众就需要依靠媒体，尤其是当下新媒体兴起的语境下开展新闻报道。全球化为国际传播迎来了“最好的时代”。主流媒体的外事报道亟须创新理念和形式，记者除了要做好报道本身，更要成为在不同场合宣介媒体和城市的使者，从而推动城市国际化并提升所在媒体的国际影响力。新闻报道不仅仅是简单的信息传递，也是促进深圳与世界的相互认知和理解，通过媒体的影响力拓展城市公共外交，推动深圳更好地融入全球化。

（一）围绕海外受众“兴趣点”设置国际传播主题

与世界“对标”，就要用“世界语言”讲“中国故事”，围绕海外受众的“兴趣点”，善于用外国人思维和话语“服务”于对外传播。企业“走出去”，文化走出去，市民走出去，让中国人走到世界舞台的镁光灯下。有了发言机会，是否能掌握国际话语体系，用57亿人听得懂的语言来阐述中国仍然是一个新的课题。

不难看出，“创新创业”已然成为跨越国界的“世界语言”，当世界经济从传统的工业经济进入知识经济，全球化不再是同质化的技术复制，而是创新的全球化，包括创新资源配置、创新创业活动的全球化，而正在兴起的“创客运动”则在掀起新一轮工业革命，成为数字世界颠覆现实世界的助推器。

在这场革命中，开放的深圳站在了世界最前沿。将开放优势转化为创新优势，源头创新、颠覆式创新、引领式创新，深圳正在迈向一座极具“未来感”的国际化城市……这正是深圳开展对外传播过程中的新坐标。

从0到1，从1到N，这是“硅谷创投教父”彼得·蒂尔 Peter Thiel对于“创新”与“全球化”的最直观的解读。今天，“创新全球化”已然成为国际化大都市不懈追寻的新思维。作为中国改革开放的前沿，深圳也正在探索一条兼具“全球视野”和“深圳特质”的对外传播新思路。“中国硅谷”“新经济发展模式”成为深圳构建国际传播体系中一大核心话题。

过去，很多发展中国家关注深圳作为中国首个经济特区的发展，今天，越来越多的西方发达国家也将更多的关注投向深圳。

美国有线电视新闻网（CNN）2018年11月22日用了22分钟关注深圳创新，在这档专题节目中，CNN记者行走深圳街头和多处标志性地点，探访深圳多家科技企业和初创企业，并总结道：“奇迹？硅谷？狂野西部？不管你怎么说，深圳的跨速发展毋庸置疑。年轻人蜂拥而来，初创企业蓬勃发展，创新的文化也在发生变化。深圳的目标不再是‘中国制造’，而是‘中国创造’。”

2018 年 7 月，澳大利亚各大主流媒体探访三家深圳企业后相继刊登了以“深圳、创新、研发”为关键词的专题报道，对于以深圳创新科技企业为代表的民营经济如何引领中国经济增长展开了多角度的阐述。

《澳大利亚金融评论报》政经专栏作家布莱恩·图希在“中国私营经济大举投入研发（China’s Private Sector Investing Heavily in R&D）”一文中称深圳为“中国高科技走廊”，他这样写道：时隔 30 年再次造访中国，令我感到震惊的是一座市民平均年龄只有 30 岁的城市在“未来技术”研发上的巨大投入，新能源、信息技术、机器人、生物医学、大数据这些代表世界前沿科技的产业都可以在深圳找到最成功的代表性企业。

从以上例证不难看出，以创新经济为驱动力的转型是全球化时代世界各国所共同关注的话题，深圳在中国新经济发展模式的探索中扮演着重要的角色并且已经成为世人眼中的“中国硅谷”，而“硅谷”正是每一次世界产业变革中最先寻找到新经济增长模式的代名词。在对外传播中，抓住这一“深圳特质”并置于全球坐标系中，方能在国际话语体系中占领制高点。外事新闻报道必须要针对信息需求，选取全球内容，培养话题设计意识，主动设置国际传播话题。

2018 年正值中国改革开放 40 周年。作为中国改革开放的前沿城市，深圳是体现 40 年成就最具代表性的城市。笔者担任主创策划了《改革开放 40 周年“探访全球创新之都”大型跨国采访报道》，以“创新”“全球化”为核心话题，探访世界公认的创新之都，采访其政府、企业、机构、大学和相关研究专家，聚焦经济高质量发展体制、现代化经济体系、全面开放格局、社会治理这些关键词，解析先进城市做法，探寻其创新密码，以文字、图表与视频的方式进行全媒体深度报道，同时借此次采访对外传播深圳改革开放创新发展的成就，形成了一部全球创新之都的调研报告，为政府决策提供了更多的借鉴之道。

（二）以优质内容赢得高流量回报

在开拓思路构建新媒体平台时，必须不断增加主流价值的内容供给，而这种供给必须是讲导向、讲取向、有态度、有温度的优质内容。在向融媒体记者转型成长和学习的过程中，笔者深刻感受到，作为传统媒体，尤其是对原本以文字为主要输出方式的报纸来说，在转战视频新闻领域也有自己独特的优势，尤其是在对新闻的高要求以及媒体渠道与资源方面。

和传统媒体时代的高门槛不同，技术手段给新媒体传播提供了无限的表达可能性，如何创新和打破固有的策划思路才是关键。作为长期从事国际传播与报道的外事记者，笔者也一直在探索融媒体报道和传播的新形态、新模式如何能走在业界的前列。如何创作出适应新媒体特点的优质内容是如今各大传媒机构面临的共同挑战。“专业平台＋主流媒体”为“新闻生产”沉淀了很多可视化的经验打法。研究移动报道时代的流量走向，本质上就是研究如何触达更多有效用户。

党的十九大报告明确提出，要高度重视传播手段建设和创新，提高新闻舆论传播力、引导力、影响力、公信力。聚焦笔者所从事的外事及国际化新闻，快速变化的行业格局需要不断创新内容制作与推广模式，但有些东西是不会改变的，比如目标受众对国际政要名人精彩观点以及全球前沿信息的渴求就从未改变过，这种不变的诉求恰好为权威主流党报发挥其内容优势、提高引导力和公信力创造了绝佳的机遇。

除了流量作为必需的“小目标”之外，外事报道必须在国际传播过程中真正做到“解受众之渴”。在报道层面，国际传播中要善于把握新闻事实的兴趣点，不要隔靴搔痒的泛泛而谈，而要深挖新闻事件背后的成因、背景以及未来趋势，拓宽读者的全球视野，采写富有价值品质的报道。

二　走向深度融合的“三个转型”

在走向深度融合的时代，传统外事新闻必须创新传播手段，在全媒体平台上构建主流媒体的“价值观”。结合部分融媒体报道的经验实践，笔者总结了“三个转型”，即“模式转型”“角色转型”和“内容转型”。

（一）“模式转型”，从单一渠道向开放与交互的传播模式转型

放眼国际，不难发现，越来越多的内容生产机构开始拥抱多平台的内容分发。例如，美国新闻聚合网站（Buzz Feed）是当下全球最火的内

容创业公司，Buzz Feed 在 11 个国家通过 30 个不同的平台发布内容，约有 80% 的内容是借助其他平台发布出去的，而这种发布战略让其实现了每月 50 亿的页面浏览量。可见，在移动报道的风口下，分发渠道对内容生产者的影响越来越大。

传统媒体向融媒体发展转型通常形成两个趋势：媒体的 MCN 化（Multi-Channel Networks 多频道网络）和视频内容的 IP 化（Internet Protocol 互联网化），进一步说，就是开放与交互的传播模式。

传统媒体扮演的是原创内容制作商的角色，而在如今互联网传播中呈现出内容开放交互的特点，也就是视频内容的 IP 化。除了通过两微一端进行推广之外，也通过媒体的多频道网络（MCN）迅速传播，成为百万级阅读量和点击量的霸屏力作。显而易见，报纸的视频产品完全可以超越本身更具优势的广电媒体，传统的媒体界限在新媒体的趋势下完全被打破。

（二）“角色转型”，从内容生产者向全流程推广运营者的转型

在内容为王的传统媒体时代，好的内容是基本不需要推广运营的，记者产出一篇好文章，编辑根据自己的判断发到相应的位置。以外事新闻为例，笔者平日比其他媒体同行有更多机会与全球最前沿的高端人物面对面进行交流，为“以内容优势赢得融合发展优势”创造了更多可能性，独家且前沿的内容成为推广运营过程中的最大卖点。

而在移动互联时代，内容制作将无处不在，好内容会成为稀缺资源。对于专心做优质内容的传统媒体而言，媒体战场不是被挤压变小了，而是更大了。内容产出者拥有无限的渠道可以分发，而资讯运营者可以收到无限来源的内容。

（三）“内容转型”——其中最为关键的一个转型

笔者对于新媒体语境下的内容制作有以下体会。

1. 媒体融合发展要求我们学会运用全媒体叙事方式

传统纸媒的内容优势并不等于内容迁移，不能只是把旧有介质的内容简单移到微博、微信、客户端等新媒体上。因此，无论传统媒体还是新媒体，必须要针对新媒体形态去打造内容，短视频绝不等同于长视频

的分段切割。

2. 视频作品一定要找准定位，保证高质量

短视频已经走过了“求短而不求质”的阶段，高清晰度、精包装的短视频会吸引最多用户的眼球。从运营平台的角度来说，我们必须为每一条短视频打出“调性分”和“质量分”。高质量的视频会得到更好的推荐和转发。

3. 尽量在短的闭环里面讲好一个完整的故事

按照目前的移动端传播规律，视频必须在起始 5 秒内抓住人们的注意力。视频虽短，但也需要注意叙事的规范。短视频一定要去除各种各样的繁文缛节和铺陈，学会用最短的形式来讲好故事。

4. 视频内容尤其需要输出情感

短视频发展至今呈现出很多新特点，即社交化传播。因此生产短视频必须考虑社交化的场景，而社交化里面永远不过时的手段就是诉诸情感。只有充盈情感诉求的内容才能够赢得受众，继而获取更多的流量。

三　结语

生生不息的内容正以无限可能的形式呈现，全球化互联时代的新技术力量正逐步融入专业机构新闻生产的核心环节。显然，新媒体的未来一定是变幻莫测的，抓住手中的机遇、探寻已有的规律、激发创新的思维，只要我们坚守“内容为王”的阵地，将优质内容加到一切端口上，就一定能在媒体产业与各行业的深度融合中不断壮大，提升主流媒体的传播力、引导力、影响力、公信力，让主流价值在更多的平台上彰显。

参考文献：

汤丽霞、海闻：《深圳国际化城市建设比较研究报告》，中国发展出版社 2014 年 8 月第一版。

屠忠俊：《网络多媒体传播——媒介进化史上新的里程碑》，《新闻大学》2009 年春季号。

徐耀魁：《对大众传播的再认识》，《国际新闻界》2011 年第 1 期。

［美］肯 · 梅茨勒：《创造性的采访》，李丽颖译，中国人民大学出版社 2010 年 3 月第四版。

Marshall Mcluhan, Understanding Media, New York: Mcgraw—Hill Book Company, p.19.

Mcluhan, Marshall, Understanding Media: *The Extension of Men*, New York: Mcgraw—Hill Book Company, 1964.

Wasser, Frederick, Current Views of Mcluhan, Jourual of Communication, Vol.48, No.3, 1998, pp.146—152.

Meyrowitz, Joshua, No Sense of Place: *The Impact of Electronic Media on Social Behavior*, New York: Oxford University Press, 1986, pp.20—21.

Williams, Raymond, *Technology and Cultural Form*, London: Wm.Collins & Co.Ltd, 1974, pp.126—130.

Grosswiler, Paul, *The Dialectical Methods of Marshall Mcluhan, and Critical Theory*, Canadian Journal of Communication, 1996, Vol.21.

中国主场外交议题优化的创新思路

丘倩怡[*]

【摘要】近年来，“主场外交”越来越多地进入舆论视野。2018 年，中国四场主场外交各具特色，博鳌亚洲论坛、上海合作组织峰会、中非合作论坛、中国国际进口博览会的成功举办，让国际舆论持续把焦点再次聚集在中国。从 2014 年首次提出以来，中国“主场外交”不仅在数量上显著增加，在内容上也是更趋丰富，涉及政治、经济、军事、文化、科技等诸多领域。数据显示，通过有效利用“主场外交”，可以显著提升国际话语权和影响力，在议题设置上掌握主动权，还能对境外舆论引导产生直接效果。但随着中国影响力的提升，如何创新优化中国主场外交议题设置，怎样的主场外交活动能够有效产生国际吸引力和凝聚力，成为下一阶段的思考课题。

【关键词】主场外交　议题优化　国际共识　舆论引导

一　主场外交概念提出与优势

“主场外交”一词最早提出，被认为是在 2014 年 3 月 8 日举行的全国两会记者会上。当时中国外交部长王毅在展望 2014 年中国外交时，把中国 5 月主办亚洲相互协作与信任措施会议和 11 月主办亚太经济合作组

* 作者简介：丘倩怡，女，文学学士，深圳广播电影电视集团高级编导。

织领导人非正式会议，视为2014年中国外交的两场重头戏，并冠以“主场外交”之名。自此，“主场外交”开始成为一个固定名词，并且频繁地出现在媒体和学者的讨论和研究范围中。

“主场外交”，顾名思义指的是在本国进行的外交活动，而“主场”一词多用在体育赛事中。研究指出，比赛场地与比赛结果之间存在着某种潜在关系，尤其是在主客场制的体育竞赛中，主场作战的运动员或团队获胜的概率超过50%。美国心理学家库尔勒（Courneya）和卡伦（Carron）在1992年将这种现象定义为“主场效应”（或称主场优势）。“主场外交”正是“主场效应”在国际政治和外交舞台上的鲜明体现，它意味着东道国可以利用主场天时、地利、人和等多种优势，掌握或增强国际话语权，拟定有利于本国的议题或议事日程，推动制定有利于本国的国际规则或秩序，从而实现本国的外交目标。①

在本国境内举行的外交活动，仅仅是对“主场外交”最宽泛的理解，对于国家战略能力提升而言，不同的“主场外交”的作用也不尽相同。相对而言，有关重要国际组织或重要国际议题的多边峰会类型的“主场外交”更受青睐。据此，有学者对“主场外交”的概念进行了严格的限定，将“主场外交”界定为在一国（境）内开展的，由东道主政府扮演重要角色，并能对维护和拓展该国国家利益发挥积极影响的各类重要外交活动，包括双边和多边的外交活动。②

二　当前中国主场外交现状

党的十八大以来，中国外交奋发有为，“主场外交”更是好戏不断。在2014年的亚信峰会和APEC会议之后，2015年在北京举办了中国－拉美和加勒比国家共同体论坛首届部长级会议。随后的2016年，二十国集团领导人峰会在杭州举行，第三届世界互联网大会在乌镇成功举办。从

① 张颖：《办好主场外交尽显中国魅力》，载《前线》，2014年第5期，第32—34页。

② 陈东晓：《中国的“主场外交”：机遇、挑战和任务》，载《国际问题研究》，2014年第5期，第4—6页。

2017年开始，中国“主场外交”又有两次重磅活动。分别是5月举行的“一带一路”国际合作高峰论坛和9月的金砖国家领导人厦门会晤。2018年，中国主场外交再接再厉，数量增加到了四场。从年初的博鳌亚洲论坛年会，到6月的上合青岛峰会，9月的中非合作论坛北京峰会，再到年底的中国国际进口博览会。中国“主场外交”不仅在数量上显著增加，在内容上也是更趋丰富，涉及政治、经济、军事、文化、科技等诸多领域。中国“主场外交”有声有色，战略能力得到不断提升，由此也带来了中国国际影响力的显著增强和国际地位的提升。

从数据来看，以“主场外交”活动为契机，在议题设置上掌握主动权，将对境外舆论引导产生直接的效果。以2016年在杭州举办的G20峰会为例，据专业数据库统计，2016年9月1日至9月7日，境外24家主流媒体（包括美联社、路透社、法新社、共同社、埃菲社、塔斯社、今日俄罗斯、彭博社，美国有线电视新闻网、英国广播公司、日本广播协会，美国《纽约时报》《华尔街日报》《华盛顿邮报》《时代周刊》《赫芬顿邮报》、英国《泰晤士报》《金融时报》《经济学人》、日本《朝日新闻》《读卖新闻》、德国《法兰克福汇报》《世界报》、法国《费加罗报》）共发表有关G20杭州峰会的新闻报道1112篇，其中涉华报道377篇，占总报道量的三分之一。以几家美国主要媒体为例，涉华报道占其G20总报道量的比例均超过50%，其中《纽约时报》83%、《华盛顿邮报》80%、《时代周刊》57%，体现出对中国话题的高度关注。从报道倾向上来看，外媒一改以往在重大活动报道中对我方攻击和施压的做法，表现出较为均衡的报道手法。

实际上，外媒密集且立场平衡的报道，与中方的主动发声有密不可分的关系。从2017年“一带一路”国际合作高峰论坛开始，笔者参与报道了每一场中国举办的主场外交。和在其他国家举办的多边会议或者论坛相比，中国的“主场外交”，“主动”成为最大看点。这一点在新闻发布会的举办上特别明显。“一带一路”国际合作高峰论坛，在大会议程正式开始前，中国不少部委和省份，都会主动召开新闻发布会，介绍相关的成果和主张。而2017年的金砖厦门会晤，在正式议程开始之前，包括财政部、商务部和文化部都有官员召开新闻发布会，多角度向世界阐述中国主张。

由此可见，在“主场外交”适时释放积极利好消息，对平衡境外舆论、扩大正面影响具有重要刺激作用；利用主场优势回避于我不利的议题，也将避免外媒因对我争议议题的批评而模糊会议主题。

与此同时，随着中国熟练操作“主场外交”，同质化的趋势开始显现。虽然主场活动频次增加，但从流程到中国声音的内容传播，开始出现重复和趋同现象。一定程度上，这有可能削弱中国声音的传播力，影响“主场外交”的吸引力。

三　中国主场外交议题优化思路

（一）深化外交活动议题创新和细分，培育“主场外交”品牌

随着“主场外交”持续推进，议题创新和细分成为必然的趋势。大型国际多边活动，涉及国家和地区多、参会者层次高、议题影响力强，如何科学地创设议题、有针对性地邀请参与国和参会人员，安排接待和交流活动、发布相关信息和会议宣言，都会直接影响会展活动的效果。同时，要通过培育“主场外交”品牌，提升国际多边平台的质量和影响力。如博鳌亚洲论坛、世界互联网大会等。

从2015年开始，笔者连续报道博鳌亚洲论坛年会。从主题来看，博鳌论坛举办16年来，先后创设“合作促进发展”“一个向世界开放的亚洲”“绿色亚洲：在变革中实现共赢”“亚洲制胜全球经济——创新和可持续发展”“经济危机与亚洲：挑战和展望”“绿色复苏：亚洲可持续发展的现实选择”“亚洲新未来：新活力与新愿景”等主题，围绕热点问题，顺应亚洲各国加强对话、寻求合作、实现共同发展的时代要求，中国作为东道主也顺其自然地在这一平台上，最大限度传递“中国声音”和“中国方案”。

博鳌亚洲论坛的成功，正是因为它将外交平台切口紧扣经贸领域，每年围绕这一议题更新最符合当下热点的主题，因此吸引了更有价值的

与会嘉宾，讨论也更有针对性。

（二）提升主场外交“国际气场”，加强议题共享性

中国要创造性地构建主场外交的议题联盟，提升主场外交的“国际气场”。要善于围绕多边会议的重大议程，推动形成于中国有利的多种议题联盟，特别是与大国之间的议题联盟。通过加强外交议题共享性，凝聚更多别国关注度。为此，中国既要进一步协调发展中国家在全球重大经济和政治议程中的立场，尽可能形成新兴市场国家的抱团优势，确保中国的核心利益得到维护，又要善于发现与美欧等发达国家在经济、安全领域中的利益汇合点，积极发挥发达国家和发展中国家的桥梁作用。

在与发达国家寻求共同利益方面，印度带头发起的“国际太阳能联盟”可以被视为一个正面案例。2015 年，在巴黎气候变化大会期间，法国前总统奥朗德与印度总理莫迪共同推出了“国际太阳能联盟”。目的是加快世界各地太阳能的发展和部署。气候问题是人类面临的共同挑战，发达国家更能切身体会到气候变化的压力。因此在 2018 年 3 月，国际太阳能联盟的成立大会在印度小城古尔冈市举行时，包括法国总统马克龙在内的共 43 个国家首脑和部长纷纷出席。这样的号召力无疑与印度抓住了各方的利益关切点密不可分。

值得注意的是，2018 年 12 月举行的中国首届进口博览会，也被认为是中国“主场外交”的创新思路。香港特区行政长官林郑月娥就表示，过去 40 年来，中国除了自身发展，也积极在国际舞台发声，中国国际进口博览会就是一个很好的例子，从“出口”到“进口”这不仅传递了中国持续开放的信号，同时也展示了中国与世界分享机遇的态度。进博会还体现了中国办会新思路，中国广阔的市场带有天然的吸引力，130 多个国家 3000 多家企业报名参加，由于一票难求，光是展位费就让进博会成为一场“吸金”的“主场外交”。

（三）议题设置充分发挥地方特色，增加多元性

在中国借助“主场外交”扩大影响力的同时，地方省市也可以借助这一平台，向外延伸触角。在中国“走出去”的过程中，各省市扮演的

是多样化的角色。从国家的角度来看，可以让国际社会了解更全面和饱满的中国。以广东为例，借助国家平台与世界对接，可以挖掘城市发展的更大潜力。广东有着完善的产业结构，多样的文化，特别是在创新创造领域，在中国占据领先地位。在中国主场外交活动中，广东省可以更主动地找准机会，凸显存在。

2018 年 9 月，中非合作论坛北京峰会期间，一群来自广东、广州的企业家以他们的故事讲述着中非友情与合作。2017 年，广州与非洲外贸进出口总额达 873.6 亿元，与 2006 年的 123.1 亿元相比，增长超过 6 倍，年均增长率达 19.5%。因此《人民日报》在文章中指出，广州奏出中非城市交流合作最强音。

在中非合作论坛北京峰会吸引全世界的目光的节点，作为中非合作“先锋”城市、“一带一路”国际合作的重要支点，广州抓住时机，在 9 月 15 日至 18 日举办 2018 年世界航线发展大会。新华社的报道指出，广州，作为中国推进实施“一带一路”倡议的“南大门”，正在通过架设中非“空中丝绸之路”，为构建更加紧密的中非命运共同体扮演着重要的角色，为双方开辟了更加广阔的合作共赢发展空间。

笔者在采访中非合作论坛期间注意到，在会议间隙，不断有非洲国家与会嘉宾主动与来自深圳的传音控股董事长兼总经理竺兆江交换名片并合影。传音控股旗下的手机品牌深受非洲当地消费者欢迎。2017 年，传音手机整体出货量约 1.3 亿部，其中 73% 销往非洲。除了在非洲的总市场份额中排名第一，传音旗下手机品牌还入选 2017—2018 年度最受非洲消费者喜爱品牌百强榜单。

不难看出，借助中国“主场外交”平台，广东省无论是在商业机遇拓展还是城市形象传播方面，都能找到更好的输出渠道。与此同时，地方省市的积极参与，也能促进国家“主场外交”向着更多元的方向推进，形成良性循环。

参考文献：

任国岩、梁果、孟祥敏：《国际会展视域下中国主场外交的理论构建与实践研究》，《浙江万里学院学报》2017年第1期。

张丹萍、沙涛：《从 G20 杭州峰会外媒报道看主场外交优势》，《公共外交》季刊 2017 年第 1 期春季号。

地市级纸媒跨国报道的困境与探索

——以《佛山日报》“佛山制造·海上丝路万里行”系列报道为例

莫　璇*

【摘要】我国正加快形成全面开放新格局，随着“一带一路”倡议深入推进，越来越多的地市级媒体走出国门开展跨国报道。本文通过对《佛山日报》“佛山制造·海上丝路万里行”系列报道着重分析地市纸媒跨国报道中遇到的困境与阻碍，探索有效突破策略和方法，以期为更多地市级媒体国际传播提供有益借鉴，有效提升国际传播能力。

【关键词】一带一路　地市级纸媒　跨国报道　国际传播

“丝绸之路经济带”和“21世纪海上丝绸之路”（以下简称“一带一路”倡议）提出五年来，学术界对其关注度持续走高，涉及经济学、社会学、政治学等诸多学科领域。在新闻传播学界，学者们也开展了相当数量的学术研究，研究方向侧重在几个方面：“一带一路”背景下，我国国际话语权的构建问题；“一带一路”建设中，媒体角色与作用研究；“一带一路”沿线国家与地区的国际舆论引导问题；“一带一路”推进下，国内城市形象构建与对外传播；“一带一路”背景下媒体国际传播能力提升研究、新媒体运用及媒体融合趋势研究等，研究文献丰富、视角多

* 作者简介：莫璇，女，文学硕士，佛山日报社记者。

样、涉及面广。但随着“一带一路”倡议的深入推进，除了新华社、中央电视台、《人民日报》《中国日报》等国家级媒体通过“全媒体”等方式提升国际传播能力和影响力，越来越多的地市媒体也陆续参与其中，或派遣记者到“一带一路”沿线国家开展跨国采访，或与海外华文媒体合办华文媒体，或创制新媒体产品服务海外受众等，切实推进“走出去”战略，有力对外对内讲好“中国故事”。令人遗憾的是，目前针对地市级媒体开展跨国报道、对外传播的学术研究并不多，未能形成系统的研究，且大多从传播理论层面进行研究，实际操作方式与路径研究相对缺乏。

本文立足“一带一路”与对外传播等相关理论阐述，以《佛山日报》“佛山制造·海上丝路万里行”系列报道为例，探讨地方纸媒跨国报道面临的困境，探索跨国报道的有效方式和策略，思考地方媒体有效提升国际传播力的路径。

一　地市纸媒跨国报道的现状与特点

2013 年 9 月提出“一带一路”倡议是中央统筹国内国际两个大局做出的重大战略决策，改变了中国对外开放格局，也深刻地影响了国内媒体国际传播格局。一直站在改革开放最前沿的广东地方媒体，也率先借助“一带一路”东风参与国际传播，派遣采编团队开展跨国报道。本文以“一带一路”倡议提出后的 2014 年为时间节点，整理分析 2014—2017 年四年间广东省新闻奖的国际传播获奖名单，发现两个值得深思的现象。

（一）地市纸媒国际传播获奖数量极少

广东新闻奖设国际传播一项，2014 年共评出 6 个篇目或报道（含一、二、三等奖，下同），2015 年评出 7 个，2016 年评出 8 个，2017 年评出 9 个。其中，只有 2 个地市纸媒获奖，分别是 2015 年《中山日报》海外版的《归侨口述历史》、2016 年《佛山日报》的“佛山制造·海上丝路万里行”系列报道。其余的获奖媒体主要来自以新华社、中新社为代表的央媒，以《南方日报》《羊城晚报》等为代表的省级媒体，以及以《广州日报》为代表的有省域影响力的省会城市主流媒体。

（二）地市纸媒国际传播地方色彩浓厚

学者陈力丹认为，做对外传播，宏观的东西要由微观来承载其意义[①]。地市级媒体在开展国际传播过程中往往倾向于在宏观大背景下，以当地特有的人、事、物为切入点，呈现出时代变迁的大主题，体现出一定的地方特色。《中山日报》海外版《归侨口述历史》，深入细致地挖掘了中山归国华侨的奋斗史。《佛山日报》“佛山制造·海上丝路万里行系”列报道立足于佛山作为制造业大市的定位，派出采访组到德国、澳大利亚、印度、印尼、南非等十个21世纪海上丝路沿线国家，采访佛山企业海外分支机构以及当地政、商、学、媒界精英，为“佛山制造”抢抓“一带一路”商机探路，反映的正是地方媒体关注民营经济发达的佛山制造业“走出去”的媒体自觉。

二　地市纸媒跨国报道的困境

在国际社会传播一个完整的中国国家形象，不仅需要国家级媒体的权威声音“先发制人”，更需要地方媒体作为主体来传播“表情丰富的中国”——在地理与文化上，“地方”是更具象、更丰富的中国形象[②]。但在实际操作过程中，与国家媒体相比，地方媒体在各种投入和海外资源上有较大差距，在推进大型跨国报道中面临不少困境，总体而言较为常见的有：记者跨国采访能力不足，海外资源获取渠道欠缺，信息突破难度大，媒体性质与体制局限等。

（一）记者跨国采访能力欠缺

跨国报道是让记者前往一个语言沟通困难的国家开展采访任务，在不同国家会遇到不同难题，例如沟通翻译问题、文化制度问题、意外风险与危机等，是对记者采访能力的一次大挑战，需要记者随机应变、灵活应对，在确保个人人身安全的同时，较好地完成新闻采访任务。

---

① 陈力丹：《“一带一路”建设与跨文化传播》，《对外传播》2015年第10期。

② 孙淼：《地方媒体提升国际传播能力的思考与对策——以宁波日报报业集团与海外友媒合作为例》，《浙江工商职业技术学院学报》2016年第2期。

在跨国报道中，语言是一个突出困难。即使在英语国家，不少采访也需要聘请翻译，不但会耗费时间，而且缺乏新闻专业素养的翻译在一定程度上影响信息质量。一方面，地市级媒体组织的跨国采访受时间、资金等限制，一个国家只停留几天，却要到数个城市采写，留给记者准备的时间很少，很多记者不得不在出发前一两个礼拜甚至在飞机上“恶补”与报道主题相关的所到国的资料，这在一定程度上导致了采访广度与深度的不足。

另一方面，地市纸媒开展跨国报道的机会较少，这在一定程度上导致记者跨国报道经验欠缺。以《佛山日报》为例，在2016年“佛山制造·海上丝路万里行”系列报道之前，主动策划的大型跨国报道有两个，分别是2008年赴美国采访四年一度的总统大选，及2012年赴英国伦敦采访四年一度的奥运会。其余大部分的跨国报道为受邀型采访，主要跟随政府或企业赴海外，报道在当地举办的经贸与文化交流活动。在这类采访中，邀请方已为记者安排好行程和采访对象，即使没有采访对象，也会尽可能协助安排，记者需要自己突破的障碍并不多。

（二）海外资源采集渠道狭窄

相较于语言障碍、文化差异、人生地不熟等难题，跨国采访的首要难点是寻找到合适的采访对象。

跨国报道的信息源主要包括新闻涉事或选题关涉各方、第三方信源（政府、专家学者、普通公众等）、涉华信息源（中国使领馆、中资企业、华人华侨团体等）、当地媒体报道、其他国际媒体信息、国内同行信息等多种渠道。其中前三种渠道属于一手信源，后三种属于二手信源。尽管记者们尝试多种渠道获取信息，但一手信源中只有涉华信源成为相对较为稳定的信息采集渠道[①]。

对于奔赴海外报道的地市级媒体记者而言，地方媒体本身的海外资源有限，政府资源又难以依赖，主要依靠记者通过过去采访过程中的积累、

① 唐佳梅：《中国空降记者跨国采访的新闻生产惯习研究》，《新闻研究导刊》2016年第14期。

身边的“熟人网络”及互联网搜索的组合办法在海外“寻人”，不仅采访对象的精准性难以保证，而且能不能找到采访对象都成问题。

（三）地市级媒体跨国报道审批流程烦琐

国内媒体记者前往海外大部分地区都需要获得签证，大部分持因私护照，申请签证种类多为旅行签证。鉴于地市级媒体属于事业单位，出于体制原因，记者跨国采访需要申请因公护照，层层审批流程烦琐、耗时多，甚至会导致采访计划的搁置。如“佛山制造・海上丝路万里行”系列报道中，后半段到阿联酋、印度的采访，按市委宣传部、市外侨办要求，记者须拿因公护照申请签证，申请流程走了将近一个月，导致采访计划推延一个多月。

三 地市纸媒跨国报道的经验与探索

（一）精心策划：做好充分前期准备

新闻策划是新闻报道的一个重要环节，特别是在跨国新闻报道中更是如此，因为它涉及更多的人、财、物等资源，必须制定一个全面周详的策划及各种预备方案，才能保障采访工作顺利实施。在展开“佛山制造・海上丝路万里行”系列报道前期，《佛山日报》专门成立策划组织团队，社长担纲活动总策划、经济新闻中心为牵头部门的策划团队结合国家宏观政策、佛山企业的关切以及报社资源，经过近半年的筹划，确定活动方案。

跨国新闻报道对记者团队提出了更高的要求。为此《佛山日报》专门向全体采编人员公开征集、面试选拔了8位出国采访记者，他们的英语应用水平突出、采访突破能力强、对“一带一路”理解较深入，是执行此跨国报道重任的较好人选。采访团队成立后，立即与策划团队一起研究选题，争取时间和资源联系、确定每一站的采访对象与采访方向。在出发前，更是多次组织培训，提高团队高效安排海外自助行行程的水平，提升团队拍摄微视频等全媒体报道能力；出发后，由多位经济报道与英语应用水平较高的采编人员组成后方支援小组，与前方记者保持实时沟通，确保采访报道质量。

在整组报道中，策划并非呆板与僵化的，而是在具体实践中，审时度势，随机应变，不断加以修正。在东南亚站采访中，由于较早前往马来西亚新山的航班延误，导致第一篇稿件无法按时推出，于是决定由较晚出发抵达吉隆坡的记者接上，到酒店安置后立即开展采访。当时恰逢7月11日欧洲杯足球赛决赛夜，记者巧妙抓住佛山企业海信科龙电器股份有限公司是欧洲杯顶级赞助商的话题进行采写，第二天立即将稿件传回佛山进行全媒体报道，为整组报道顺利开展争取了宝贵时间，也开了个好头。

（二）资源突破：多方挖掘可用“熟人网络”

地市级媒体开展跨国新闻报道最大的难题是新闻信息源的掌握。围绕报道主体，《佛山日报》在策划之初就广泛争取外部支持。除了让市委宣传部对活动给予指导外，还积极争取市商务局、市外事侨务局、佛山国际商会的支持，联动佛山各大商协会、龙头企业以及广东国际商会联系的各国广东商会，为采访组的审批、签证、采访出行创造便利。

采访团队主要以“两条腿走路”来突破采访对象缺乏难题：“一条腿”是借助政府机构、商协会的资源，派出一位记者跟随市商务局、市经信局率队的经贸代表团到澳洲、马来西亚、印尼等国家开展经贸活动的机遇，不仅报道经贸交流活动本身，还借助活动约访目标采访对象。在这些场合较容易约访到当地高级官员和侨商领袖，如澳大利亚前贸易与投资部部长安德鲁·罗布、马来西亚佶帝集团主席叶绍全等。“一条腿”是与随团采访记者相互配合，派出另一个记者抵达同一个国家，主要约访政府高层、企业分支机构及其合作伙伴、高校专家学者、华人华侨团体、华文媒体、普通群众等。这“一条腿”信息源资源突破难度更大，主要靠“熟人网络”及互联网搜索的组合方式实现突破。以马来西亚为例，记者通过电子邮件成功约访到马来亚大学的两位高校专家；以印尼为例，记者通过中新社驻印尼分社同行成功约访到前贸易部部长冯慧兰等高级官员。“两条腿”相互配合，尽可能地多收集第一手采访素材，为后续报道提供足够的材料，这组报道最后在全媒体采编发布新闻报道25万字、图片500多张。

（三）扎实采访：将每一条信息源挖掘到极致

受信息源局限，为保障采写的广度与深度，地市级媒体在每一条新闻源的挖掘上力争做到极致。例如采访一家企业在当地分支机构，记者前往工厂、销售门店，采访了经销商、外籍雇员、消费者等，尽可能全面客观展现企业在当地发展情况。例如记者采访海信科龙电器股份有限公司在马来西亚的分支机构，就相继前往该机构在雪兰莪州的办公场所，在连锁门店 Heavy Norman 设立的展示橱窗、在印度人聚集的黑风洞周边的 One Living 经销商门店、在中产聚集的 Desa Sri Hartamas 地区酒吧街活动现场等开展采访，力争将报道做细、做实。

考虑到国内外受众的不同特点，地市级媒体在跨国新闻报道中要更突出客观性，坚持平衡原则，才能有利于增强国际传播的可信度。这组报道既讲佛山企业海外运营成绩，又不回避在当地经营面临的法律政策、产业配套等挑战。此外，地市级媒体跨国报道更多要展现本土化的意图，兼顾思想性与指导性，这组报道一共推出了23篇分析性报道。

在"一带一路"倡议宏大命题下，采访组带着佛山政府关注的招商、引智、借鉴发展经验等话题，带着佛山企业关注的海上丝路沿线国家的市场空间、产业配套、经济政策等问题，深入采访当地政、商、学、媒界精英。报道开阔了佛山中小企业的眼界，提示了在十个国家发展的机遇、挑战，提出了适应当地人文法律、属地化经营、参与社区公益慈善活动等可持续发展的建议，增强了佛山民营企业"走出去""引进来"两条腿走路的信心。从标题就可管窥全豹，如《佛企闯荡南非冰火两重天》《频繁反倾销令佛山瓷砖却步，却让佛山陶机找到机遇进军"印度的广东"》等。报道出来后，佛山市金属材料行业协会、佛山市智能家居产业协会等主动联系佛山日报社，了解相关信息，组织企业去考察寻求合作。

（四）精心打磨：全媒体传播增强影响力

全媒体浪潮背景下，跨国新闻采访更注重通过媒体融合手段，方便触达全球受众，扩大国际传播效果。

这组报道采用"动态报道 + 深度报道"模式。动态报道方面，主要将新闻报道及时在移动端口进行直播，并在次日《佛山日报》上以消息或通讯形式刊登。深度报道方面，根据议题设置，从超过100万字的采访素材中精心选材，以工匠精神打磨报道文本，推出23篇整版分析性报道，同时配发新闻图片、数据制表、对话专访、企业案例等配稿，以丰富版面，增强说服力。

为了扩大国际传播效果，还在新媒体发力，在佛山日报社旗下的新闻客户端、网站、微信公众号发布，吸引网易、新浪、搜狐、今日头条等全国性网络媒体及南非华人论坛等境外网站转载。经立体化、全方位传播，这组报道引起了海外媒体对佛山的关注报道。采访组记者应邀上线澳大利亚2AC电台的直播节目，全面推介佛山，其新媒体平台也进行了相关报道；澳大利亚《汤斯维尔快报》、印尼《印华日报》、泰国《中华日报》及其网站对“佛山制造·海上丝路万里行”采访组一行的活动以及佛山文化经济特色进行了报道。

四 结语

《佛山日报》“佛山制造·海上丝路万里行”系列报道是地市纸媒在国际传播领域的一次创新探索。报道选题契合“一带一路”倡议的全球热点，讲述其背后所代表的“中国制造”走出去与“一带一路”沿线国家互利共赢的宏大叙事主题。这样的尝试或许能为其他地市纸媒跨国报道在实际操作层面提供一些思考和经验。

参考文献：

曹凯：《加强地方的国际传播能力建设初探——以新华社河南分社为例》，《对外传播》2017年第9期。

陈力丹：《“一带一路”建设与跨文化传播》，《对外传播》2015年第10期。

李琳、周翔：《地方政府视角下“一带一路”的对外报道》，《青年记者》2017年第3期。

刘功虎：《地方媒体记者有可能“跨国采访”常态化吗？》，《中国记者》2016年第10期。

刘红明：《地方媒体如何做好跨国新闻采访报道》，《中国记者》2009年第2期。
孙淼：《地方媒体提升国际传播能力的思考与对策——以宁波日报报业集团与海外友媒合作为例》，《浙江工商职业技术学院学报》2016年第2期。

以侨搭桥　裂变传播：地方报业的国际传播策略初探

方晓旻*

【摘要】做好国际传播，讲好“中国故事”，创新传播方式和渠道是关键。但当前国际传播主要还是通过我国央媒海外平台刊播，受众覆盖面有所局限。如何让全世界都能听到并听清中国声音，让世界认识一个立体真实的中国？笔者将以习近平新时代中国特色社会主义思想为引领，聚焦地方报业海外版编辑部的现状及特点，通过分析借力海外华文新媒体裂变传播的优势，进一步探索地方报业的国际传播策略。

【关键词】海外华文新媒体　裂变传播　地方报业　国际传播策略

党的十九大报告强调：“要推进国际传播能力建设，讲好中国故事，展现真实、立体、全面的中国。”习近平总书记在2018年8月召开的全国宣传思想工作会议上也提出：“新形势下党的宣传工作使命和任务是举旗帜、聚民心、育新人、兴文化、展形象。”其中，展形象就是要推进国际传播能力建设。

新时代对中国话语的国际传播提出了新要求，我们必须观照中国社会历史现实，解读中国实践，构建契合改革发展新态势的话语体系，创

---

* 作者简介：方晓旻，女，文学学士，汕头经济特区报社《汕头特区晚报》新闻编辑室副主任。

新话语表达方式，拓宽华语传媒渠道，提高话语反响效果兑现性，讲好中国故事，传播好中国声音，不断增强中国话语的感召力、影响力。

一　裂变传播是海外华文新媒体的独特优势

我国海外华侨华人数量较多，而华文媒体是海外华人的专属媒体。移动互联网时代，全媒体融合发展，华文媒体顺应时代潮流，不断开拓新媒体领域。不少华文媒体利用网络资源开辟了更多新的传播渠道，在创建运营媒体官方网站的基础上，还注册了社交账户、开设了公众号、开发了 App 应用等，同时海外侨团、机构也纷纷办起了自媒体。互联网传播已经完全颠覆了大众传播的线性模式，逐渐转变成典型的动态、开放、非线性传播的混沌系统。互联网上的新媒体传播是一种“病毒式”传播，它们会以裂变的方式进行，逐级裂变蔓延，快速实现信息、观点的生产、复制、加工和再传播。华文新媒体通过“裂变传播”方式，以点连线，以线扩面，急速扩大国际传播受众覆盖面，是提高国际传播影响力的有效路径。

（一）移动新媒体使新时代网络传播模式呈现核裂变式的“链式反应”

网络新闻传播方式最显著的特征就是裂变扩散。美国传播学者 Everett M.Rogers 认为，“扩散是指通过一段时间，经由特定的渠道，在某一社会团体的成员中传播的过程。”与强调互动的传播相比较，新闻扩散更重视新闻在时间和空间上的延续与扩充。其中，“扩”是对传播节点的数量而言，“散”是对传播的距离而言，新闻扩散追求有效的传播节点数量的增加和信息传播距离的扩大。网络新闻扩散是基于互联网平台，新闻信息随时间推移从传播者逐级逐层地传播至受众，并被受众接受、采纳和利用，从而使新闻的覆盖面由一点弥漫至整个空间的过程。从传播学的角度考察，网络新闻扩散是指通过互联网发布的新闻借助不同的网络信息传播结构和意见传播结构引起网络受众对于某一新闻的知晓，相关知识的增加以及由此带来的线上或线下的态度和行为转变。

随着微博、微信、客户端等移动新媒体被人们广泛应用，新时代网络传播模式呈现核裂变式的“链式反应”。它的信息扩散不再是“一对一”的人际传播、“一对多”的群体传播、“推”“拉”并存的网络大众传播，而是具有基于人际网络之上信任链的病毒性传播特点和典型的多级传播属性。

（二）裂变扩散式传播是推动华文新媒体发展驶入快车道的“燃油剂”

近年来，海外华文新媒体搭乘上裂变扩散的快车道，积极向融媒体转型，呈现快速发展的现状，裂变传播成为推动华文新媒体发展驶入快车道的“燃油剂”。

《2018 海外华文新媒体影响力报告》调查显示，从 400 家海外华文媒体中筛选出来作为研究对象的 181 家海外华文媒体绝大部分建设了网站，拥有自己的网站的占 96.1%。移动端作为受众接收信息的新平台，海外华文媒体尝试布局移动 App，开通率已经达到 16%。在社交媒体方面，海外华文媒体已有许多尝试。微博、微信作为华人华侨应用较多的中文平台，得到海外华文媒体的重视，181 家海外华文媒体微信账号开通率达到 53%，微博也有 19.3%。此外，接近一半的华文媒体开通了脸书账号，推特的开通率接近四分之一，如图 1 所示。截至 2018 年，华文网站、华文客户端（App）、微信、微博、脸书（Facebook）和推特（Twitter）的统计，除了中国大陆之外，全球华文新媒体总量有 4000 多个。

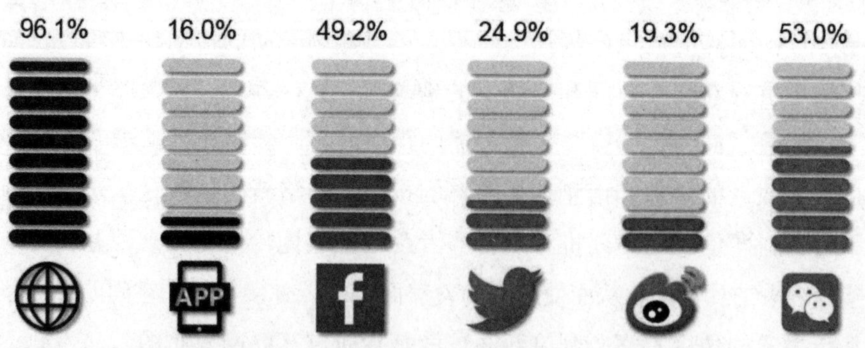

图 1 《2018 海外华文新媒体影响力报告》中 181 家海外华文媒体在社交平台上开通账户的情况

华文新媒体的迅速发展，为华文传播提供了强大的平台和载体，也使华文新媒体有了更重要的担当和使命——用华语去构建中华文化的话语体系，增强华文国际传播力、穿透力和影响力，塑造良好的华人与中国形象。

（三）华文新媒体裂变式传播是扩大国际传播受众覆盖面的“加速器”

通过海外华文新媒体庞大读者群，以华文客户端、微信公众号等为点，公众关注者为线，转发扩散为面，裂变式传播，使海外读者群成几何级数增长，成为扩大国际传播受众覆盖面的“加速器”。

上线时间至今仅三年多的“华人头条 App”，以海外 6000 多万华侨华人、1.34 亿侨眷侨属、每年 1.2 亿人次出境人员和来华投资、创业、旅游、定居的外籍人士为主要服务对象，现已在 52 个国家设立 80 个传播站点，以汉语、英语、法语、西班牙语、俄语、葡萄牙语等 6 种语言进行传播。“华人头条 App”既有向海外华人传播“中国故事”的新闻资讯平台，又有黏合海外华人与祖国大陆的生活服务平台，还有提供服务网络安全、版本迭代、人工智能、服务器全球布局的技术服务，形成了一套为海外华人度身定制的“华人黄页”。如《海外华人必看，电子商务法与你相关》就详细介绍了将于明年 1 月 1 日正式实施的《中华人民共和国电子商务法》的内容和对海外华人的影响；《侨，你咋滴》系列短片则通过视频让广大华侨了解出门在外要注意哪些事项等。目前，该客户端下载量已突破 3000 万，且以每天 5 万速度增长，加上其微信公众号、小程序等方式裂变扩散，从而急速扩大受众面，增强了国际传播影响力。

二　借力华文新媒体是国际传播的特殊路径

（一）华文新媒体具有对侨传播优势

1. 亲缘优势

华文新媒体受众是海外华人华侨，尤其是改革开放后从中国到海外发展以及在海外成长起来的华侨新生代。华文新媒体大多是由与我国关系密切的机构和团体设立，具有明显的亲缘优势。

据不完全统计，目前海外华人遍布100多个国家和地区，总人数已超过6000多万人。泰国是目前华人最多的国家之一，华人华侨数量已达900万人，占泰国人口约14%，是除泰人之外最大的族群。他们对祖国大陆既熟悉又陌生，而华文新媒体打开的就是一扇让他们了解中国、了解家乡的窗口。

2. 视觉优势

华文新媒体受众首先是海外华人，华文媒体尤其是新媒体对“中国故事”的关注度和传播热情高，具有视角优势。

2015年8月，“行走中国·海上丝路新起航”活动启动，来自五大洲16个国家和地区的50多家知名华文媒体探访了位于汕头的华侨经济文化合作试验区（中国国务院2014年9月批复设立，成为建设21世纪海上丝绸之路重要门户；是目前中国唯一一个以“侨”和“文化”为特色的国家级战略平台），并分别在各自新媒体平台刊登大幅文章报道侨乡巨变，为侨居地的华人带去祖国家乡社会发展的最新动态。

3. 地缘优势

海外华人华侨有相对集中的聚居地，华文新媒体的报道最能在侨居国或地区引起海外华侨华人的共鸣，具有区域性的地缘优势。

泰国现有六大华文报纸，分别是《星暹日报》《中华日报》《新中原报》《世界日报》《亚洲日报》和《京华中原联合报》。其中，《亚洲日报》于2016年年初由泰国潮州会馆主席黄迨光出资收购，新闻版面内容偏重报道中泰两国交流、两国经济、产业和文化等，在泰华社会是当之无愧的主流媒体之一。近年来，泰国华文报纸在媒体融合领域发展迅速，《亚洲日报》所属的泰国亚洲大众集团旗下新媒体品牌《泰国头条新闻》不仅用中文播报泰国新闻，也及时传递中国资讯，并利用资源优势多次帮助华人解决在泰问题，为中泰的文化交流架起桥梁纽带，在微信公众号、微博等平台积累了大量忠实粉丝。

（二）地方报业与华文新媒体合作新火花

以侨为桥，华文媒体对侨传播优势明显。早在20年前，国内地方报业就开始与海外华文媒体合作，借船出海及时获取国际资讯、传递国内信息。新时代国际传播需要新手段，地方报业进一步探索新渠道，与华文新媒体合作擦出新火花。

汕头经济特区报社是全国较早开展与海外媒体合作的地市报社之一，也是迄今为止广东省内唯一坚守海外舆论阵地的地级市主流报业。1999年和2001年，经中央外宣办批准，汕头经济特区报社在全国率先分别与美国《国际日报》和泰国《京华中原联合日报》开展合作，每天在这两家报纸编发中国新闻、广东新闻、潮汕乡情专版，近20年来从不间断。应运而生的《汕头日报》海外版编辑部成为广东省地方报业对外传播的重要平台。

随着国家“一带一路”建设深入推进，沿线国家的新闻媒体交流合作蓬勃发展。近年来，汕头经济特区报社积极拓展与海外华文媒体的合作，2018年7月，与泰国亚洲大众传媒有限公司——泰国头条新闻社签订合作协议。双方不仅共享新闻产品和经济资讯，还将搭建起媒体服务平台、合办经济文化活动。2018年9月，汕头经济特区报社“汕头日报海外版”又与“华人头条App”开展战略合作，“汕头日报海外版”进驻“华人号”，每天不定时推送潮汕新闻和乡土资讯。

2018年适逢改革开放40年，“汕头日报海外版”精心策划《共建和美侨乡——海外知名侨领大型访谈》活动，专题报道海外统战和侨务工作成果，通过视频、文图等形式在汕头新闻客户端“汕头Plus”和《汕头日报》微信公众号传播外，还借用《国际日报》《京华中原联合日报》《泰国头条新闻》、“华人头条App”等海外华文新媒体平台将华侨在海外打拼反哺家乡的感人故事进行传扬，同时也将中国改革开放取得的瞩目成就传播到海外。其中，《百岁侨领陈伟南：为家乡打call，期待汕头再度腾飞》《陈振治：把中国文化引入泰国 把泰国资本带回家乡》《林少毅：家乡发展要从“引资”转化到“引质”》《国际潮籍博士联合会主席陈幼南：凝聚潮人智力 联结潮人网络》等稿件在汕头新闻客户端“汕头Plus”上点击阅读量均居当日排行前三、转发量当日排行前五。在《潮人在线》《美国国际日报》等海外华文新媒体上的阅读量和转发量也较高，平均数量为0.9万。更能凸显新媒体裂变传播效用的是，许多海外华侨在各自的社交媒体上自觉转发扩散，国际潮籍青年联合会主席、泰国华人青年商会会长李桂雄在微信群朋友圈、泰国华人青年商会网站和微信公众号等平台积极转发，传播力和影响力相当大。华文新媒体的裂变传播方式对地方报业对外宣传起到不可估量的传播效果。

三 地方报业的国际传播策略研究

（一）地方报业的国际传播现状

在实践工作中，笔者发现，地方报业海外版编辑部面临着诸多挑战和困难，包括创新能力不足，传统外宣平台萎缩，新媒体人才匮乏等。地方报业的海外版编辑部要不要办、怎么办，成为当下业界关注、报人关心的急切问题。

成立20年的汕头日报海外版编辑部，属汕头日报编辑部新闻编辑室下设部门，现有编辑5人（包括部门负责人），平均年龄超过50岁，平均学历层次不高，外语水平也较低，多年来一直与海外媒体良好的合作关系，但报纸版面、版式较单一，编辑们疲于对内容重新包装，在新媒体技术运用方面较薄弱，使报纸的国际传播力受到一定制约。

（二）地方报业借力华文新媒体进行国际传播的一些建议

资源性是国际传播的硬实力，但作为国际传播影响力的“软权力”和传播策略的“巧用力”却远远不足。我们若将对侨传播的资源优势作为地方报业国际传播的“硬实力”，那么当下地方报业国际传播的“软权力”和“巧用力”还有待摸路前行。

1. 以侨搭桥，精准对侨传播

在新的时期，要进一步加强对侨传播的舆论引导力，把传播学、舆论学、新闻学的规律运用到对侨传播工作中去，实现有效的对外传播；同时，努力使华人华侨成为传播中国好声音、讲述中国好故事的一支重要舆论力量队伍。

汕头是著名的侨乡，潮汕籍海外侨胞约1500万人，遍布世界100多个国家和地区，素有“海内一个潮汕，海外一个潮汕”之称。汕头华侨资源丰富，对外宣传有得天独厚的优势。汕头报业应用好、盘活华侨资源，以侨搭桥，融合海外华文媒体，加强横向联系，进一步扩大外宣阵地。

2. 裂变传播，建立海外全媒体供稿平台

海外华文新媒体的裂变传播影响力可见一斑，在地方报业与海外华文新媒体合作的基础上，建议地方报业尽早建立海外全媒体供稿平台。进一步创新载体，提高传播力和影响力，打造地方报业国际传播主阵地。这个平台有助于更及时有效地实现地方外宣稿件在海外媒体的投用，也可以让裂变传播增速增效，以此扩大国际传播的受众面和影响力。

3. 拓宽“朋友圈”，组建华文新媒体联盟

新形势下，媒体竞争激烈，受众日趋分化，海外华文新媒体应在专业化、精准化、规范化上下功夫。

一是专业化，华文媒体要评估现有资源，合理布局新媒体平台；构建专业社交媒体运营团队，吸纳优秀国际传播人才。二是精准化，明晰目标群体和媒体定位，采取有针对性和差异化的运营方式。三是规范化，规范稿件采集、审核、发布流程，提高新闻稿件质量。

地方报业可以组建外宣矩阵“海外华文新媒体联盟”，集合各个国家华文传媒力量，通过媒体智库、论坛研讨、调研走访等方式，为中国“展形象”提供国际传播平台，准确表达中国发出的国际声音。

四　结语

在国际传播影响力亟待提高的当下，以侨搭桥、精准传播是地方报业国际传播中的独特优势，借力海外华文新媒体裂变传播是地方报业国际传播的特殊路径，两手发力，将从量上扩大地方报业国际传播受众覆盖面，从质上增强国际传播影响力。在此基础上，海外华文媒体要结合新时代传播特点，根据受众“量体裁衣”。传统纸媒服务老侨读者群，新媒体开拓新侨读者群，全球华文媒体要加深融合发展，积极转型升级，打造海内外华人命运共同体、立体化智慧媒体平台，为“一带一路”建设不断扩大国际朋友圈做出特殊贡献，成为在全球传播习近平总书记“人类命运共同体”理念的践行者。

［该论文发表于《新闻战线》2019 年第 4 期（下）］

参考文献：

郭镇之、冯若谷：《“软权力”与“巧用力”：国际传播的战略思考》，《当代传播》2015 年第 6 期。

韩红星、赵恒煜：《基于裂变式传播的新媒体噪音初探》，《现代传播》2012 年第 7 期。

陆秋明：《“借船出海”是现今对外宣传的重要渠道》，《东南传播》2016年第4期。

彭伟步：《海外华文传媒的多维审视》，暨南大学出版社 2013 年版。

邱凌：《辩证解析海外华文媒体在我国对外传播中的作用》，《对外传播》2015 年第 10 期。

杨振武：《把握对外传播的时代新要求——深入学习贯彻习近平同志对人民日报海外版创刊 30 周年重要指示精神》，人民日报，2015 年 7 月 1 日。http://opinion.people.com.cn/n/2015/0701/c1003-27233635.html。

赵子忠：《新媒体与国际传播力》，《新闻世界》2011 年第 5 期。

朱箫：《谁是移动时代弄潮儿？〈2018 海外华文新媒体影响力报告〉发布》，人民日报海外网，2018 年 5 月 29 日。http://ocnm.haiwainet.cn/n/2018/0529/c3543531-31325083.html。

新媒体时代城市外宣网站转型探索
——以“今日东莞”英文网为例

谭　晶[*]

【摘要】近年来，随着移动互联网技术的不断突破，新技术在传播领域的应用促使新媒体进入迅猛发展的时代。诸多类型媒体开始进入整合传播、融合发展的全新时代。整合传播的时代，新媒体日益占据传播主流，与传统媒介共同形成一个完整的立体传播体系。

本文将聚焦新媒体时代背景下城市外宣网站传播理念建构与转型路径选择。从“今日东莞”英文网的发展历程来看，其在传统互联网传播阶段进行了独到且有效的探索，而在新媒体时代，它将继续利用和融入新的传播体系，努力探索符合时代特性的城市外宣网站转型发展之路。

【关键词】新媒体　“今日东莞”英文网　城市外宣网站　媒体转型　融合

一　“今日东莞”英文网发展现状

“今日东莞”英文网（www.dongguantoday.com）于 2008 年 7 月正式开通，由东莞广电传媒集团旗下的东莞阳光网组建团队负责运营。此时，

* 作者简介：谭晶，女，文学硕士，东莞广播电视台新媒体中心“今日东莞”英文网编辑。

国内正处于传统互联网最蓬勃发展的时代。网站上线以来，始终以服务外国人和华人华侨、对外宣传东莞为出发点，精心编译了大量东莞本土时事、财经、商业、社会民生信息，向受众介绍东莞经济文化发展动态、东莞人文风俗以及在莞外籍人士的工作生活状况等。同时，积极为在莞外籍人士提供文化演出、交通、医疗、生活消费信息等实用服务指南，方便其融入东莞生活；由外籍人士担任主持的《Dongguan LIVE》网络视频栏目累计访问量达近千万。针对同样也是网站重要受众的本地英语爱好者人群，连续十年举办的东莞市英语口语大赛累计参赛人数超二十万人，覆盖人群超百万。在一系列的努力之下，网站影响力不断提升。据中国政府网站国际化程度测评结果，"今日东莞"英文网连续多年取得广东省地级市排名第一、全国地级市排名前列的佳绩，成为全省最有活力的英文网站之一和外界看东莞的重要窗口。

然而，随着移动互联网技术的迅猛发展，各种新媒体形态层出不穷，当年的新兴媒体——门户网站沦为传统媒体中老态龙钟的一员后，"今日东莞"英文网亦不能幸免，日均用户量和日均访问量均出现下跌，传播效果日渐下滑。新媒体时代的来临，促使这个曾经优秀的城市外宣平台开始探索从内涵、理念到路径的全面转型。

二 城市外宣网站转型的可能性

城市外宣网站建设的初衷是利用这样一个平台将与城市有关的积极信息传递给境外受众，以达到塑造、提升城市良好形象的目的。一直以来，城市外宣一般是由政府主导，比如我国从中央到地方都设有"外宣办"这样专门主导外宣工作的机构，而社会群体、民间群众则很少参与到对外宣传中来。[①]

近年来，随着计算机新技术新应用的不断涌现、更新，网民群体数量也在快速增长，在社交媒体应用迅猛发展的同时，各个新媒体平台开

① 罗忠政：《城市公共治理中的新媒体应用》，《对外传播》2015 年第 4 期。

始成为放大社会舆论的工具和思想文化信息的发布中心，为信息传播增加了从未有过的活力，为城市公共外宣提供了可能。

随着微信公众号、头条号、百家号、企鹅号等自媒体平台大量涌现，与此同时，越来越多的外籍用户群体也通过广泛使用 Facebook、Twitter、Instagram 和 LinkedIn 等海外社交媒体获取新闻资讯和分享信息，广大传统媒体包括地方外宣网站开始深刻地认识到：加快建设适应新媒体时代发展的传播平台，是巩固宣传思想文化阵地、壮大主流思想舆论以及媒体改革发展的必由之路。

三 “传统”到“新兴”的转型挑战

作为传统媒体中的新面孔，“今日东莞”英文网在新媒体时代的浪潮中，开始探索社交媒体化转型的一系列变革。例如 2011 年至 2012 年，“今日东莞”英文网先后开通新浪微博账号和腾讯微博账号；2015 年，开通微信公众号。而在这个转型过程中，一系列问题也随之而来。

第一，信息到达受众难度增大。随着移动互联网发展，传统媒体受众获取信息渠道发生颠覆性改变，过去通过搜索引擎带来的访问量急剧下降。“今日东莞”英文网遇到了参与者分散、信息无法及时、有效、准确地到达受众群体中的难题。

第二，用户阅读习惯改变，碎片化阅读成为主流习惯。这种情况下，受众注意力分散，抗拒长时间阅读，偏向抓眼球的信息阅读[①]，而外宣网站过去主要是编译政府权威来源信息为主，对生产富有创意类的内容毫无经验。特别是出于运营成本考虑，“今日东莞”英文网专职编辑人员配备有限，无法适应新媒体内容生产需要。

第三，多平台分割用户群体。在众多自媒体平台开设账号，导致原来有限的受众群体被多个平台分割。特别是人工智能算法，导致用户接

① 南京市委外宣办：《移动互联时代城市外宣品传播的理念与路径分析——以南京外宣品转型发展为例》，《对外传播》2018 年第 7 期。

受推送的信息多为“可能感兴趣”的内容，形成固定粉丝圈层，难以扩充更多用户群体。该网站微博平台的内容阅读量和粉丝量均无法取得突破，最终被迫关闭微博账号。

因此，如何在新媒体时代找到一条适合自己的转型之路，成为运营团队不得不面对的课题。

四　媒体融合成为转型必由之路

2014年8月，中共中央召开全面深化改革领导小组第四次会议通过《关于推动传统媒体和新兴媒体融合发展的指导意见》，习近平总书记强调，推动传统媒体和新兴媒体融合发展，要强化互联网思维，坚持传统媒体和新兴媒体优势互补、一体发展，坚持先进技术为支撑、内容建设为根本，推动传统媒体和新兴媒体在内容、渠道、平台、经营、管理等方面的深度融合，着力打造一批形态多样、手段先进、具有竞争力的新型主流媒体。

“今日东莞”英文网作为东莞城市对外宣传的主要阵地，孜孜不倦追求的还是对外的传播效力提升。在媒体融合的大潮之下，英文网积极融合对外宣传的综合优势和新媒体的演变发展，深度融入东莞广电传媒集团的媒介资源、生产要素有效整合，力求有效地提升国际传播效力。主要从以下几个方面进行了探索。

（一）用“融合”思维生产内容

一直以来，“内容为王”是支撑媒体行业发展的信条，内容可以说是所有传播平台的安身立命之本，也是核心竞争力。因此，“今日东莞”英文网的转型首先从内容生产入手。借政策东风，英文网充分利用“融合”思维，从整个东莞广电传媒集团的全媒体内容中精选东莞有对外传播价值的内容进行深加工，然后把“色香味”俱全的各种内容呈现给受众。特别是在对重要新闻事件报道时，可以实现全方位、多角度、立体化报道，为关注东莞发展的外籍网民提供更多他们感兴趣的高质量内容。例如，针对在莞举行的重要国际展会如中国国际影视动漫版权保护和贸易博览会、广东 21 世纪海上丝绸之路国际博览会等，英文网整合集团全媒体新闻中心提供的文字稿件、图片、视频，即时发布在网站上。

（二）用“融合”手段提升能力

新媒体时代的到来，受众对信息的需求发生了重大变化，受众对信息需求呈现个性化定制的特征，不但要求信息传播快速、准确，甚至要符合他们的喜怒哀乐。在此前提下，内容要形成有效的传播，对内容生产者的能力是个极大的考验。外宣网站采编人员不仅要懂外语，会写稿、拍摄，还要会 P 图、做 H5，甚至有时在视频栏目中还得客串一下外景主持。“今日东莞”英文网充分利用“融合”手段，在《Dongguan LIVE》视频节目等内容生产时，充分利用了东莞广电传媒集团的摄像、剪辑和主持人资源，有时还邀请东莞市英语口语大赛的优秀选手担任嘉宾主持，短时间内快速提高了内容生产能力。

（三）用“融合”方式打造渠道

“今日东莞”英文网自成立以来坚持以活动为载体，自 2009 年起，连续十年举办东莞市英语口语大赛，从最初近千人参赛发展到超 5 万人次 / 届的参赛规模，累计参赛人数超 20 万人，辐射人群超过百万，大赛已成为东莞市最具规模和影响的外宣品牌活动之一，大力推动社会各界发现“东莞故事”，用英语讲述“东莞故事”，为东莞提升国际化程度发挥了积极作用。随着新媒体时代的到来，很多报名参赛者反馈，报名和投票在 PC 端造成极大的不便。

2017 年，“今日东莞”英文网在策划口语大赛时，充分运用“融合”方式，在东莞广电传媒集团旗下的东莞阳光网微信公众号、东莞阳光台移动客户端开设报名、投票入口，一时间报名人数激增，同时活动还可以通过东莞阳光台移动客户端在线观看直播，这一举措得到更多的学生和家长支持，同时也带来了近百万级的微信粉丝增长和数十万的移动客户端下载，可谓最成功的一次融合范例。

（四）“融合”用户激发新活力

媒体融合时代，受众不再满足于被动的接受方式，他们逐渐成为话题的参与者甚至设计者，成为至高无上的用户，积极参与到传播者的行列中来[①]。近年来，“今日东莞”英文网也逐步将对外传播工作定位的重心转移到对外国人和外籍华人华侨等全方位地推介东莞，传播东莞声音，讲好“中国故事”。网站策划系列活动，以轻松活泼、生动直观的方式，引导在莞外籍人士和海外受众感受“美丽东莞”、喜爱“美丽东莞”、传播“美丽东莞”。

从2013年起至2018年连续六年的春节期间，“今日东莞”英文网发挥联结乡情的桥梁纽带作用，与市侨联联合举办“莞籍华侨华人及海外友人网络大拜年”活动，受到来自美国、英国、澳大利亚、加拿大、新西兰、墨西哥、法国、日本、荷兰、马来西亚、巴西、新加坡、匈牙利、牙买加、挪威等全球25个国家、35个海外侨团组织和留学生的积极参与，共收到图片和视频分享近4000张（个），线上文字祝福2000余条。

2018年7月，“今日东莞”英文网网站开通十周年之际，推出“外国人眼中的美丽东莞”摄影作品征集活动，共收到15个国家摄影爱好者上传的近500幅摄影作品。活动期间，通过与本土的外国文化传播机构合作，组织50位来自英国、美国、马来西亚、韩国等多个国家的在莞外国友人一同游东莞，探寻可园、茶山南社古村以及松山湖等地历史人文风情，用外国人的视角发现不一样的东莞，感受这座城市的独特魅力。参与活动的外国人在Facebook、Twitter、Instagram等海外社交媒体上主动分享拍摄的东莞美景和参加活动的感受，借用他们的“朋友圈”对东莞城市形象进行了一次有效的传播。

五 结语

在近年的融合转型探索过程中，“今日东莞”英文网不仅自身提升了传播影响力，更为推动东莞城市的群众国际化水平、推介东莞城市形象发挥了积极作用。这充分说明，只要传统的城市外宣网站和新兴媒体

① 王明华主编：《国际传播论文集》（第十六辑），中国国际广播出版社2015年版，第36页。

相互渗透互相配合，就有可能生产更高质量的内容，在对外传播中发出更有价值的声音。

在当前媒体融合的发展大势中，城市外宣网站走融合发展之路是必然的选择。只要能够充分利用好“融合”大势，传统的地方外宣网站就有可能通过借力，在新环境下让对外传播的效果和影响力提高到一个新的层次。

参考文献：

彭兰：《新媒体传播学研究前沿》，中国人民大学出版社 2010 年版。

破除视野之殇　壮大本土制造

——浅析广东城市电视台栏目纪录片的外宣传播力再造

梅天恩*

【摘要】 当今世界，相较其他类别的外宣产品，纪录片无疑是一种更易于被人接受的国际通行语言，其外宣传播力也得到进一步认可。广东是纪录片生产大省，作为纪录片主要生产机构的各城市电视台（以下简称城市台），其栏目纪录片生产质量和与之对应的外宣传播力却呈现出良莠分野的状态，这与广东当前的外宣需求极不匹配，其成因是多元的。想要高质量地提升广东的国际形象，产出具有国际视野的纪录片产品，从根本上夯实纪录片生产的基础，广东城市台栏目纪录片的外宣传播力再造是亟待解决的重大课题。

【关键词】 城市台　栏目纪录片　国际视野　传播力

全球化时代，包括中国在内的许多国家都开始注重加强自身文化软实力建设和国家战略的对外传播。纪录片因其直观形象的影像语言、相对客观的语态和语境，易于获得不同文化背景观众的理解，其传播优势明显高于新闻、电视剧等其他媒介产品。从国家文化发展战略的角度来看，纪录片的“真实性”使它成为各个国家隐性宣传自己的文化传统、生活方式、价值观念、地理风光的最佳载体，成为各个国家争夺话语权的世

* 作者简介：梅天恩，男，文学学士，云浮广播电视台总编室主任。

界性语言。

广东作为中国改革开放的前沿阵地，是世界观察中国的窗口。随着“一带一路”倡议的推进和粤港澳大湾区国家战略的实施，刻有“广东制造”铭牌的纪录片将成为广东对外发声的重要手段。广东媒体历来重视纪录片创作，广东所处的地理位置和文化禀赋也使纪录片天然承担起对外文化交流的重任。早在 1984 年，广东电视台便组建对外部，诞生了第一批纪录片。时至今日，每年在广州举办的中国（广州）国际纪录片节，已成为中国唯一的国家级国际纪录片专业节展，成功将“中国故事”、中国声音、中国价值带到国际舞台。目前，经过十多年的打造，以广东电视台海外中心为主阵地，以广东电视台为龙头的南派纪录片品牌已日趋成熟，纪录片的产销链条逐渐完善，获得业界高度肯定，已经形成中国纪录片版图中一个不可或缺的存在。

国际视野支撑国际高度，中国纪录片人在创作理念上要站在国际化的高度，用国际化的视野来讲述与整个世界有关联的故事，选择符合人类普遍情感表达诉求的题材，尽量避免因文化差异造成的各国在价值观上的差别，才能和世界越走越近。纪录片关乎国家形象塑造和对外文化传播，肩负记录社会、国家形象传播、国际文化交流和历史文化解释权等重要战略使命，要让广东本土制造的纪录片成为“国际通行语言”，只有具备国际视野，才能更顺畅地与世界对话。

南派纪录片拥有鲜明的岭南文化烙印，以其细腻的表达和强烈的人文感染力在我国纪录片中独树一帜，这是“广东制造”的特质，也是对外宣传工作中最为有效的表达。只有民族的才是世界的，本土纪录片人目之所及的都是广东第一手鲜活的素材，由本土制造，承载本土风貌，向世界传达“广东故事”，应该说本土纪录片有着先天优势。作为广东本土纪录片生产基础性力量的各城市台，其纪录片创作者们虽正力图以国际理念和叙事方式讲述“中国故事”，从过去式的宣教转向进行时的传播，但国际视野依然受限，不够开阔，美学魅力仍不丰满。视野之殇，成为阻碍广东城市台栏目纪录片发展的一大瓶颈。当前，广东城市台栏目纪录片发展也呈现出良莠不齐、两极分化的趋势，其中广州、中山、佛山、清远等珠三角城市台作为南派纪录片创作的重要羽翼，已逐渐与其他粤东西北城市台拉开距离，纪录片生产的实体结构基础开始倾斜。夯实纪录片产能基础，壮大本土制造也将成为广东外宣传播力建设中不得不面对的课题。

本文将以广东城市台栏目纪录片发展的整体视角，解析广东城市台栏目纪录片外宣传播的现状、成因以及对策。

一 广东城市台栏目纪录片外宣传播的现状

随着广东硬实力的进一步增强，软实力建设也刻不容缓，外宣工作力度势必将不断加大，对外宣产品数量和质量的现实需求也将直接传导至纪录片创作层面。城市台承担着为本地进行电视外宣的任务，纪录片作为城市外宣所需的硬性产品，其重要性不言而喻。

从当前广东栏目纪录片的生产格局看，电视台依然是纪录片最大的生产和传播主体，每家城市台都开办有纪录片栏目。如广州电视台的《南国纪事》、中山广播电视台《爱纪录》、佛山台《经历》、清远广播电视台《北江纪实》、韶关广播电视台《口述历史》、云浮广播电视台《云浮纪事》等栏目，但形成传播品牌的栏目有限。其中，以广州台、中山台和佛山台的传播力最为优质，中山台的《爱纪录》栏目以引进和自制优秀的国产纪录片为主，全年播出总时数甚至达到了惊人的548小时，从城市台体量来说，殊为不易。但总体观察，广东纪录片栏目外宣传播力呈现出上大下小、上宽下窄、上强下弱的态势，即广东电视台为龙头的传播平台，珠三角城市台初具国际视野表达的创作模式，粤东西北城市台仍处在求存发展阶段，梯级界限分明，广东栏目纪录片传播力的交响合奏仍显生涩。

市场化是检验传播力的重要参考指标，纪录片产品进入版权交易市场，特别是进入欧美主流市场是体现外宣传播力的最佳试金石。当前，广东栏目纪录片的生产形态也分野出体制外和体制内的差异，广东台和珠三角城市台的纪录片商业化已迈出坚实的步伐。广东台依托核心创作人才推行建立纪录片工作室，不仅破除了体制藩篱，市场化的激励机制更能最大限度激发人才潜能，产出文化精品；中山台以项目带动生产，以品牌带动市场运营，商业化的蓝图已见成效；佛山台纪录片产品也进入全国版权交易市场，纪录片生产部门已实现全面盈利，与之相对的，在市场流通中则很少见到粤东西北城市台的纪录片产品。

纪录片生产体制的内外之分，也带来产出质量高下之别。近几年，广东有关“一带一路”题材的纪录片《丝路：沙与海的交响》《海丝寻梦录》《印象海丝》《一个美国制片人眼中的海上丝绸之路》等系列外宣力作相继问世，在版权市场和对外传播上成效显著；由广东台主导，中山台、佛山台参与摄制的12集纪录片《美丽西江》也带来了外宣惊喜，这些作品深耕国际表达，初具国际视野，烙有明显的南派印记，均取得了商业和传播上的双赢。转身再看粤东西北城市台，虽已明显感知到纪录片栏目运营体系的商业化发展趋势，但因地域实情的差异，难以从体制内顺利转身，纪录片产品良莠不齐，即使偶有精品问世，也难以完全市场化，纪录片栏目品牌的失位也是导致外宣传播力弱化的直接成因。

二　广东城市台栏目纪录片外宣传播分化的成因

纪录片要想在国际传播中取得好的效果，创作创意的理念和视野必须国际化。以国际化的叙事策略，用世界语言讲述人人都能看懂的“中国故事”，在当前广东城市台栏目纪录片创作中，还未形成普遍的国际化思维定势。

广东台及珠三角城市台，由于站位靠前，宣传思维与传播理念已经形成良性更新的惯性，对纪录片国际化表达的套路已有心得，因而产出的作品已经初步具备国际视野。粤东西北城市台，囿于体制，向外开拓的空间有限，创作者受自身视野局限，讲故事的能力不强，风格表达不成熟，纪录片创作中形象政论化的现象依然存在，甚至宣教意味浓厚，容易陷入自说自话的怪圈，导致其生产的纪录片传播效果平平。

经过观察和梳理，广东栏目纪录片产出质量的高低，其实已经与各地的经济实力形成了一种微妙的正比关系。目前，珠三角之外的城市台纪录片栏目生存处境依然严峻，由于财力和资源限制，粤东西北城市台纪录片栏目能够闪转腾挪的空间已经被压缩到极致，某些城市台仅纯粹从经济效益出发，一度掀起了纪录片栏目的“存、立”之争。但以近几年的发展态势来看，通过政策引导，各城市台仍然保留了最基本的纪录片栏目。

仅从经济角度切入，纪录片的投入和产出一直是一对不可调和的矛盾，粤东西北城市台纪录片栏目大多只是基于单纯的宣教功能，依靠向上申请项目、本地政府拨款维持，虽偶有合办项目，但收益极其有限，生产成本往往高于产出收益。这与珠三角城市台已经成熟的商业化运营模式形成了较为强烈的对比。粤东西北城市台多在体制内进行纪录片的创作，通常会受到栏目运作经费、制播周期、地方审核机制等客观因素的制约，进而影响甚至削弱产品质量，栏目能勉强活下来已属不易，要走精品化生产的路子，更是困难重重，这样的困境已成为粤东西北城市台的一种共性，也成为制约其向上生长的最大隐忧。纪录片栏目商业化是大势所趋，但因客观存在的体制限制，粤东西北城市台纪录片作品的创意理念和视野广度难免存在折扣，其作为产品的属性不明显，难以批量进入版权市场，商业化之路依然漫长，外宣传播力也就难以彰显。

纪录片生产，依托的是创作人才。南派纪录片经过 10 多年的发展，目前已在广东全省设立了 10 个南派纪录片创作基地、创作中心，涌现了一大批南派纪录片领军人物，全省专职创作队伍达 350 多人，这是可喜的态势。但数字背后，与之匹配的产能却不尽如人意，产出作品堪称精品、大作的不多，粤东西北城市台的好作品更是鲜见，这从一个侧面也印证了城市台纪录片创作人才竞争性不强的现实，人才基础依旧薄弱。

一直以来，纪录片行业中的“用人荒”现象普遍存在，优质的纪录片人才逐步向有实力的制作机构流动，且节奏明显加快。纪录片创作考验的是创作者的综合能力、影像思维和文字功底等诸多技能功底，没有与国际接轨的创作理念，没有坚实的人才支撑，城市台栏目纪录片传播力构建也就无从谈起。近几年，作为官媒的粤东西北城市台，其体制优势不再，对人才的吸引力也逐年下降，纪录片人才供血不足，原有创作队伍年龄老化，老派的创作思维理念依然没有根本性更新。2017年南派纪录片5大领军人物中，无一人来自粤东西北城市台，进退之间，高下立见。

经济基础和人才基础决定了城市台栏目纪录片未来发展的前景。广东台及珠三角城市台因其经济地位和平台优势，在市场化中先行一步，倒逼产品质量，其国际化视野进一步打开，格局再上台阶，同时也加剧了与粤东西北城市台外宣传播力的分化。

三　亟待构建整体联动的优质纪录片生产体系

纪录片天然承担着向海外传播中国文化的使命和责任，这已是业内不争的共识，城市台作为纪录片生产的重要阵地和广东外宣工作的基底，正所谓基础不牢，地动山摇，其地位应予以高度重视。

一花独放不是春，百花齐放春满园。粤东西北城市台与广东台及珠三角城市台相比，差距是客观存在的，正视差距，从根本上夯实广东纪录片生产根基，打造龙头牵引、上下联动、并进发力的新局面才是广东纪录片的外宣传播力再造的解决之道。新时代的广东外宣工作，对硬性优质的外宣产品需求缺口依然很大，单靠纪录片龙头机构的产能，供求关系已然失衡。只有在短板上下功夫，将城市台的纪录片产能纳入总体布局，省市主管部门在政策上予以倾斜，在产能质量上重点突破，才能适应、匹配和满足广东外宣工作的新要求。

在广州国际纪录片节中有一个“广东日单元”，是一项针对广东本土纪录片进行评析和展播的主题活动。其初衷就是为了促进广东本土纪录片的创作水平，分析和总结“南派纪录片”创作特点，交流互鉴，并发布相关纪录片扶持项目，试图改变广东各城市台纪录片发展不均衡的现状。经过多年探索，在纪录片扶持项目中，粤东西北城市台受益颇多，也产出过较为优秀的作品，如湛江广播电视台创作的《原香》、韶关广播电视台创作的《当饺子遇上刀叉》等作品。虽然这样针对性的扶持一定程度上保持了粤东西北城市台纪录片创作的动力，但总体来看，发展不均衡的基本面没有发生根本性变化，政策激励的覆盖面和力度还需进一步强化。广东城市台区域有别，发展情况各有不同，制订更为细化和灵活个性化的扶持方案还需进一步研究。

题材是纪录片创作的根脉和本源，在粤东西北城市台栏目纪录片生产中，还存在这样一个有意思的现象——侨乡效应。江门、河源、梅州等地市作为著名侨乡，当地电视台往往会着力生产反映海外华人历史和现状的系列纪录片，如江门台创作的《他乡五邑人》、河源台创作的《天下客家》、梅州台创作的《丝路南洋》，这些系列纪录片的品质、视野和格局明显优于日常播出的纪录片。在涉外题材中不断练手，形成创作的连续性，也是一个提升纪录片创作水平的启示。

广东不乏好的题材，也不乏优秀的技术支持，但重要的是好的讲述方式——这是一部纪录片成功的关键。目前，一大批国内历史文化题材纪录片进入国际市场，其中社会现实题材纪录片备受西方追捧，粤东西北各地市的本土文化资源十分丰富，各有特色，这些都是纪录片题材的宝库。如何利用这些题材，让创作力偏弱的城市台能有所作为，常态化的省市合拍、强弱联动是可取之道。结合粤东西北城市台实际情况，仅指望创作者怀揣纪录片情结和热情是不够的，解决人才短板问题也不是朝夕之功。若能在常态化的合拍联动中互动交流，在实操中更新思维理念，也相当于起到了一个流动训练营的作用，进而形成良性的联动效应。相信粤东西北城市台在如此立体的举措下，纪录片创作水平会有质的变化。

体制、人才和资金是制约城市台栏目纪录片可持续发展的重要因素，只有尊重创作规律和市场规律，在扶持发展上政策驱动，在创作中上下联动，在人才培育上良性互动，形成一套完备的整体联动机制，才能从根本上夯实本土纪录片的创作基础，提升本土纪录片的国际视野，壮大本土纪录片的产品市场，从而再造广东的外宣传播力。

四　结语

当前，社交媒体的迅猛发展，一定程度上改变了国际舆论场中少数精英媒体垄断话语权的局面，纪录片是破局者之一。当传播的界限逐渐模糊，广东城市台的栏目纪录片将自然成为广东外宣传播力矩阵中的重要一员。面对广东城市台栏目纪录片创作良莠分野的现实，各地发展不均衡的实际情况，只有破除创作思维中的视野之殇，在整体联动中寻找前行之路，不断夯实生产实体基础，壮大本土制造。以影像为载体，跨越地域的界限，为广东创作出更多具有国际视野的优质纪录片作品，在塑造与传播广东形象的道路上创造出新的更大的成绩。

参考文献：

何建平、赵毅刚：《中西方纪录片的“文化折扣”现象研究》，《现代传播》双月刊 2007 年第 3 期。

高启光：《中国纪录片国家传播实践的变迁与发展路径》，《艺术百家》2015 年第 2 期。

吴晓东：《中国纪录片有了“第三只眼睛”》，《中国青年报》2015 年 6 月 12 日第 12 版。

许光：《提升中国纪录片国际传播力的路径探析》，《电影评介》2017 年第 22 期。

张同道、胡智锋主编：《中国纪录片发展研究报告》，科学出版社，2012 年。

下　篇
媒体转型与融媒实践

打造新型主流媒体：“四重逻辑”审视

毛玉西*

【摘要】2014年8月以来，我国传统媒体融合发展逐步迈入“深水区”。本文从问题导向出发，阐释了打造新型主流媒体内在的“四重逻辑”内涵；基于“四重逻辑”框架，审视了打造新型主流媒体实践成效及其不足；探讨了今后着力打造新型主流媒体的五个方向。

【关键词】新型主流媒体　四重逻辑　审视

2009—2012年，我国以报业为代表的传统媒体开始步入寒冬期，崛起的“两微”（微博与微信）逐渐带走了传统媒体所拥有的广告、用户、流量。2014年8月18日，中央正式通过《关于推动传统媒体和新兴媒体融合发展的指导意见》（以下简称《指导意见》）。从此，我国传统媒体的融合实践探索步入了“快车道”。经过四年多来的实践探索，“打造新型主流媒体”深刻内涵到底包含哪些方面？如何衡量打造新型主流媒体的实践效果？这些都需要从问题导向出发，进一步总结与反思。

一　新型主流媒体内涵的“四重逻辑”

《指导意见》强调：“着力打造一批形态多样、手段先进、具有竞争力的新型主流媒体，建成几家拥有强大实力和传播力、公信力、影响

* 作者简介：毛玉西，男，法学硕士，广州日报社国际新闻部常务副主任。

力的新型媒体集团，形成立体多样、融合发展的现代传播体系。”四年来，我国传统媒体面临的舆论环境、市场环境、媒介环境都发生了重大改变。笔者认为，结合最新的媒介环境、舆论环境、市场环境，对打造新型主流媒体基本内涵的全面理解，应该包含“政治逻辑 + 新闻逻辑 + 市场逻辑 + 产业逻辑”四重逻辑。

（一）所谓“政治逻辑”，是出于巩固官方舆论场、拓展主流思想阵地、增强舆论引导力的内在要求

2014年8月，中央出台《指导意见》的深刻背景是：我国舆论空间正处在一个剧烈的变动期；以“两微”（微博、微信）为代表的社交媒体成为我国舆论传播的重要平台，极大改变了舆论生成、表达、引导的舆论生态格局，已经对传统舆论引导模式构成严峻挑战。为此，中央高层认为，推动传统媒体和新兴媒体融合发展，是党中央着眼巩固宣传思想文化阵地、壮大主流思想舆论提出的重大战略。可以说，《指导意见》是一份关于媒体融合发展的顶层设计，是一份指导媒体融合实践的纲领性文件，表明“加速媒体融合”成为党的意志、国家行动、国家战略。有的学者也指出，对行政取向的传统主流媒体来说，媒介融合的关键是如何巩固官方舆论场、增强舆论引导力的问题。

当前，我国主流价值观与网络多元声音交织，“两大舆论场”（网络舆论场与主流舆论场）呈现时而相互博弈、时而同频共振的格局。对此，习总书记2016年2月在视察人民日报、新华社、中央电视台中央主流媒体时，开始用“新闻舆论工作”替代“新闻宣传工作”，这绝不仅仅是简单的提法变化，而是展现出习总书记传媒思想的新理念和新认识。由此出发，打造新型主流媒体的深刻内涵，必然包括“政治逻辑”，传统主流媒体需要从政治站位的高度出发，摆脱传统的、固化的、灌输性的宣传思维，进一步做好新闻舆论引导。因此，新型主流媒体内涵的“政治逻辑”，成为我国面临新的舆论空间背景之下的内在要求。

（二）所谓“新闻逻辑”，是基于传统主流媒体需要遵循新闻传播规律、适应最新移动化、社交化传播趋势的基本要求

从如今的媒介生态看，我国传统主流媒体发展已经进入以互联网传

播为主要特征的新媒介时代。以互联网尤其是移动互联网为技术基础的自媒体大量涌现，传播渠道、传播方式、传播手段越来越多样化、多元化、互动化。自媒体的快速发展对传统媒体生态环境造成了很大冲击，出现了"人人都有麦克风，人人都是记者"的崭新传播局面，传统意义上的机构化媒体（报刊、广播、电视、网站）在新闻传播过程中的角色、地位、作用，都不同程度上出现了式微之势，正在逐渐"丧失"以往所拥有的信息优势、资源优势、渠道优势。

在新媒体时代，传统的机构化媒体继续秉承新闻专业主义精神、坚持"内容为王"的基础上，还必须遵循最新移动社交化的新闻传播趋势，顺应"受众"到"用户"的角色转换，在报道方式、文本表达、平台建构、渠道拓展等方面适应新的传播规律，生产出适应不同媒介形态、不同用户需求的差异化报道，生成适合不同媒介、满足不同受众的内容产品。很显然，传统主流媒体的发展，除了要遵循原有新闻传播规律的基础，还要适应新兴媒体发展规律，做到以互联网思维为指导、以服务用户为核心、以开放平台为渠道，推动新老媒体在内容、渠道、平台、经营、管理等方面的深度融合。因此，新型主流媒体内涵的"新闻逻辑"，是坚守、适应与重塑新闻传播规律"基本功"的基本要求。

（三）所谓"市场逻辑"，是基于我国传媒行业一直具有"事业性单位、企业化管理"双重性质的属性要求

自从改革开放以来，我国传统媒体一直实现"事业性单位、企业化管理"体制，表明我国传统媒体还是相对独特的市场运营主体。20 世纪 80 年代之后，以刊登广告为主的多种经营成为中国报业改革的一个重要举措；20 世纪 90 年代中期之后，以报业为代表的传媒业开始进入集团化、规模化发展阶段，各地报业集团倾力于市场化运作，更是当时媒体竞争的一道"亮丽风景线"。实践已经证明，越是具有市场主体意识、越是参与市场化竞争的传媒集团，才可能越有传播力、影响力与竞争力。

同样，今后打造新型主流媒体不可忽略"市场逻辑"，必须继续强化市场主体意识、市场竞争意识，能够通过市场化运营获得价值补偿与增值。在面临社交媒体（平台）新媒介的竞争环境下，传统主流媒体更

加需要遵循“市场逻辑”规律，重塑自身的商业模式，在诸如信息服务、用户平台、数据挖掘、舆情分析、精准化营销方面发力，以用户为中心重建用户连接，进而重构自身的市场地位、商业模式与盈利模式。

（四）所谓“产业逻辑”，是基于我国传媒业正在迈入“文化产业”特性的潜在要求

长期以来，我国政府、民众乃至传媒界自身一直都对传媒的产业属性认识模糊、淡漠，一直停留在“市场逻辑”相对宽泛的宏观层面，更多聚焦通过“内容为王”参与市场竞争，缺少来自更加具体的中观层面——文化产业属性的产业规律探讨。对此，有的学者通过考察指出，改革开放三十年来，我国大量传媒学者都重新审视、解释过传媒业的发展框架与模式，但基本局限于新闻传播学的视角，往往先验地将中国传媒的产业属性作为不证自明的趋势一笔带过。其实，决定我国传媒领域发展壮大的内在因素，除了政治力量、新闻需求、市场竞争之外，产业资本（力量）、产业规划、产业规模同样不可或缺。

近几年来，“文化强国”已经成为国家战略。党的十八届三中全会基本确立了“文化产业市场化”改革主线，我国的文化市场整体规模不断扩大。面对我国“文化强国”战略的提出，打造新型主流媒体必然包含培育“文化产业”的新使命。“文化产业”应该成为传统主流媒体下一步布局的出发点、着力点和落脚点。目前，传统主流媒体所涉猎与拓展的影视、创意、游戏、户外电子屏、移动广告、社交网络，其实都带有浓浓的文化创意特质，都内嵌文化产业的基因。可以说，随着知识经济、数据经济、智能经济的到来，未来的新型主流媒体天然与文化产业有着紧密联系，“媒体产业化”趋势不可阻挡。

综合来看，如果对我国打造“新型主流媒体”深刻内涵做一个基本界定，应该是：在全国范围或一定区域（空间）内打造一批具备一定的市场竞争力、持续赢利力、传播影响力、舆论引导力的传媒文化产业集团。上述内涵的基本界定，是在适合最新移动互联时代背景下，包含政治逻辑（核心是舆论引导力）、新闻逻辑（核心是传播影响力）、市场逻辑（核心是市场竞争力）、产业逻辑（核心是持续赢利力）四重逻辑，可以成为今后衡量新型主流媒体成功与否的基本判断维度；四重逻辑之间相互联系，缺一不可，共同构成新型主流媒体的内在因素、本质要求；只有具备上述四重逻辑，才能称得上"新型"主流媒体，也才能区别于"传统"主流媒体。

二 "四重逻辑"框架下的实践审视

四年来，针对如何打造新型主流媒体，传媒业界与学界从各个方面进行了实践探索与学理探讨。结合上述四重逻辑框架，打造新型主流媒体的实践（及其认知）显然还存在着不足之处，需要有针对性地"抓重点、补短板、强弱项"。

（一）顶层设计更侧重于"新闻逻辑＋政治逻辑"，亟待今后从"市场逻辑＋产业逻辑"层面"放权、放管"

从顶层设计看，通过打造新型主流媒体，可以进一步占领舆论引导的网络阵地。早在2013年8月19日，习总书记就深刻地指出："宣传思想工作是做人的工作的，人在哪儿重点就应该在哪儿。很多人特别是年轻人基本不看主流媒体，大部分信息都从网上获取。必须正视这个事实，加大力量投入，尽快掌握这个舆论战场上的主动权，不能被边缘化了。"《指导意见》出台后，习总书记还在多个场合就推动媒体融合做出深刻阐述，强调媒体融合发展关键在"融为一体、合而为一"，要从相"加"迈向相"融"。

因此，基于媒介移动化对新闻生产、传播规律、舆论生态的改变，顶层设计更侧重从"新闻逻辑＋政治逻辑"出发，争夺与占领主流舆论场，尤其关注以央视、新华社、《人民日报》等为首的"央媒军团"，地方性主流媒体整体上还缺乏顶层设计。与此同时，打造新型主流媒体的两大内在推动力——市场逻辑＋产业逻辑，还受到来自传媒机制的制约，"市场逻辑＋产业逻辑"内涵的创新性、自主性、主动性都有待加强。从未来趋势看，尽管我国媒体的发展逻辑与西方存在差异，但设法激活我国传媒的产业价值，同样是打造新型主流媒体的内在要求之一。从中西传媒对比看，欧美主流媒体更重视产业收购、商业竞争、资本运作等市场化手段。为了适应移动互联网时代，打造新型主流媒体顶层设计的“政策驱动力”，今后亟待进一步“放权、放管”，充分释放传媒业的产业属性。从最终成效看，国有控股之下的多元资本强力参与，可能是新型主流媒体赢得与社交媒体（平台）竞争的最佳路径之一。

（二）传媒学界更侧重于“新闻逻辑”内涵的学理性探讨，一直缺乏从“产业逻辑”提供具有参考性的产业路径指导

自从新型主流媒体战略目标提出后，传媒学术界重点围绕新型主流媒体概念与内涵、衡量标准、“四力”之间的关系等方面，发表了大量以新型主流媒体为主题的科研论文。2014年之后的几年期间，一批围绕“新型主流媒体”“媒体（介）融合”为主题的科研项目，先后获得省级与国家级科研立项。[①]纵观四年来传媒学术界的研究看，传媒学界更注重从新闻学、传播学、舆论学等理论框架出发，剖析打造新型主流媒体的困境、现实与对策，试图更好地设计未来新型主流媒体的“标准、规范、模型”。

可以说，我国传媒学界一直缺乏既懂新闻理论又懂传媒产业规律的“融合型、复合型”科研人才，尚无法从产业逻辑层面提出具有针对性、参考性的产业路径指导。对此，复旦大学的童兵教授就呼吁：“要加快新闻法制建设步伐，让传媒和传媒集团成为完全的企业法人，要确认每个媒体集团和每个媒体是打造新型主流媒体的主体和动力，给予他们充分的发展权利和宽松的竞争空间。”

---

① 笔者注：核心学术期刊论文中，以下几篇具有一定的代表性。

朱春阳、刘心怡、杨海：《如何塑造媒体融合时代的新型主流媒体与现代传播体系？》，《新闻大学》2014 年第 11 期。

石长顺、梁媛媛：《互联网思维下的新型主流媒体建构》，《编辑之友》2015 年第 1 期。

麦尚文、黄雪姣：《新型主流媒体的内容思维与价值体系重构》，《中国编辑》，2015 年第 1 期。

宋建武、陈璐颖：《建设区域性生态级媒体平台——打造新型主流媒体的路径探索》，《新闻与写作》2016 年第 1 期。

朱春阳：《我国需要什么样的新型主流媒体》，《新闻与写作》2016 年第 4 期。

（三）传媒业界一直担负“四重逻辑”多重使命，媒体融合之路艰难缓慢，目前更关注如何突破赢利模式再造的困境

从传媒实践看，传统主流媒体兼顾“新闻逻辑＋政治逻辑”双重使命相对容易，因为它们一直以来都是专业化的内容生产商，能够较好地完成“新闻逻辑＋政治逻辑”双重使命。正因传统主流媒体担负“四重逻辑”多重使命，打造新型主流媒体的实践探索，更多表现为渐进式的，而不是创新式的发展轨迹。

2012 年“两微”先后崛起之后，传统主流媒体的经济竞争力、传播影响力都陆续受到社交媒体的严重冲击：报刊发行量下降，广电收听收视率下降，广告业务下滑，经营陷入困境，人才流失不断，传播影响力削弱。与此同时，传统主流媒体的转型之路，曾存在多只“拦路虎”——营收入不敷出、网络技术落后、缺乏互联网思维、赢利模式坍塌等。这么多年过去，新媒体技术、互联网思维不再是制约传统媒体转型的障碍，反倒是可以持续发展的赢利模式再造一直无法突破。从目前看，主管部门对传统媒体的管理理念、手段与方法往往带有浓厚的行政指令色彩，传媒产业层面的创新自主性还受到一定的体制束缚。

可以说，打造新型主流媒体的“舆论引导力、传播影响力”，本质上是建立在“市场竞争力、持续赢利力”基础之上的，“市场逻辑＋产业逻辑”弱化就很可能导致“政治逻辑＋新闻逻辑”弱化。为了与社交媒体（平台）竞争，在坚守“新闻逻辑＋政治逻辑”双重使命的基础上，激活传媒产业发展的内在两大驱动力——市场逻辑＋产业逻辑，探索可以持续发展的多元化商业模式，已经变得迫在眉睫。总而言之，面对移动化、智能化、社交化的移动互联时代，与过去凭借单一媒介（一张报纸、一份杂志、一个电视台、一个网站）赢得发展的模式不同，“打造一批新型主流媒体”目标需要消除原有界限，塑造形态多样的媒介融合体，重塑具有持续赢利能力的商业模式。

三　打造新型主流媒体：五个方向

打造新型主流媒体的今后方向，应该在继续遵循“政治逻辑＋新闻逻辑”的基础上，更加侧重于“市场逻辑＋产业逻辑”内涵层面，着力于以下五个方面的战略布局。

（一）平台建设方面——重塑流程，平台建构“一体化”

近年来，传统主流媒体搭建的“中央厨房”，成为平台流程再造的标配，核心为了实现内容、技术与渠道的“平台一体化”。从“政治逻辑”看，搭建“中央厨房”其实更适合中央级媒体的发展需求，能够发挥舆论引导的合力作用。从本质上看，“中央厨房”强调共享机制，突出的是共性而淡化个性，强调共享而不是独占。需要高度重视的是，基于区域不同、需求不同，地方性“中央厨房”建设不可盲目求大求全，不能搞成“面子工程”“政绩工程”。对地方主流媒体来说，搭建“中央厨房”并非这些媒体转型的主攻方向；地方主流媒体应该从自身优势出发，突出个性化需求，对接移动化媒介平台，打造“小而精”的新型个性化平台。

（二）传播流向方面——移动优先，传播流向“移动化”

如何适应媒介移动化、社交化趋势，是传统媒体融合发展面临的一个新课题。历年来的各类调查都表明，人们不看电视、不听广播、不读报刊的现象日趋明显，平均每天接触手机的时间越来越长，对智能手机的黏性更强。随着5G、人工智能、可穿戴设备等媒介技术的不断演进，智能手机必将是信息传播的主渠道、主平台、主阵地。因此，“移动优先”战略不仅从顶层设计层面得到重视，也成为传统媒体突围的重点方向。传统媒体亟须改变惰性思维，传播渠道善于“借船出海”，变原有“纸质媒介”“有形媒介”为“社交媒介”“移动媒介”，实现传播流向移动化、社交化，进而建构崭新的传播体系、舆论引导格局。

（三）受众目标方面——整合受众，用户定位“垂直化”

从实践案例看，澎湃走出了一条“通过原创内容吸引流量、依靠海量用户获取广告收入”的发展路径。如果与微博、微信、抖音等社交平台的海量资讯、巨量用户相比，"澎湃模式"所谓的"海量"信息与用户，其实根本无法与社交平台比拼，基本还是靠黏住中产阶层为主的"主流用户"。因此，对大多数地方媒体来说，一定要依托地域优势，聚力打造"小而美、小而精、小而专"新项目，整合与细分垂直化的受众资源，把占有用户、发展用户、集聚用户作为重要抓手，加大拓展媒体产业链条，黏住原有传统用户的同时，进一步吸引垂直化、分众化、个性化的用户，转型为定位区域化、分众化为主的地方新型主流媒体。

（四）产业形态方面——业态多元，产业逐步"泛内容化"

从产业特性看，以内容为依托的文化领域一直都是传统媒体的主流业务。最近几年来，我国文化市场整体规模虽然不断扩大，但目前仍然还处于发展的初级阶段。传媒行业利润的下一个增长点，一定是以内容、资讯、服务、数据为主的相关文化产业。当然，传统主流媒体要打破单纯"内容为王"的线性思维，积极借鉴"今日头条""微信朋友圈"社交平台"资讯＋互动"的运作模式，借助即时分享等反馈机制，树立更加宽泛的内容产品理念，实现聚合内容传播、线下活动传播的变现能力，构建更加多元化的"泛内容化"产业，打造文化聚合型的新型文化传媒集团。

（五）商业模式方面——再造赢利，生存实现"可续化"

从产业属性看，传统主流媒体同时拥有产业属性和意识形态属性。打造新型主流媒体的实践探索，短期之内还是要坚持"两条腿"走路——政府财力扶持＋自身创新突围，两者缺一不可。而从长期发展看，如何把传播影响力"转化"为持续赢利力，打造转型融合的自身"造血"功能非常关键。从传媒实践看，积极推动我国传媒业影响力与赢利力的"双平台"战略——即通过再造商业模式的赢利新平台，支撑传播影响力、舆论引导力平台，不失为今后的一种路径选择。经过多年的艰难探索，现有传统主流媒体在转型融合中出现了不少持续赢利的实践案例。通过自身"造血"打造持续发展的赢利模式初见曙光。

参考文献：

陈国权：《新型主流媒体的内涵及打造路径》，《青年记者》2014 年第 12 期。

陈国权：《四问报业“中央厨房”》，《中国记者》2015 年第 3 期。

康燕：《中国传媒产业发展方向与策略选择——基于产业经济学的视角》，博士学位论文，复旦大学，2010 年，第 8 页。

刘奇葆：《加快推动传统媒体和新兴媒体融合发展》，《人民日报》2014 年 4 月 23 日第 6 版。

童兵：《论新型主流媒体》，《新闻爱好者》2015 年第 7 期。

习近平：《习近平关于全面深化改革论述摘编》，中央文献出版社 2014 年版，第 83—84 页。

张志安、刘杰：《媒介融合的年度观察及展望》，《新闻战线》2015 年第 2 期。

纸媒数据新闻可视化的策划与呈现技巧

——以《羊城晚报》《数据控》栏目为例

赵　鹏*

【摘要】数据新闻的可视化呈现已经被众多主流媒体熟练掌握和运用。一个成功数据新闻可视化作品，需要紧跟当下热点新闻和话题，需要有扎实的数据作为支撑，需要有便于阅读又让人赏心悦目的可视化呈现。这对新闻编辑的选题、策划、沟通能力提出很高要求。本文通过对《羊城晚报》《数据控》栏目的梳理，探究如何做出适合纸媒呈现的数据新闻可视化作品。

【关键词】数据新闻　可视化　策划

一　前言

最早对数据新闻进行可视化呈现探索的是国外一些主流媒体，其中英美媒体涉足数据新闻领域较早，新闻报道的数量也较多，引领了全球数据新闻可视化的发展。其中英国的《卫报》和美国的《纽约时报》是数据新闻可视化报道的两家重要媒体。以《卫报》为例，2009 年，该报就开辟了《数据博客》和《数据商店》两个栏目，发布最新的数据新闻，为读者提供开放数据资源等。西方媒体的很多数据新闻可视化的成功案

* 作者简介：赵鹏，男，文学硕士，羊城晚报社要闻部国际新闻编辑室编辑。

例为后来的实践提供了范例。2012 年，中国内地的媒体开始尝试数据新闻可视化操作，网络媒体走在前列，传统媒体紧随其后。从最初一张地图或者一幅表格的呈现方式到交互式图表的呈现，随着技术的不断发展，新闻可视化的呈现形式也越来越多元化。

2013 年年底，《羊城晚报》开办了《数据控》栏目，开始了自己的数据新闻可视化呈现的探索。随着探索的深入，2014 年 6 月，羊城晚报社成立了新闻可视化小组（现已升格为新闻可视化中心），笔者当时以《数据控》栏目的负责人的身份进入这个小组。从一开始的简单饼状图、柱状图呈现，发展到后来开始用图片说新闻、讲故事，笔者对数据新闻可视化的理解也越来越深入，做出来的新闻产品也更加具有可读性和传播力。2014 年，《羊城晚报》《数据控》栏目荣获广东省新闻奖一等奖。在负责《数据控》栏目的一年多时间里，编辑养成了对数据新闻的敏感，数据新闻的策划能力和可视化呈现的技巧也得到提高。这些经验值得总结。

笔者对 2014 年 1 月至 2015 年 6 月这一年半之内《羊城晚报》《数据控》栏目所发布的 108 条新闻做了梳理，通过对选题方向、数据来源、数据分析技巧等进行梳理，提出了关于数据新闻可视化策划和呈现技巧的一些思考。需要说明的是，由于技术原因，羊城晚报电子报看不到这一时间段的内容，笔者只能根据当时存留的报样进行梳理，难免有所遗漏。

此外，因为报纸版面的缩减、报纸改版以及经常缺乏数据而不能保证栏目的连续性等原因，《数据控》栏目已经被“砍掉”。这也值得笔者思考在生产数据新闻可视化作品时还有哪些短板和不足。

二 数据新闻可视化的定义辨析

对于什么是数据新闻可视化，学术界仍然没有定论，不同的人有不同的见解。笔者认为，可以通过以下三个关键词来把握这个概念。

第一个关键词是“新闻”。无论是什么类型的媒体机构、无论是哪家媒体，报道新闻都是它最重要的职能。无论是哪类新闻、无论以怎样的形式通过怎样的介质呈现出来，新闻都有其特定的性质和要素。所以，当准备做一个数据新闻可视化作品时，编辑（记者）都要紧跟当下发生的重要事件、受众关注的话题来做策划。

第二个关键词是“数据”。数据是数据新闻的核心，如果没有数据，就没有数据新闻。数据的来源是多样的，可以是政府部门的统计公报，可以是商业机构的财务报表，可以是调查问卷的结果，也可以是零散媒体报道的汇集。要做数据新闻，编辑（记者）就需要增强搜集数据的能力。

第三个关键词是可视化。所谓可视化，就是呈现方式。编辑（记者）需要把挖掘出来的数据、数据之间的关系、数据所反映的问题等，通过信息表、时间线、数据地图等方式直观地呈现给受众。要最终做出新闻可视化产品，各种图像制作和处理技术是必不可少的。

因此，笔者认为，对于数据新闻可视化的理解可以归纳为以下两点：一是新闻生产方式的改变，传统的新闻是通过记者采访，通过文字形成对新闻事件进行报道和解读。而数据新闻则需要通过各种渠道获得原始数据，经过对数据的分析和处理，最后运用计算机技术进行可视化呈现。二是新闻生产流程的变化，传统的新闻生产基本只需要“选题—采访—写作”三个步骤即可完成；数据新闻可视化作品则需要“选题—数据搜集—数据筛选—数据分析—采访—文字写作—可视化制作”等步骤。相对传统的新闻写作，其生产流程更加复杂，需要的人手更多。这给选题和策划提出了更高要求。

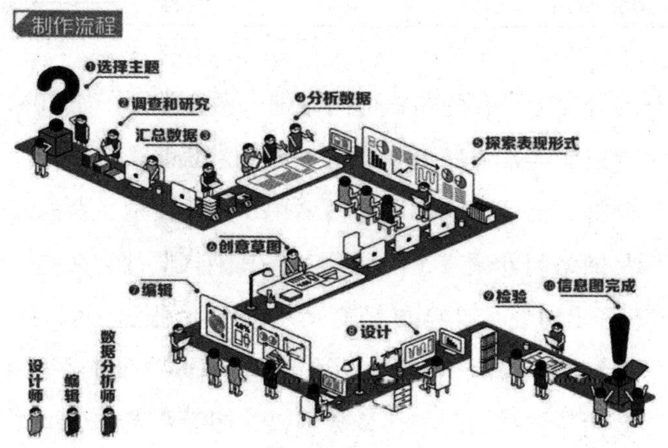

图1　《羊城晚报》数据新闻可视化作品生产流程

图 1 是《羊城晚报》新闻可视化中心的数据新闻可视化作品的“生产”流程图。通过此图，我们看到要完成一个数据新闻可视化作品需要投入更多人力，经过更长的流程。

三 数据新闻的选题与策划

策划是一个数据新闻作品是否成功的核心，也考验一个编辑（记者）的新闻敏感和选题能力。笔者在负责《数据控》栏目期间，也经常处于焦虑状态，焦虑的主要来源就是缺乏合适的选题。

哪些题材适合做数据新闻的选题呢？笔者对 2014 年 1 月至 2015 年 6 月这一年半之内《数据控》栏目所发布的 108 条新闻做了梳理，整理出以下表格。

表 1 《羊城晚报》《数据控》栏目稿件题材分类

题材分类	篇数	占比
民生	33 篇	31%
经济	18 篇	17%
社会话题	25 篇	23%
政治	24 篇	22%
其他	8 篇	7%

在题材的分类上，有些题材可同时纳入两个类别，如 2014 年 8 月 7 日见报的《八成旅客常遇航班晚点　九成从未获赔》这一报道，可以纳入“民生”题材，也可以纳入“社会话题”这一类别。因为该报道的主要数据来源是网络问卷调查，因此笔者将其纳入“社会话题”题材。又如《李克强总理出访带回超 1100 亿美元大单》这一报道，可以纳入“经济”和“政治”两个题材，因涉及领导人活动，且报道并非纯经济内容分析，因此列入“政治”题材。此外，《数据控》版面曾发过少量体育等题材的稿件，笔者并未将其单列，统一归类为“其他”。

通过表1可以看到，《羊城晚报》《数据控》栏目在各个类型题材的报道相对平均，在民生题材上着力最多。这跟《羊城晚报》的民生大报定位相吻合。

在数据新闻选题的策划上，编辑坚持了以下三个原则。

一是紧跟热点话题找选题。2014年7月下旬，网上出现了一个流传甚广的说法——“多个机场将在未来26天里出现大面积延误”，一时间“航班延误”成为最热门的网络话题。捕捉到这个热点的编辑，马上联系记者跟踪采访。当时，《羊城晚报》跟腾讯网有合作，编辑制作简单的调查问卷，在腾讯网上发布。因为话题热辣，腾讯的浏览量大，一般12小时内就能累计相当可观的数据（平均在2—3万）。等数据反馈回来之后，把数据交给记者，记者就能写出一篇漂亮的稿件。

二是平时留心“养”选题。2014年11月17日，习近平主席在出访澳大利亚期间，决定将两国关系定位提升为“全面战略伙伴关系”。看到这个新闻，编辑马上就自己检索数据、梳理相关报道，写出了一篇《超3成建交国是中国“伙伴”》的报道。在此之前，笔者就对时政新闻比较关注，对新闻中经常出现的“伙伴关系”一词感到困惑。编辑在习主席出访前夕，专门留意了《人民日报》对于各种“伙伴关系”的解读，并收藏着这类文章。等新闻一出，就马上留意到这个细节，一气呵成写出了一篇热辣新鲜的数据新闻。

三是多跟记者沟通“蹭”选题。编辑每天都待在办公室，而外出跑线的记者往往更加“耳聪目明”。不过，由于大部分记者没有养成做数据新闻的意识，很多时候记者拿到了数据却白白浪费了一个好选题。笔者在负责《数据控》版面期间，经常追着记者要他们在采访中拿到的政府报告、行业数据，希望能从中发现好的选题。2015年6月，高考前夕，中国校友会网发布《2015中国高考状元调查报告》，跑教育线的记者交了一条消息稿。编辑在稿库中看到这篇稿件之后，马上联系记者，请她把这份报告整体梳理一下，做成一篇有深度的稿件，最终形成一个可视化产品。最终，通过记者的牵线，中国校友会网给了《羊城晚报》独家数据，在《数据控》栏目下做了可视化呈现。2018年高考前夕，这篇报道还被人民网教育频道和一些教育类公众号转发。

四 数据挖掘的技巧与方法

做数据新闻的时候，有时候最痛苦的不是找选题，而是定下选题之后没有找到契合选题的充分的数据。没有数据，一切分析、对比、写作就无从下手。数据要去哪里找呢？笔者根据上述的108篇稿件梳理出表2。

表2 《羊城晚报》《数据控》栏目稿件数据来源

数据来源	篇数	占比
政府、企业、高校报告	37	34.26%
公开报道梳理	22	20.37%
网站梳理	23	21.30%
网络调查问卷	15	13.89%
报社平台自有数据	1	0.93%
记者采访提供数据	10	9.25%

通过表2可以看到，编辑高度依赖外来的数据，通过报社平台自有数据完成的新闻可视化作品只有一篇，占比不到百分之一。高度依赖外界的数据也是造成《数据控》栏目因连续性不强而在改版中被“砍掉”的原因之一。

通过编辑的梳理，我们也可以看到，数据新闻的来源是多样化的，但总体比较集中。

政府部门报告、企业报告、机构报告是新闻数据“富矿”。每年两会，国务院总理都会作政府工作报告。这个报告涵盖中国过去一年取得的成绩、未来一年要达成的目标等内容，成绩、目标都是靠一个个数据来量化的。其实，每年每个政府部门都会进行政务公开，这些公开的报告往往含有大量的数据和新闻点。每年广东省的预决算报告公布之后，各家媒体都会做重点报道，成就了许多经典的数据新闻可视化作品。

编辑在负责《数据控》栏目期间，非常注重这一类数据的挖掘。比如上文提到的《2015中国高考状元调查报告》就是其中一例。2014年8月，高德地图发布了当年第二季度《中国主要城市交通出行报告》，笔者看到这条新闻之后，马上联系跑线记者拿到报告内容，做出了一篇数据新闻稿件。

值得注意的是，在使用一些企业、机构发布的报告时，要注意版权问题。最好通过跑线记者进行沟通。

要善于挖掘政府部门、企业、机构网站“隐藏”的数据。大部分情况下，数据是需要自己挖掘的，应该去哪儿找到这些数据呢？官方网站是一个非常重要的来源，一来权威，二来公开，不会有版权问题。

笔者在写《中国20个在建自贸区覆盖五大洲》一稿时，需要找到有关中国和其他国家自贸协定的数据，因此自己跑去商务部官网检索，在商务部官网上笔者发现了中国自由贸易区服务网，该网站列出了中国和其他国家“已签协议的自贸区”“正在谈判的自贸区”“正在研究的自贸区”的名称、数据等。经过自己的一番梳理，稿子就有了权威的数据支撑。

梳理权威媒体报道能获得大量数据。互联网上有海量的信息，这给我们搜集数据提供了方便也带来了困扰。在互联网的信息海洋里检索数据，需要擦亮双眼，笔者的建议是：只搜集整理权威媒体报道过的内容。

笔者在写《李克强总理出访带回超1100亿美元大单》一稿时，数据来源均为新华社对李克强总理当年出访的公开报道。新华社作为国家通讯社，其新闻报道无疑是最为权威可靠的，通过梳理过去的公开报道，得到的数据也是权威可靠的。笔者要提醒的是，在此类的数据搜集过程中，最好只梳理一家权威媒体的报道，如笔者只梳理了新华社的报道，《人民日报》、央视的报道都没有涉及。这样做能避免检索到多家媒体的报道在数据上有出入，最终让自己无所适从。

五 纸媒数据新闻可视化作品的呈现

数据新闻可视化产品最终要在报纸上呈现。纸媒不同于网络，没有如H5、动新闻、交互式图表等花哨的表现方式，最终形成的产品是静态的、平面的，因此需要找到适合平面媒体的呈现方式。

在实际工作中，很多喜欢做可视化呈现的编辑可能会陷入一种盲目之中：只要看到报道中有数据，就急着摘出来，然后找美编做图表。有时候，这种形式和内容的本末倒置会影响新闻可视化的效果。

在报纸版面上，图表是一个视觉中心，这个图表不仅要能抓住读者的眼球，还要能提供相应的信息。只有形式没有内容就会显得空洞，如果承载太多内容又会显得累赘。编辑需要把握以下几个原则。

第一，“可视化”是为读者阅读服务的。笔者在一开始接触新闻可视化制图的时候，经常直接从文章中提取出一段数据进行“可视化”。在选取数据的时候，忽略了数据是应该拿来对比的，数据各自独立这样就难以达到“可视化”的效果。比如我们要比较某一个时间段内的经济数据，如果中间缺少一年或者一个月的数据，就会给制图的美编造成困扰，加大沟通成本。最终出来的“可视化”效果也会变差，甚至会误导读者。这违背了数据、信息进行可视化的初衷——将抽象的数字，转换为直观的图像，以便读者了解。

第二，图片要表现信息讲故事。“可视化”图表是用来表现数据的还是用来解读信息的？当然，两者都很重要。在制图的时候，文编也要根据具体情况给美编信息。很多文编让美编制图时，只给数据不把解读信息给美编，这就容易造成美编误解制作意图。在“可视化”制图中加入少量的文字解读能让图片内容更丰富，让读者一下子就能抓住重点信息。

第三，切忌图片“过度装修”。美编在制图时，面对的不仅有数据也有文字信息，有时还会加入新闻照片、小图标等元素，让整张图变得活跃。但有些美编在制图时用色比较大胆，容易造成图片的不和谐，一些过度的设计和用图用色也会喧宾夺主，让信息淹没在眼花缭乱的设计中。编辑要始终绷紧保持图片“干净”这根弦，不给读者造成版面“过度装修”的感觉。

六 数据新闻可视化生产的问题与思考

当前，国内媒体的数据新闻可视化实践呈现一派繁荣发展的景象，无论是纸媒还是网络媒体都开设了专门的数据新闻栏目，如网易的《数读》、澎湃的《美数课》《南方都市报》的《南都有数》、人民网的《图解新闻》、新华网的《数据新闻》等，数据新闻可视化作品的数量呈逐年增长的态势。笔者认为，这些数据新闻栏目都与《羊城晚报》的《数据控》面临着一些共性的问题。

数据新闻最核心的优势在于数据，数据新闻最有价值的内容是由数据支撑起来的，但往往数据也是最难处理的部分。数据的获取、数据的可靠性、数据的分析以及可视化，每一个环节都直接影响数据新闻的品质。从上文的样本分析的结果来看，在数据新闻可视化实践中面临的数据问题主要存在于以下三个方面。

一是数据来源主要是政府、企业、高校等机构的公开数据，以及媒体的公开数据，在形态上多为二手数据。这样的数据在抓取时有不可避免的局限性，编辑难以控制数据的可信度，如企业为了服务其某项业务的发展，故意选取了有利于自己的数据进行公布。另外，数据的开放程度受发布机构控制，时效性差。

二是媒体数据自我采集能力较差，数据挖掘能力无法匹配当前的大环境。当前的环境下，有很多数据隐藏在纷繁复杂的信息里，要想把有价值的数据挖掘出来，编辑需要掌握一定的编程知识，具备操作数据挖掘软件的能力。这对编辑提出了更高的要求，而传统的媒体从业人员大多是纯文科专业出身，不具备这样的技术能力。

三是数据分析流于表面。大数据时代，由于数据的丰富性，让数据新闻更有可能做出预测性报道或者深度分析报道。然而根据样本分析，目前的大部分数据新闻可视化仅仅是将数据分类罗列后搬运到作品中，缺少对数据的深度分析和二次加工，数据背后的新闻价值没有得到充分的挖掘，缺少深度报道。

如何解决上述的问题？对于媒体机构而言，可以通过建立数据搜集平台形成自己的数据库，减少对二手数据的依赖。例如，《羊城晚报》依托金羊网平台，组建了“羊晚数媒”平台，通过为客户提供舆情监测等服务，积累数据形成数据库，推动数据新闻可视化产品的生产。现在，“广东政务传播力及政务微信运营指数榜单”即“Y 指数”已经成为该平台的拳头产品，定期在报纸上以数据新闻可视化的方式呈现。

对于编辑而言，要提高自己的数据素养，提高自己挖掘数据、分析数据的能力，科学地使用数据，为新闻作品添色。

对于纸媒文编而言，做数据新闻的“可视化”呈现，需要与记者、美编通力合作，既要在新闻采写过程中提前介入，又要与美编保持充分沟通，精准提出诉求和意见。只有这样才能做出吸引读者的数据新闻可视化作品。

参考文献：

陈昌凤：《“大数据”时代如何做新闻？》，《新闻与写作》2013 年第 1 期。

高沁、李永缙：《数据新闻可视化在新闻报道中的运用》，《中国传媒科技》2016 年第 11 期。

郭禹希：《新闻新表达：展现可视化数据新闻的魅力》，《新闻传播》2017年第12期。

方洁、严冬：《全球视野下的“数据新闻”：理念与实践》，《国际新闻界》2013 年第 6 期。

文卫华、李冰：《大数据时代的数据新闻报道——以英国〈卫报〉为例》，《现代传播》2013 年第 5 期。

美国传统媒体与社交媒体融合的新趋势和转型思考

罗丽婷*

【摘要】新技术驱动下的媒体融合深刻改变了全球传媒业的生态。近年来，资本加持、平台崛起，媒体概念内涵外延、媒体机构生产模式被重新塑造。传统媒体和新型媒体融合发展、加快数字化转型已成为当今全球传媒业的共同主题，巩固原有核心竞争力、发展新兴增长优势成为传统媒体转型发展的主要目标。

在西方发达国家，媒体融合已经有了一些较为成熟的模式和经验，分别体现在产品、系统和流程的融合。目前我国融媒体实践仍处于起步阶段。本论文将着眼于美国的传统媒体与社交媒体融合的新趋势，梳理美国的主流报纸、广播和电视台与社交媒体融合的案例，分析出融合的新趋势和转型路径，希望研究美国融媒实践可以给我国融媒实践提供一些积极思路。

【关键词】美国传统媒体　社交媒体　融合　新趋势　转型

一　绪论

2018年年初美国全球最大的社交网站Facebook被爆出了涉及8700

* 作者简介：罗丽婷，女，文学硕士，广东广播电视台广播新闻中心外宣组记者，主播，编辑。

万用户数据泄露的丑闻，事件持续发酵，然而这并不影响Facebook的用户忠诚度。根据亚马逊的网站流量分析平台Alexa（https://www.alexa.com/topsites）的最新数据，Facebook依然是美国人最爱访问的网站之一，排第三位，跟随社交视频网站YouTube之后。排名前十的访问量最大的社交媒体还包括社交新闻网站Reddit.com，社交媒体平台Twitter.com，职场社交平台Linkedin.com和照片社交应用Instagram。值得一提的是，Instagram是Facebook旗下产品。

社交媒体的强势"逼宫"，进一步锁定了美国用户使用它们了解资讯的习惯。皮尤研究中心（Pew Research Center）公布的今年度美国社交媒体新闻消费行为调查报告显示，约有三分之二的美国成年人表示他们在社交媒体上获取新闻。[①]其中，社交巨无霸Facebook仍然是美国人最常用于获取新闻的社交网站。大约四成的美国人（43%）在Facebook上获取新闻。排在其后的是YouTube，21%的人从该网站获取新闻，其次是Twitter，占12%。少数人也倾向于从其他社交网络获得新闻，如Instagram、Linkedin或Snapchat。

社交媒体给作为新闻消费者的用户带来的便利性、快速和社交互动优势以及流量红利，倒逼美国传统媒体，包括报纸、广播和电视积极地与社交媒体的融合，寻求转型之道。笔者梳理了近年来美国的主流报纸、广播和电视台与社交媒体融合的案例，进行总结思考，探索媒体融合和转型的路径。

二 "马提尼媒体"式的渠道融合

"马提尼媒体"（Martini Media），意为让民众以调鸡尾酒式的方法消费新闻，即让受众随时随地都能够通过不同的平台和设备接收信息，受众在接受信息时具有很大的能动性。"马提尼媒体"可以说是媒体融

① KATERINA EVA MATSA, ELISA SHEARER, "News Use Across Social Media Platforms 2018", Pew Research Center, September 10, http://www.journalism.org/2018/09/10/news-use-across-social-media-platforms-2018/.

合尝试中一个应时代而生的新锐概念，力求达到受众能够不受时间和空间限制地接收信息。[①]

笔者在Facebook和Twitter上搜了一下，美国主流的媒体，例如《纽约时报》《华盛顿邮报》、CNN（美国有线电视新闻网）、NBC（美国全国广播公司）、ABC（美国广播公司）和NPR（美国国家公共电台）都在上面搭建了账号。这些传统媒体生产的新闻内容在社交媒体平台上的基本呈现方式是只发布简短的导语式的新闻内容，配上图片或者短视频，感兴趣的用户可以点击这些文字跳转到媒体的官方网站进行阅读。

诚然，在多个社交平台上搭建账号，可以享受平台带来的流量红利，让用户可以通过登录网站和智能移动端的社交平台获取新闻，但是同时平台也威胁到了传统媒体的垄断性和控制权，传统媒体会面临着差异化模糊，受众忠诚度降低，内容价值无法充分体现，广告收入大头被平台抽走等考验。

虽然挑战重重，但是传统媒体对第三方平台的流量依赖和平台对媒体的内容依赖，让彼此仍有双赢趋好空间。美国的传统媒体没有坐以待毙。2016年年初，NPR与Facebook联手推出测试版音频播放器。NPR项目经理马蒂尔德·皮亚德（Mathilde Piard）解释称，这种播放器可以将音频文件变成“有声读物”。这种在线播放器最初是为类似Spotify、Apple Music等音乐服务设计的，可以通过发布到Facebook上的链接中的元数据分享音频。这些帖子中含有“结尾预告”（back announce），即音频剪辑中的末尾信息，鼓励听众去点击收听按钮，以收听完整故事。在NPR网站上，人们收听完整故事的“转化率”（conversion rate）非常高。

三　流程重塑，移动化，互动的内容融合

在技术、算法和产品驱动的时代，仅仅把社交媒体平台当成内容传

① 魏然、黄冠雄：《美英媒体融合现状与评析》，《华中师范大学学报》（人文社会科学版）2015年第6期。

播的渠道已经远不能满足新时期受众的需求，如何结合用户需求产出“内容产品”是当下美国传统媒体不断探寻的新主题。

以 CNN 等为代表的美国传统媒体从体制机制、资金投入和内部运行等机制上都做了调整，与有着碎片化、互动、共享等互联网基因的社交平台进行“你中有我，我中有你”的内容融合，打造适合在社交平台上传播的内容产品。目前，CNN、《纽约时报》《华盛顿邮报》等都普遍建立了全媒体融合编辑部，打造跨平台的多媒体新闻中心，对所有记者统一管理、全媒体运作，一套人马采编、一个平台分发、内容多次开发，纷纷开始做大数据新闻、融合新闻、集成互动新闻、可视化新闻等。①笔者浏览了美国多个传统媒体的社交媒体页面，发现它们都致力于运营短视频，直播和话题线上互动，小组社群讨论，社交属性明显。

去年 7 月 19 日，NBC 在社交媒体平台 Snapchat 推出了一档时长 2—3 分钟的每日新闻节目《Stay Tuned》。NBC 在报道中声称该节目观众已经超过 2900 万人，是 NBC 最受欢迎的晚间新闻节目《Nightly News with Lester Holt》观众数量的三倍。虽然只有 2—3 分钟，但节目涵盖了四五条报道，内容涵盖了国内外时讯、流行文化等，足以满足快节奏的新闻获取需求。节目的播出选择了两个时间段，每个工作日的上午 7 点、下午 4 点以及周末下午 1 点，这一做法也适应了不同用户的收视习惯。不过，NBC 不是 Snapchat 上唯一的新闻领域玩家。CNN 在 Snapchat 平台也打造了一档每晚 6 点播出的新闻节目，3 分钟节目时长内涵盖五个新闻事件，不设固定主持，由 CNN 主播和世界各地的记者出镜报道新闻。该节目为了适配 Snapchat 的竖屏视频播放特征，新闻采用垂直视频界面，同时根据竖屏视频用户的使用习惯，对界面和播报方式进行精心设计。②

内容上的融合还体现在社交平台上的内容反哺传统媒体的新闻制作。社交媒体是获取新闻线索的富矿，有人曾形象地把社交媒体称为“News

① 胡占凡：《媒体融合的现状及发展趋势》，《浙江传媒学院学报》2016 年第 2 期。

② BRIAN STEINBERG, “NBC News Moves to Snapchat With Daily Newscast ‘Stay Tuned’ ”, VARIETY, JULY 19, 2017, https://variety.com/2017/tv/news/nbc-news-snapchat-daily-newscast-stay-tuned-1202499627/ .

Juicer”（新闻榨汁机）。2015 年 9 月，CNN 开始对自己的 UGC 内容平台 iReport 进行改版。改版后的 iReport 将直接从 Facebook、Twitter、Instagram 等平台的 UGC 中抓取新闻素材。用户只需要将提供的内容打上 #CNNiReport 的标签即可。《纽约时报》组建了快速反应团队，他们用 Google Trends 来观察哪些话题开始形成热点，同时还使用 Crowd Tangle 抓取 Facebook 和 Twitter 上的热点内容，并根据用户关注程度确定新闻报道的方向。[①]

四　主流媒体深度融合的基石：平台融合

内容和渠道的融合实际上是传统媒体互联网化，而平台融合则完全原生于互联网环境。互联网信息平台是一种信息传播群聚，它突破了单个组织局限，由少数创建者主导，并由不同层级众多参与者共同维持运转，例如 Facebook。[②] 美国的传统媒体倚重社交平台，开发的内容产品也给社交平台带来了瀑布般的流量；社交媒体自然也有动力推出各种新功能来吸引、迎合、留住传统媒体，希望将媒体的优质流量变现。[③]

近年来，几大巨头纷纷发力，推出新闻频道和工具笼络媒体。2015 年 1 月，Snapchat 上线 Discover 频道，精选高质量、有特色的社交媒体、杂志和电视，将其精华内容重新设计，呈现给用户。2015 年 5 月，Facebook 推出交互式媒体内容创建工具“Instant Articles（即时文章）”，这项服务允许主流媒体直接将新闻内容发布在 Facebook 平台上。《纽约时报》、NBC 新闻和《大西洋月刊》等 9 家欧美主流媒体最先进驻。这项服务一改以往阅读时载入原网页的方式，而是通过“即时文章”项目直接发布部分内容，方便用户在 Facebook 网站内直接点击阅读。传统媒体期待这种融合方式能增加其收入，而这种融合方式曾一度被视为传统

① 虞国芳：《欧美国家媒体融合呈现出的几大特征》，《电视研究》2017 年第 4 期。

② 黄淼：《媒体融合的英美实践》，《新闻与写作》2016 年第 11 期。

③ 猎豹全球智库：《深度解读社交巨无霸 Facebook 如何塑造了美国媒体生态系统》，Zol 新闻中心，http://www.tmtpost.com/2512811.html，2016 年 10 月 26 日。

媒体“对天使的拥抱”。

五个月后，Twitter 推出了自己的新闻聚合功能“Moments”，为用户方便地呈现重要的新闻事件。

2015 年 8 月，Facebook 上线了视频直播平台，包括《纽约时报》在内的诸多传统媒体纷纷加入其中。2016 年 4 月 5 日，《纽约时报》第一次专门调动团队，自主策划了一场线上直播，形式仍是面向用户的实时问答，《纽约时报》美食版编辑和《T》杂志主编在这一次直播中联袂出镜。到了 2016 年 12 月 28 日，《纽约时报》宣布：“截至 2016 年 12 月初，其在 Facebook 视频直播平台的浏览量已经达到了一亿次，这主要归功于其对美国大选和名人采访的直播。”[①]CNN 负责社交媒体的总监 Ashley Codianni 分享道：“CNN 利用其全球的报道资源和优势，里约奥运会期间一口气在 Facebook 上做了 34 场直播。”她说，社交媒体的直播跟传统电视的直播不同，能触及不一样的人群，是很好的互补。[②] NPR（美国国家公共电台）2016 年 3 月开始尝试用 Facebook 直播新闻，专门致力于发展互动型直播。Facebook 也与 NPR 有合作关系，双方签订了一年合同让 NPR 为 Facebook 提供视频资源。NPR 社交媒体编辑 Lori Todd 介绍，NPR 的直播团队中有从视频和音乐部门中调来的出品人，他们都经过专业的训练。NPR 配合直播，开发了许多以前从未有过的新栏目，其中一个是 Cereal，是一个每天上午 11 点开播的直播栏目。每一期 Cereal 都会以 NPR 的早间新闻节选开头，之后有博主与主持人对新闻标题的讨论，然后通过 Skype 连线记者对新闻进行深度解析报道。当然，这样的形式已经超过了 Facebook Live 所能做到的简单直播，而是融合了已有的新闻报道以及现场讨论。[③] NPR 的一位资深编辑曾介绍，在对外宣传时也不再强调自己的广播属性，更多使用“NPR”这个英语缩写 logo，以符合

① “New York Times surpasses 100 million views on Facebook Live”, Reuters, December 29, 2016.

② 龙周园:《细数社交巨无霸 Facebook 与美国媒体的“爱恨情仇”》, 猎豹全球智库, https://36kr.com/p/5055165.html，2016 年 10 月 25 日。

③ 伊人：《看 ABC、NPR 等媒体如何抢占 Facebook 直播平台》，网易新闻学院，http://news.163.com/college/16/0804/18/BTL5NVBN00015AE3.html，2016 年 8 月 4 日。

互联网传播特性。

2017 年 2 月 YouTube 推出自己的 YouTube TV（电视直播平台），计划聚拢包括 FOX、NBC、ESPN 等多达 40 个电视台的资源，包括多达 13 家的体育电视台。这些电视台囊括了美国 80% 的体育赛事转播；35 美元的付费收视服务能够同时开启 6 个共享账户，并且 6 个账户都可以独立进行内容点播、收藏。今年 Facebook 还资助 CNN，福克斯广播公司等美国主流媒体在它的 Watch 平台上推出合作制作的新闻节目。

不过，再甜蜜的关系也会有摩擦，美国媒体和 Facebook 的“爱恨情仇”在不断上演新戏码。此前提到的 Instant Articles（即时文章），目前，Facebook 给 IA 提出的商业化方案比较诱人：如果媒体选择自有销售团队售卖和投放广告，收入 100% 归媒体，Facebook 不参与分成。如果媒体规模小，广告填充率不足，可以把多余的广告库存通过 Facebook Audience Network 来投放，广告收入则三七分，媒体拿 70%，Facebook 拿 30%。有得必有失，使用 IA 后，媒体需要让渡对部分内容、形式及商业化的权限与控制。例如，很多工具条等网站设计将被阉割，推荐算法和广告政策的不断微调也会让广告收入充满不确定性。另外，美国媒体在 Facebook 分发新闻的流量主要来源于新闻流（News Feed），但 Facebook 的算法掌握着生杀大权，能决定哪些内容能被推荐。另外，媒体人普遍的抱怨是 Facebook 频繁调整算法，文章推荐规则不透明，导致流量忽高忽低，让媒体无所适从；Facebook 算法出现失误，导致热门文章频频出现推送假新闻的情况，一直以来，Facebook 热门话题版块（Facebook Trending）因推荐假新闻而备受诟病；后台能提供给媒体分析的精细化数据不足，不利于媒体制定内容策略等。①

五 横跨多产业生态系统的智能化融合

智能化将重新塑造人、信息、媒体三者之间的关系，深刻变革生产关

① 猎豹全球智库：《深度解读社交巨无霸 Facebook 如何塑造了美国媒体生态系统》，Zol 新闻中心，http://www.tmtpost.com/2512811.html，2016 年 10 月 26 日。

系。智能化为传统媒体的产品创新开辟了一条新路径。用户可以通过各种智能终端获得媒体提供的服务，产品与用户随时随地地连接，并不断优化交互方式。在媒体融合转型中，媒体机构不再是单个产业的成员，而是横跨多个产业生态系统的一部分，必须通过合作与竞争不断推动创新。

美国传统媒体乐于尝鲜社交平台上的智能产品工具。2018 年 4 月的 Facebook F8 开发者大会上，Facebook Messenger 事业部副总裁 David Marcus，宣布了新一代 Messenger 平台的诞生，即 Messenger Platform 2.0。目前 Messenger Chat 平台上有 11,000 多个机器人，覆盖娱乐、财务、食品饮料、健康健身、新闻以及效率等大类。《华尔街日报》，CNN 和《华盛顿邮报》等都是媒体类最先加入机器人浪潮的。[①] 笔者选择使用《华尔街日报》的机器人。进入聊天页面后，收到了一个文本的欢迎页，机器人就首先推荐当天的热点新闻和实时的市场数据。接下来的聊天更多是机器人提供的信息选择框，根据选择框选取需要的信息。笔者如果输入其他信息，机器人还是在短暂的“Looking that up now”（正在搜寻中）回复后，就回到文本 + 按钮的选择，让笔者从机器人提供的选择中选择需要的信息。交互体验一般，但适合快速阅读或者搜寻新闻资料。

美国传统媒体也自行开发智能化产品。《纽约时报》数字部门科学团队研发的机器人 Blossomblot 可以通过大数据分析，帮助编辑在《纽约时报》当天的文章中挑选出适合在社交平台发布、具有推广效应的内容。《华盛顿邮报》与谷歌合作，把页面加载速度从 4 秒提升到了 80 毫秒；与 Facebook 合作，开发即时文章阅读器。

六 启发与思考

媒体融合本质上是一种多层面、多角度的创新。相比我国的融媒发展，美国传统媒体向新型媒体的融合发展正飞速前进。与社交媒体的融合只

---

① Julywang:《体验细节分析：Facebook Messenger 聊天机器人交互界面浅析》，《人人都是产品经理》，http://www.woshipm.com/evaluating/707925.html，2017 年 7 月 3 日。

是美国融媒发展的其中一个侧面。美国传统媒体直面技术的不断演进，积极转型，从简单的内容＋平台到适应互联网场景过渡到布局人工智能，打造跨界产品，每一步背后都是美国传统媒体人锐意创新，主动拥抱机遇的态度和行动下推动起来的。勇于创新，敢于颠覆，从转变思维为用户服务，以产品思维指导内容生产，按照业务流程和内容产品类型重构组织，专注核心优势，鼓励创新，尊重互联网基因，以共享、互动和视觉等重塑内容形态，探索媒体的跨界新生。

参考文献：

吕玥：《媒体更迭中的不变法则——从美国 NPR 产品生产看媒体融合的方向和对策》，《传媒评论》2017 年第 11 期。

王芯蕊：《国外媒体融合的新趋势与转型路径》，《中国广播电视学刊》2018 年第 7 期。

魏明革、陈睿：《欧美传统媒体与社交媒体 Facebook 融合的思考》，《编辑之友》2016 年第 9 期。

张凌微、任晓东：《以用户为中心的国外传统媒体产品创新》，《现代视听》2018 年第 6 期。

新媒体环境下纪录片的创作与传播

李　林*

【摘要】近年来，在很多类型节目尚在探讨和摸索媒体融合之路时，纪录片与新媒体的“共舞”已呈现出“两岸猿声啼不住，轻舟已过万重山”之势：央视《舌尖上的中国 2》累计网络播放量突破 4.39 亿，中美合拍《鸟瞰中国》腾讯播放量超过 1.3 亿，抗战历史题材的《大后方》点击量 5,600 万次……有纪录片的“蓝皮书”之称的《中国纪录片发展研究报告 2016》表示，新媒体正在成为国产纪录片的主要传播平台：2015 年，越来越多的纪录片首选网络播出，9 部纪录片在互联网播放量过亿，互联网机构对纪录片投入同比增长 233%。

随着社会的进步和信息技术的日新月异，传统的纪录片传播内容和传播方式，已很难满足现代受众的多样化需求，新媒体不但改变了纪录片的传播途径，也正在改变纪录片的生产方式和创作理念。所以，研究在新媒体环境下纪录片的创作与传播，有助于推动国产纪录片持续、健康、创新地发展。

【关键词】新媒体　纪录片　媒体融合

* 作者简介：李林，女，文学学士，广州广播电视台纪录片中心主管，高级编辑。

一 新媒体环境为纪录片产业带来的机遇

2016年的《中国互联网络发展状况统计报告》显示，截至2015年年底，中国网民总数达到了6.88亿，手机网民规模迅速发展为6.2亿，微信、微博、各类App等手机移动互联终端成为广大网民获取信息的重要来源。新媒体的茁壮成长给传统媒体带来了巨大的冲击，人们越来越习惯在新媒体上观看视频，这也给中国纪录片的发展带来了新的机遇。

（一）新媒体为纪录片带来了新的融资渠道

与一般专题节目相比，纪录片拍摄的资金花费和时间成本都较高，对纪录片导演来说，如何为自己的故事找到投资人，一直都是个难题。新媒体时代的到来，为纪录片人带来了新的融资渠道。继《舌尖上的中国》在商业营销上大获成功之后，越来越多的地方政府、行业企业都开始大手笔投资拍摄纪录片，宣传自身品牌形象。2016年年初，纪录片《寻味顺德》在央视纪录频道播出后，引发了人们对顺德美食的寻味热潮，纪录片在各种社交媒体上被纷纷转发，在腾讯网、凤凰网上的点击量超过了5000万次，大大地提升了地方的文化形象，强化了地方的品牌特色，无形中带动了当地经济、文化、旅游等各方面的发展。

伴随互联网而生的全民众筹模式，也成为纪录片筹资的另一渠道。展示现代工人诗人群体的纪录片《我的诗篇》，被认为是中国纪录片界众筹成功的经典案例。为了缓解拍摄资金压力，纪录片《我的诗篇》于2015年在互联网发起众筹，筹得了20多万元的创作资金，尚在拍摄之中的纪录片也因此备受关注。该片制作完成后，获得了包括广州国际纪录片节最佳纪录片在内的多个国内大奖，又继续在全国各大城市发动众筹，以包场的方式，让纪录片进入院线让更多人观看。互联网集合起众多网民的力量，使优秀的纪录片创意不再被埋没，也使更多志同道合的人有机会参与到纪录片的创作与传播中。

（二）新媒体给纪录片提供了新的传播平台

中国纪录片的传统播出阵地，一般都是从中央到省市的电视台各频道。独立制片人的纪录片，很少能走进大众的视野。而现在，这种情况正在发生变化，网易、爱奇艺、腾讯、搜狐、凤凰、乐视等有影响力的网站，都纷纷推出了纪录片频道，以购买或联合制作的方式，不断推出纪录片精品。纪录片《乡村里的中国》，早在2013年就斩获国内多项大奖，在业内的口碑非常好，但就是一直难以进入院线放映，很多想看该片的人没有渠道观看。直到2016年，该片开始在腾讯网纪录片频道独播，才满足了许多一直渴望观看该片的观众。大型网站的纪录片频道，为纪录片提供了新的传播平台，培养了固定的纪录片收视群体，也提高了纪录片的社会影响力。

除了购买纪录片播出，一些有影响力的网站还积极组织纪录片评优活动，推动整个纪录片产业的发展。比如，凤凰网从2012年开始举办"凤凰视频纪录片大奖"评比活动，旨在鼓励创作者以人文视角观察现实世界，从不同的角度去讲述和传播华人故事。《三十二》《村小的孩子》《活着》等一批独立制作人创作的获奖纪录片，从另一种视角观察纪录中国社会现实和人物命运，充满了人文关怀。一批影片通过获奖而广为人知，一批导演也通过获奖而崭露头角、获得了更多的拍摄机会，使国产纪录片呈现出百花齐放的新气象。

二　适应新媒体传播的纪录片创作

传统媒体与新媒体的融合发展已经是大势所趋，一向被看作"曲高和寡"的纪录片，能否借新媒体的"东风"迎来更广阔的天地？这还需要纪录片创作者充分结合新媒体传播的特点，从节目理念、内容到形式、包装、推广等多方面做到推陈出新。

（一）内容多元化、个性化

近年来，伴随着中国纪录片产业的蓬勃发展，纪录片的内容选题也越来越多样化。然而从总体上来说，与国外纪录片五花八门的选题相比较，国产纪录片历史文化类题材比重偏大，关注当下生活、关注时代发展、关注人的心灵和生存境遇的现实类题材非常缺乏。新媒体的到来，使每一个人都成为信息的发布者和传播者，为大众所关注、所喜闻乐见的纪录片内容，才会被广泛传播，所以，纪录片必须更了解和贴近观众的需求，首先就是对内容选题进行创新，既要有宏大叙事的大片，也要有更接地气、反映中国人当下的物质生活和精神生活的作品。

其次，新媒体传播的主要特征之一，就是提供个性化、小众化、多元化的服务，策划纪录片选题内容时，也应了解纪录片在网媒关注度、微博提及量、视频点击量的总量、走势及来源等方面的大数据，满足不同群体的个性化需要。比如，青年人是新媒体时代的主力军，可以针对他们的兴趣、偏好进行选题策划，让纪录片得到他们的关注与认可。《我在故宫修文物》走红的重要原因，就是不再沿用传统的宏大叙事，而是以普通人的视角，展示珍贵文物的修复过程和平凡修复者的故事，修复者们在工作岗位上体现出来的工匠精神，也深深打动了“80后”“90后”年轻人的心。

（二）体现互联网思维的形式

在媒体融合的时代，既涌现了很多电视台与网络携手合作、跨屏播出的纪录片，也涌现了不少专为互联网传播而制作的纪录片。2015年，环保纪录片《穹顶之下》在优酷等网络平台首发，短短24小时内点击量过亿次。这部从一开始就计划以互联网途径传播的纪录片，呈现出鲜明的、让人耳目一新的互联网思维特征：TED演讲+专题片的版块式结构，通过数据演绎故事，大量使用表格、图形和地图，丰富的多媒体展示……《穹顶之下》之所以能成为引起广泛关注的现象级纪录片，正是因为突破了传统纪录片的模式，娴熟地运用了互联网思维进行创作与传播。

为新媒体传播而创作的纪录片，不再是传统纪录片的附属品，而是有独立生命的产品个体，从长度、结构、表达方式、包装、字幕、推介等各个环节，都应该密切结合互联网传播的特性，解决好用什么样的主题、以什么样的表现方式、分析用户在什么时段看、会看多久等问题。比如，为了满足新媒体观众碎片化、个性化的收视习惯，纪录片要从内容上、结构上尽可能地做到简短、精练，很多地方都已经在尝试制作10分钟以内的纪录短片。创作者要更注意把握节奏，慢悠悠的节奏不适合被海量信息包围的网络观众，要更注重悬念的设置，让故事像钩子一样紧紧地吸引住观众的注意力。在纪录片的后期包装上，应该多使用动画、字幕等多种特技效果，把复杂内容简单化、条理化，让信息更为直观、有力、有趣。

（三）创作过程的互动性

随着人们的网络体验不断加深，每个人都不仅是内容的接收者，也可以成为内容的创造者和传播者。新媒体不仅是传播的媒介，也是传播者与受众之间交流、互动的平台。新媒体时代的纪录片创作，应该加强互动性、整合性、易分享、高体验等新媒体特性，可以和用户实现即时交互，让观众有机会直接参与到内容创造中来。

2016 年春节期间在央视纪录频道播出的纪录片《谈婚论嫁》，在策划阶段就通过微博、微信公众号等多种方式，在全国范围内征集婚恋故事，纪录片里的几位主角，都是在征集活动中主动报名参与的观众。《谈婚论嫁》的播出时间安排也深谙观众心理，春节前一个月在腾讯网首播，春节前是单身未婚年轻人被催婚的焦虑感最强的时候，纪录片上线一个星期，点击量就超过了 1000 万次。在央视的播出则安排在春节期间，万家团圆之际一起收看，有助于疏解父母与子女在婚姻问题上的隔阂。经过网络和电视两轮播出后，《谈婚论嫁》激发了全国各地很多年轻人强烈的情感共鸣，在网络上也引发了关于大龄剩女、相亲、异地恋等话题的激烈讨论，带动了纪录片的点击量不断上升，达到了最佳的传播效果。

三　纪录片的新媒体传播

（一）立体化传播，形成强大合力

长期以来，中国的纪录片都是重创作、轻传播，很多电视台花很大力气拍摄的纪录片，都在有限的几次播出后被束之高阁。现在，伴随着平板电脑、智能手机等移动终端的普及，视听媒体迅速进入多屏时代，人们获取各种资讯、娱乐信息的途径越来越多，纪录片的传播也迎来了难得的机遇。从策划开始借力微博、微信等网络社交媒体，与观众进行跨屏互动，与观众对纪录片的意见分享形成活跃的互动圈，纪录片先后或同时在电视台、视频网站、IPTV、互联网电视等多种渠道进行播出，已经开始成为纪录片传播的一种趋势。

2015 年的大型抗战纪录片《大后方》，从拍摄阶段开始便利用拍摄素材剪辑了多条 3—5 分钟的主题短片，不断地在腾讯网推出，掀起热点话题，营造宣传氛围，带动观众在电视屏幕上观看纪录片，在新媒体上讨论并转发短片。在这种全媒体、立体化的传播中，传统媒体与新媒体携手形成强大合力，打破了受众观看电视节目的空间和时间限制，使得纪录片社会效益和经济效益最大化。

（二）开放式、共享式传播，引发观众共鸣

以往，纪录片在各级电视台的电视屏幕上播放时，观众往往只能被动观看，难以形成互动。而现在，新媒体为纪录片与受众建立起了不限时间、不限地点的交流平台。纪录片《我在故宫修文物》，被誉为 2016 年的第一个纪录片“爆款”，年初在央视纪录频道播放时，并未引起太多关注，不到一个月，这部纪录片却意外地红遍了 B 站，点击量近 70 万次。在 B 站看片时，一条条网友评论的弹幕成为影片外的另一亮点，“师傅的气质真不是盖的”“官方吐槽故宫闹鬼说”……观众能够畅所欲言地分享对故宫文物的看法、对文物修复师一言一行的感受，甚至有对纪录片镜头、剪辑手法的评论。这种共享式传播激发了更多年轻观众对纪录片的共鸣，扩大了影片的传播面，也使纪录片制作者更深入地了解和掌握了观众的心理诉求，从而制作出更符合观众需求的影片。

（三）打通多维营销模式，探索运营机制

“中国纪录片的消费趋势已然成型，无论是收视人群数量、频道覆盖面、收视人群年龄结构的升级，还是与商业消费市场端对接等，社会对于纪录片的消费力和消费需求都已具规模，且不断扩大。”通过多平台、多形式的全媒体运营，打通线上线下，利用O2O等电商模式，探索商业化营销，甚至是用优质IP来开发和销售衍生产品，成为越来越多纪录片的新选择。无论是最早进行商业化探索的《舌尖上的中国》，还是后来的《日食记》《了不起的匠人》等网红纪录片，这种“纪录片+互联网+商业”的营销模式都取得了比较好的效果，不光作品红了，产品也红

了，最终促成了纪录片产业价值链条的延伸。

对于纪录片来说，伴随着新媒体时代而来的，是新的创作类型、新的创作方法、新的叙事策略、新的传播方式大大弥补了传统媒体在内容创作和传播上的不足，纪录片产业因此迎来了前所未有的机遇。但能否把握时机更上一层楼，还需要所有纪录片人以开放的心态，勇于尝试，积极创新，努力探索出一条属于纪录片的媒体融合发展之路。

（该论文发表于《新媒体研究》2016 年第 10 期，此处有改动）

参考文献：

中国纪录片研究中心：《纪录片蓝皮书：中国纪录片发展报告（2017）》，社会科学文献出版社 2017 年版。

浅析历史纪录片的进行时态
——以纪录片创作实践为例

温盛远*

【摘要】当前，纪录片已经从原本的小众产品，逐步发展成为要素齐全的大众消费品，纪录片创作越来越强调故事性。本文结合纪录片创作实践，拟探讨历史纪录片的叙事艺术，引入现在进行时态的概念，以“直播历史”的形式，叙述历史故事，让历史纪录片更受大众欢迎。

【关键词】历史纪录片　叙事方式　进行时态　直播历史

纪实最根本、最有效的方式是记录正在发生的事件过程，也就是说，记录“现在进行时”的人物事件；但它的局限也正在这里——只能记录现在进行时。对纪录片来讲，它现在拍不到过去和未来。

那么，纪录片可以抒写未来吗？纪录片又如何有趣地演绎过去？

一　历史纪录片的范畴和形态

关于纪录片，国内外似乎没有一个统一、公认的定义，但是，所有的定义都有一个共同的属性，那就是纪录片是一种影像表达方式，它需要具有真实性——真实，是纪录片的生命。

---

* 作者简介：温盛远，男，文学学士，韶关市广播电视台电视节目中心副总监。

美国学者比尔·尼克尔斯（Bill Nichols）试图通过编导者对纪录片内容的表达方式，把纪录片分为六种类型：

1. 诗意型纪录片（Poetic Documentary）

2. 阐释型纪录片（Expository Documentary）

3. 观察型纪录片（Observational Documentary）

4. 参与型纪录片（Participatory Documentary）

5. 反射型纪录片（Reflexive Documentary）

6. 表述行为型纪录片（Performative Documentary）

根据中国纪录片发展，学术界的一般共识：依据纪录片所表现的主要题材、内容倾向，纪录片又常常分为政论纪录片、时事报道片、历史纪录片、传记纪录片、生活纪录片、人文地理片、理论文献纪录片、舞台纪录片和专题系列纪录片等。

目前，对历史纪录片的定义繁多，莫衷一是。如欧阳宏生在《纪录片概论》一文中认为：所谓历史文化纪录片，是指从历史和文化的特殊视角和角度出发，对民族的历史和文化，诸如地形地貌、文物古迹、土木建筑、宗教医道等，给予深沉的历史反思和文化观照。肖平认为，历史纪录片是用摄影机相对客观、真实的镜头对人类文明社会的事件进行描述，通过这一“影像写作”逼近历史事件发生时的现场。

在我国近年来涌现出以历史资料、人物访谈为主的一批优秀纪录片，如《毛泽东》《邓小平》《周恩来外交风云》等，这些纪录片以翔实的历史资料和珍贵的历史镜头，表现了人物的精彩人生和光辉历程。

以往的历史纪录片，在书写历史景观和历史事件的时候，“大历史”的创作视野立足于民族精神文化，往往疏忽了历史中的人物。近几年来，历史纪录片把视角对准了人，把在历史资料中存在的一个个历史人物还原到了影像之中。

历史纪录片的范畴十分广泛，既可以是对历史遗迹的记忆，也包括对地域文化和精神的书写的题材，不论哪一种，都要通过人与历史的关系反映出历史面貌、民俗风情和文化精神。在创作方式和创作理念中，更加注重人，充满着深刻的人文关怀和反思意识。

二　进行时态的内涵

纪录片（Documentary）在英语中的解释是“档案记录”。今天是明天的历史，拍摄今天其实是拍历史；而拍过去也是拍今天，因为一切真历史都是当代史。

现在进行时是英语的一种时态，表示现在进行的动作或存在的状态。在英语时态中，“时”指动作发生的时间，“态”指动作的样子和状态。现在进行时表示动作发生的时间是“现在”，动作目前的状态是“正在进行中”。

本文探讨的历史纪录片中的进行时态，其所要表达的内涵，所谓的现在进行时不只是拍摄的概念，更重要的是一个叙事的概念。

在这一点上，《望长城》是值得关注的。为了表现烽火台的作用，它掐着表让汽车去与烽火赛跑；为了表现蒙古族风情，它跟着一对新婚夫妇回娘家；为了表现沙漠中水的宝贵，它让摄制组在沙漠中去打一口井……与过去许多同类题材的同类内容相比较，这种叙事方法显然是一种叙事观念的改变。

笔者在创作历史纪录片《饺子遇上刀叉》与《烽火弦歌——抗战中的坪石中大》时，都在实践中探索纪录片的进行时态问题。

《饺子遇上刀叉》故事的原点，来自“感知广东”第二季的切入口——“海上丝绸之路”，讲述“一带一路”下的“广东故事”。

利玛窦沿着海上丝绸之路到达南粤，来到韶关，在这里生活了6年。利玛窦在韶关的6年时间，是他在整个中国28年时间里的重要转折点。透过韶关的窗口，他更了解中国国情，韶关成了利玛窦在中国的“策源地”：从“洋和尚”变成了“西方泰斗”；第一次翻译《几何原本》，在靖村建立了中国大陆第一间乡村天主教堂；将中国的古典诗书“四书五经”最早带到西方……

利玛窦是从“走进来、带出去”的角度反映“南粤海丝路”中西文化共融的绝佳人选。

历史人物找到了，新的难题也出现了：历史纪录片，如何找到纪录的“进行时态”？

跳出历史，从历史时空走进当下的现实时空，需要将另外一个人物作为切入点——我们又回到了寻找故事主人公的原点上。

利玛窦的故乡人、来自意大利的马方济进入了我们视野。随着对马方济的接触与了解，我们感觉到历史非常神奇，马方济与利玛窦具有非常多的共同点，他几乎是当下的利玛窦：他同样从意大利来到中国、扎根中国，他同样取了中文名，同样热爱中国文化，他同样成了中西文化交流的桥梁……

历史故事主角利玛窦，与现实故事主角马方济，他们怎么在片子里“第一次遇见”？这成了我们结构故事的第一个思考点。

确定了方向后，沿着这个方向做采访调研，好消息马上来了：给马方济取中文名的中国朋友余三乐，他的工作单位就在利玛窦的墓地，他学术研究的方向，就是利玛窦。

于是故事线索出来了：马方济与他的中国朋友拜访余三乐，拜谒家乡的先辈利玛窦。在利玛窦的墓地前，历史故事主角与现实故事主角有了“第一次相遇”。现实走进历史，以当下人的视角，解读历史故事；以学术调研为线索，重走利玛窦足迹，以“进行时态”交叉叙述历史上中西文化交流的故事与“一带一路”背景下今天中西文化交流的故事。

三　直播历史，让历史纪录片更好看

今天的纪录片创作，故事化表达似乎成了不可缺少的元素。

细节是一个故事中最饱满之处，给人留下深刻的印象。纪实主义强调过程的记录，在过程中会自然流淌着故事，还原历史现场。

纪录片导演张同道说，一部纪录片给人最深的触动是人物故事的鲜活与生动，故事带领观众进入人物的性格、情感和命运，而唯有触及这些人生根本元素才可能引发心灵震荡。但是这里的故事和故事片中的故事是有区别的，从真实性的角度来说，纪录片中的故事必须以生活真实为准绳，不能有半点虚构；故事片中的故事，根据主题的需要，可以虚构生活。从叙事方式上来看，纪录片中的故事更侧重于凸显一个抽象的主题，而故事片中着重表现人物的性格。

直播的运用，带来了电视文化的革新，也带来了电视美学的革新，观念的革新，让我们对世界的图像构建更立体、更真实。

将“直播”这一理念嫁接到历史纪录片的创作中，让历史纪录片带来铺面而来的新鲜，受众可以迅速进入历史情境，带入感也更强。

电视纪录片《烽火弦歌——抗战中的坪石中大》是笔者2015年参与摄制的另一部历史纪录片。

该片主要记录了抗战时期中山大学迁往韶关坪石后，五年办学过程之中发生的感人故事，讲述了中大师生在流离中坚持学术理想，在动荡中坚持抗日救亡的细节故事。

为更好地呈现这段历史，还原当时的办学情况，我们摄制组大胆创新了“直播历史”的手法，综合运用了航拍、沙画，情景再现等手法，生动再现了这一段战时求学的历史。该纪录片作为《血铸河山》系列片之一，在中广联第29届城市台电视新闻节目创优评析会上获得2015—2016年度中国广播影视大奖广播电视节目奖，该奖为国家级政府奖。

四　结语

综上所述，探讨历史纪录片的进行时态，对纪录片以过去、现在和未来的线性时态划分，是对纪录片形态的一种探讨，对纪录片叙事方式的探索，其意义在于将其范畴或者类别设定得更宽泛些。

历史纪录片创作“直播历史”的引入，使纪录片的类型更具多样性，让理论探索更好地为实践服务，让纪录片成为更受大众欢迎的文化产品。

（该论文发表于《记者观察》2018年第33期）

参考文献：

欧阳宏生：《纪录片概论》，四川大学出版社 2010 年版。

肖平：《纪录片历史影像的制作基础及实践理论》，中国广播电视出版社2005年版。

于海滨：《纪录片的时态分类探讨》，《探索与争鸣》2010 年第 7 期。

张同道：《纪录片的故事性》，《中国电视》2000 年第 7 期。

比尔·尼克尔斯（Bill Nichols）：《纪录片导论》（第 2 版），陈犀禾、刘宇清译，中国电影出版社 2016 年版。

微纪录片的传播特征及叙事美学
——以《三分钟》微纪录片为例

邓少涛*

【摘要】随着新媒体的发展，人们越来越青睐能够快速、便捷获取有效信息的内容，而微纪录片的出现恰好满足了人们这方面的需求。微纪录片快速而又广泛的传播特点以及独特的叙事美学使其独具特色，与此同时，它又能够与观看者有效交流。但无论是从学术性还是观赏性来说，微纪录片还需不断完善自身，注重学术性与观赏性两者间的联系。本文以《三分钟》这一较为经典的微纪录片为例，对其进行分析，以期对未来微纪录片创作有一点启示。

【关键词】新媒体　有效信息　传播　叙事美学

一　微纪录片的定义及发展历程

微纪录片是一种以真实生活为创作素材，以真人真事为表现对象，以展现真实为本质，并对其进行艺术加工与展现、以真实引发人们思考的电影或电视艺术形式。

新媒体时代背景下，纪录片出现了新的生存空间，互联网的高速发展给纪录片带来新的活力。微时代下的传播平台增强了与受众的互动性，

---

* 作者简介：邓少涛，男，法学学士，江门市广播电视台电视节目中心专题部副主任。

大大提升了受众的主动性，大众文化不再单单掌握在精英手中，而是由大家共同创造和传播，受众参与到传播中分享体验，发挥主观能动性，使得大众文化的传播过程变得更加方便快捷。正如微博、微信等“微”产品的开发和使用，用户可以充分利用生活中的碎片化时间迅速地接收新信息并参与到传播过程中去。

除此之外，还有微纪录片的比赛，它让更多对微纪录片有兴趣、有天赋的爱好者以及专业相关的学生有了展现自己的舞台，也让微纪录片的发展有了更多的渠道，让更多人了解了微纪录片。

二 微纪录片的传播特征

（一）快速性

上面提到微纪录片的时长较短，人们不需要对此花费太多的时间成本，这是其得以广泛传播的一大优势，也是得到大众青睐的原因之一。陈可辛导演的微纪录片《三分钟》时长约七分钟，在这个网络快速发展的时代，微纪录片的传播速度较快，快速性是微纪录片在新媒体环境中能够迅猛发展的一大因素，因为新媒体与传统纸媒不同，要求快速更新，能够结合时事热点展现出自己的观点，而微纪录片的制作时长短这一特点，恰好能够满足新媒体对于传播的要求，微纪录片的快速性与新媒体的实时性相辅相成，成就了微纪录片的发展与传播。

（二）广泛性

传播的快速性可以延伸到广泛性这一特点上，从微纪录片的发展历程来看，也能得出其覆盖性强的特点。一方面，通过高校开设相关专业以及举办各种能够得到官方认可的比赛，让更多人了解微纪录片。但这只是其中一部分专业人员用来作为教学或者其他研究的内部传播。而新媒体中各个普通群众结合起来的点击、观看等，形成了微纪录片的大量传播。另一方面，在微纪录片《三分钟》里，出镜人员并非专业的演员，而是生活中随处可见的打工人群，通过列车员这一富有生活气息的职业展现主题。而所采用的拍摄工具也是每个人都有的手机，草根性通过这一微纪录片得到了充分体现。

（三）年轻化

微纪录片的另一个传播特点就是人群年轻化。目前微纪录片的主流传播渠道仍以新媒体为主，而使用新媒体的人群集中在年青一代，因此微纪录片的传播范围主要在年轻人间。微镜头以及一些其他的叙事美学，使微纪录片能够让忙碌的青年群体在较短的时间内获取有效的信息。由此可见其叙事美学深深地影响了其本身的传播特点。

（四）影像风格个性化

新媒体时代赋予微纪录片更为广阔的发展空间，微纪录片的选题内容越来越多元化，这使微纪录片的影像表达有了更多自由，使影像风格个性化成为可能。这种个性化的影像风格，正好能够弥补传统纪录片的劣势，满足受众的个性化需求。在影像语言技巧方面，微纪录片可能没有传统纪录片那么成熟，但微纪录片的表达方式更大胆，个性化气息更浓郁。如微纪录片《故宫 100》在影像表现方面就非常有特色，让人印象最深刻的是全篇的开场：用一面镜子引出叙事，通过镜子中的影像让人们了解历史、映照现实和未来，带给观众与众不同的感觉。虽然这部微纪录片每集时间都很短，只有六分钟，但每集都有不同的包装风格，而且很多讲解以及片花都是以卡通的形式呈现，风格轻快活泼。

三　微纪录片的叙事美学

（一）微纪录片叙事美学内涵

微纪录片需要在有限的时间内对表现对象完成较为立体的展现，叙事时长短、节奏明快、信息量大是微纪录片叙事的一贯特点，因此，长镜头、慢讲述的娓娓道来显然不能适应需要，叙事结构的碎片化、叙事思维的跳跃性是微纪录片的重要叙事策略。微纪录片虽然体量短小，但在叙事对象的选择上并不具有局限性，既可以选择小的人物、事件，又可以选择宏大厚重的主题，它的记录充分发挥了“微”的特点，即通过展示事物微小的“点”来构成“线”，最后展示立体的“面”，以“点”带“面”，通过不同细节的扩大化表达，在观众脑海中塑造出画面，从而在有限的时间内反映出事物的全貌。

（二）就地取材，生活化

微纪录片的一大特点就是草根化，其平民化的拍摄手法能更好地凸显这一特点。在新媒体传播中，更多的人群可以参与其中表达自己的想法与观点，所以微纪录片在生活中就地取材，获得灵感，由自己所熟知的人群来演绎，以这种方式拍摄出来的微纪录片更加有亲切感。而生活化的叙事方式让微纪录片的传播显得更加快捷，这两者是相辅相成的，生活化让更多人获得认同感，并且较短的微型纪录片花费时间较短，传播速度远远快于传统的纪录片。极具现实主义的题材以及为人熟知的故事框架结构，让微纪录片显得更加朴实，与此同时也让微纪录片有了一层特殊的意义，代表群众的心声，微纪录片的这种叙事方式让其更加受欢迎，传播也更加广泛。《三分钟》里出现的绿皮火车以及火车上打牌、吃东西的乘客都是平时我们能够接触到的，导演在这一点上将草根化体现得淋漓尽致。许多镜头都是由真实的乘客出镜，他们在火车上的一举一动进入了导演的镜头，最后成为微纪录片的一部分。

（三）精简主题，碎片化

微纪录片的重点在于“微”，这一特点导致了微纪录片的叙事方式需要简洁明了，但与此同时又应该保留纪录片的原有特色，所以无论从哪一个方面来说，微纪录片的叙事美学是优于传统纪录片的。但由于微纪录片的叙事时长很短，所以其所展现的内容具有碎片化的特点。但碎片化的展示方式并不代表微纪录片不能完整地、完美地展示一个主旨；相反地，在将其剧情精简后，将其内容控制在3—25分钟可以更加让人接受。在新媒体中发展，就必须能够达到“快速”的特点，因为现代人们在用新媒体进行社交时，大部分人使用的是碎片化的时间来浏览，所以只有能够抓住人的眼球并且不会占用太多时间的内容，才能够在新媒体中进行传播，很幸运的是质量较高的微纪录片符合了这些要求，因此微纪录片的广泛传播与其叙事方式有着极大的关系。

例如《三分钟》，讲述了列车员忙于工作无法与家人团聚，仅靠停站的三分钟与儿子见面拥抱，抚慰不能陪伴家人的愧疚之心，全片仅有七分钟，但在这七分钟里，故事的开头、发展、高潮、结尾都是齐全的，并不存在因时间短而导致缺少了属于纪录片叙事的一部分。正是这种“微”的叙事方式，使主题更加凸显，使人一目了然，也容易接受。

（四）立意独特，深度化

陈可辛无疑是一位优秀的导演，其对于内容的精简把握恰到好处，开篇的旁白介绍了影片的背景，通过倒计时与孩子背乘法口诀这两个细节，将微纪录片推向高潮直接展示主题，以孩子背完乘法口诀进入结尾，凸显并不是每一个家庭都能够在节日里团聚这一主题。其最主要的叙事美学与草根化离不开，镜头中所展现的内容是我们在平时能够切身感受到的，使微纪录片更富有真实感，让人更容易接受。与此同时，影片又兼顾了微纪录片特有的叙事美学：精简的剧情，完整的主题。

即使一些微镜头与传统的纪录片相比较会显得有一些不完整，但从大多数制作精良的微纪录片可以看出，许多制作者会在片尾不惜笔墨地将主题展现出来，这也是为了有一个完整的主旨，拔高立意，显得更加有深度。

在生活化的同时，这种叙事方式让人们在观看微纪录片的同时有了进行深刻思考的空间，这也是微纪录片的一种美学特征。注重整体效果，有收有放让微纪录片的结构显得更加稳重，有质感。一个微纪录片的完整理念呈现是叙事美学展现方式之一，但也是不可或缺的一种。

四 《三分钟》经典案例对微纪录片创作的启示

（一）新媒体特性的传播方式

微纪录片的传播方式发生了改变，传播速度实时化，从传统的单向传播到双向传播，从固定到移动的转变。也就是说，观众不仅可以在电视上看到微纪录片，在微信、微博、网页上都可以看到。以陈可辛导演的《三分钟》为例，其以 iPhoneX 为拍摄工具，以火车停靠三分钟为时间轴，以女列车员与儿子的见面为情感线索，引发了大家线上线下的讨论。

该片是新媒体传播的典型案例，通过微信朋友圈的转发，直达每一个人的手机，引起了大家的思考与互动。

（二）表达精致化

作为一种影像艺术，微纪录片通过视听语言表达内涵，传统纪录片青睐恢宏大气的大场景和大主题，但微纪录片在影像语言表达方面因为其微的特质则倾向于小景别，微纪录片通常使用中近景、近景和特写等画面。从内容方面来看，微纪录片时间较短，一般控制在3—10分钟，最长不超过15分钟，所以其内容一般都是浓缩凝练，着力于一些细微之处的精致刻画。除了小景别，微纪录片在运用镜头表达作者意图的时候，多使用浅景深镜头，通过调节画面镜头的纵深结构，运用单个镜头表达简单信息直抒胸臆，不仅能够更快地吸引受众的注意力，避免多余画面的干扰，而且还可以提升小屏幕信息传递的有效性，降低观看难度，受众不需要花费太多的精力就可以接收到创作者想要表达的内容，这就提升了影片在小屏幕上的可观赏性，更加符合微纪录片在手机和电脑等新媒体平台上的传播，满足微时代下受众的观看需求。

五 结论

微纪录片的传播与其叙事方式有着紧密联系，在新媒体语境下有很多类型的媒体形态都没有保持其原有的特点，而是顺应了新媒体的发展，但微纪录片既保留了原有的特色，与此同时又结合了自身的特点继续在新媒体中发展、传播。值得注意的是，这并不是微纪录片以后的发展道路——继续保持其传播特点与叙事美学的联系，对微纪录片的品质起着至关重要的影响。

微纪录片之所以能够在新媒体中引起人们的注意，很大一部分原因来自其独特的叙事美学和微镜头的运用，生活化的美学对其传播起了一部分的推动作用。从反方向来看，为了达到其传播特点，在微纪录片制作之时其叙事方式就需要加入更多的技巧与技术。总的来说，微纪录片的叙事美学与传播特征相辅相成，对其有着重要影响。

参考文献：

陈丹：《微纪录片美学特征浅析》，《现代企业教育》2015 年第 2 期。
高亮主编：《浅谈当代微纪录片的概念及价值》，《企业文化》2013 年第 2 期。
何苏六：《中国电视纪录片史论》，中国传媒大学出版社 2005 年版。
胡智峰主编：《新媒体语境下电视节目生产的发展空间探析》，《新视界》2008 年第 5 期。
焦道利：《微纪录片的叙事美学——以〈故宫 100〉为例》，《中国电视》2015 年第 1 期。
李波：《浅析新媒体语境下微纪录片的叙事与传播》，《新闻研究导刊》2016 年第 23 期。
舒宇瞳：《浅谈新媒体环境下微纪录片的创作研究》，《西部广播电视》2017 年第 4 期。
谭俐莎：《当新媒介遇见纪录片：试论微纪录片的创作语境与特征》，《中国报业》2013 年第 22 期。
王春枝：《微纪录片叙事探析》，《新闻知识出版》2014 年第 8 期。
《新媒体语境下的微电影叙事美学研究》山东省人文社会科学研究项目。

新技术如何成为做好港珠澳大桥报道的重要“触媒”

——珠海特区报社融媒改革的一种有益尝试

钟　夏*

【摘要】 珠海报业传媒集团通过整合旗下“两报一网一端两矩阵”各媒体资源，依托全媒体采编系统和“中央厨房”，构建适应融媒体生产的采编发网络和流程，迈出了推进传统媒体与新兴媒体深度融合的重要一步。

适逢其时的融媒改革，也成为珠海报业传媒集团做好“世纪工程”港珠澳大桥建设报道的重要“触媒”，其间打出了多套精彩纷呈的传播“组合拳”，为地方媒体转型升级发展提供了一次有益借鉴。

【关键词】 融媒体传播　地方党报转型　大型时政报道

推动传统媒体和新兴媒体融合发展，既是党中央着眼巩固宣传思想文化阵地、壮大主流思想舆论做出的重大战略部署，也是传统媒体顺应传媒发展新常态、加快改革发展的现实需要。

从全国范围来看，上海报业集团、解放日报以及中央、地方多家媒体开展实践与探索，全力打造形态多样、手段先进、具有竞争力的新型主流媒体，走在了全国前列；不少地方媒体在纸媒运营面临明显困境的

---

* 作者简介：钟夏，男，文学学士，珠海传媒集团财经新闻部部长。

局势下，也积极跟进、纷纷“试水”融媒改革，同样走出不少戛然独造的新径，找到了适合自己的“生存方式”。

本文选取的研究样本——珠海报业传媒集团，正是在这样的时代背景下组建成立的。2017 年，根据珠海市委市政府的决策部署，成立逾三十年的珠海特区报社开始紧锣密鼓地进行改革，并于当年 9 月组建成为珠海报业传媒集团。

珠海报业传媒集团诞生于以全面深化改革为主题、以体制机制创新为重点、以传统媒体和新兴媒体融合发展为主线的时代背景下，通过整合集团旗下“两报一网一端两矩阵”各媒体资源，依托全媒体采编系统和“中央厨房”，构建适应融媒体生产的采编发网络和流程，同步对《珠海特区报》《珠江晚报》进行全新改版，着力打造拥有立体化传播体系的新型主流媒体，迈出了推进传统媒体与新兴媒体深度融合的重要一步。

媒体融合，是一个时代的变迁，也是媒体行业集体的浴火再生。正如复旦大学新闻学院教授、执行院长张涛甫所言：“融合和转型没有标准答案，起步有快有慢，路径也不止一条，但融合的方向是明确的——主力军迁移到主阵地上。”①

推进媒体深度融合暨“两报”改版是珠海报业史上动作最大的一次改革。通过生产流程再造，采编发架构重组，推进新闻资讯即时化、内容生产互动化、审核把关体系化，在确保导向正确的前提下，构建起“两报一网一端两矩阵”立体传播体系，摸索出一条地方媒体战略转型的成功路径，释放了传统媒体在新时代的新闻生产力，或可供其他媒体参考。

一　重组采编架构，实现流程再造

媒体融合是一场重大而深刻的变革。上海报业集团社长裘新指出，当前媒体融合发展正处于“天时、地利、人和”的叠加时机。有“天时”——

① 张骏、王海燕：《中宣部把媒体深度融合现场推进会开在上海，透露出什么信号》，上观新闻，https://www.jfdaily.com/news/detail?id=106401。

中央决策部署，顶层设计；有“地利”——各地党委、政府从区位优势出发，统筹谋划，支持力度空前；还有“人和”——不“融”不行的危机感、使命感，提升融合发展“加速度”的决心和信心，已经成为主流媒体最广泛的共识。[①]

传统的主流媒体如何转型成为新型主流媒体？珠海特区报社迈出的第一步，是将旗下的“两报一网一端两矩阵”，即《珠海特区报》《珠江晚报》、珠海新闻网、珠海特报 App、珠海报业微矩阵、代理政务微矩阵等媒体全部打通，通过机构重组，重新配置采编力量，再造采编发流程。

2017 年 6 月底，报社完成架构调整，正式成立了集团层面的珠海特区报社编委会，下辖 7 个中心：融媒体总编室、新闻采访中心、西部新闻中心、纸媒编辑中心、新媒体中心、可视化产品中心、考核编务中心。

珠海报业融媒改革的关键，在于顶层设计。通过流程再造，构建一条适应于融媒体生产的采编发架构和流程，成立“融媒指挥中心”，实行全新的“珠报融媒值班制度”，通过白班领导值班制度、白班带班主任制度、夜班领导值班制度、夜班带班主任制度，把运行了 30 多年的报纸夜班生产流程，转变为采编发 24 小时全天候指挥系统。

同时，实行线上线下的业务会议制度，通过早上的融媒体采前会、下午的采编通气会、晚间的两报定稿会，确保了当天重大选题的策划实施，重要信息的及时发布及各平台的差异发展。实行记者报稿和线索通报制度，以保证新闻产品充足、及时供给。

此次改革，彻底打破了特区报、晚报、网站、手机客户端等媒体之间的体制机制壁垒，建立了集团层面的融媒指挥中心、采访中心、编辑中心、考核中心，减少了人员重置，提高了作战效率，实现了“三个统一”。[②]

一是“统一身份”。原来报社内部各媒体记者为各媒体服务，融媒改革后，《珠海特区报》《珠江晚报》、珠海新闻网等媒体的所有记者，

① 裘新：《在融合发展中巩固拓展主流舆论阵地》，澎湃新闻，https://www.thepaper.cn/newsDetail_forward_1864757。

② 人民网：《珠海报业集团迈出融媒改革新步伐 搭“中央厨房”烹新闻套餐》，http://media.people.com.cn/n1/2017/0807/c14677-29453056.html，2017 年 8 月 7 日。

都是珠海报业传媒集团的全媒体记者。

二是“统一指挥”。改变原来各媒体、各部门分别指挥、各自为战的局面，所有记者全部由珠报融媒指挥中心统一指挥、调度，所有稿件全部进入“中央稿库”，供报纸、网络和新媒体根据各自的特点抓取选用。

三是“统一考核”。成立考核编务中心，制定实施分值体系，按照稿件质量和传播效果，比如点击率、阅读量等考核打分，体现多劳多得、奖优罚劣。

二 两报成功改版，实现差异发展

珠海报业传媒集团的前身是珠海特区报社，创刊于1985年11月1日。三十多年来，珠海报业传媒集团从一份日报起步，逐步发展壮大，市场占有率、受众覆盖率在珠海首屈一指。[①]

2017年7月6日，《珠海特区报》《珠江晚报》正式改版。此次融媒改革，立足突破传统“报人”的范畴和局限，目标是要成为集文字、图片、视频、音频、H5等新闻产品的集成供应商。

“两报一网一端两矩阵”如同五指成拳，合力出击，一改过去各自奔忙的运作模式，统一调度指挥、共享采编平台，从而实现一次采集、多元生成、立体传播。

其中，《珠海特区报》以打造新型都市化党报为目标，落实“品质源于责任、主流创造价值”的办报理念，加大策划力度，强化内容为王，全力打造导向正确、敢于担当、党委政府放心、人民满意，具有权威舆论影响力和强大信息传播力的新型党报。

在改版过程中，《珠海特区报》进一步优化了版面设置，突出做好本土新闻、政经新闻、深度报道、新闻评论，以资讯高度提升影响力，突出特报品牌。

① 人民网：《珠海报业传媒集团正式成立“特报App”3.0版本上线》，http://media.people.com.cn/n1/2017/0908/c14677-29524048.html，2017年9月8日。

《珠江晚报》以打造社区服务类都市报为目标。本次改版坚持与特区报错位发展，深耕本地，扎根基层，做出特色，探寻社区化、多元化、分众化、移动化的新发展路径。继续坚持“城市日记、百姓读本”的办报宗旨，做大民生新闻、社区新闻。

除了在报纸定位、版面设置上进行明显的区分，改版后的《珠海特区报》和《珠江晚报》从源头对每天的报道内容进行差异化处理，要求记者根据两报的不同定位写出不同的特色，一举改变两报之前重复、雷同的报道内容，服务不同受众，满足不同需求，扩大两报的影响力。

三 改革激发活力，传播效果升级

技术的创新与更迭，给新闻业带来了深刻变革。进入移动互联网时代，“终端随人走，信息绕人转”成为信息传播的新态势。①

以上海报业集团为例，其在新媒体领域主动出击，持续发力，截至2018年年初，集团拥有网站、客户端、微博、微信公众号、手机报、搜索引擎中间页、移动端内置聚合分发平台等近10种新媒体形态，端口267个，新媒体稳定覆盖用户超过3.2亿人。②

用好互联网拓展传播途径、扩大覆盖范围、抢占新阵地同样是主流媒体的职责所在。南方日报立足“移动化、平台化、可视化、智慧化”，探索出一条适合于自己的发展之路，这也为珠海报业的融媒改革提供了有益借鉴。③

实施媒体融合改革以来，珠海特区报社转型的重点方向就是主流媒体的互联网化，采编体系从意识、观念到行动，不断强化移动优先战略，着力生产优质移动新闻产品，呈现出全新面貌，传播力、引导力、影响

① 关玉国：《坚持“三个发展”，加快媒体融合》，《新闻战线》2017年第5期。

② 裘新：《潮来潮往皆为光辉岁月 争当上海文化品牌龙头》，《新闻战线》2018年第3期。

③ 曹新：《南方报业传媒总编辑、南方日报社总编辑黄常开详解南方日报转型之路：移动化、平台化、可视化、智慧化》，“南方杂志”公众号2018年11月6日。

力全面升级。

（一）意识转变——反应更快，稿件更多

成立“融媒指挥中心”，实行全新的“珠报融媒值班制度”，采编指挥前移，效率大大提升。同时，记者抢新闻的意识增加，稿件数量、质量明显提升。

（二）观念转变——平台分发，特性凸显

不同终端平台，有不同的受众、不同的传播规律。为了鼓励记者生产出真正适应不同平台的产品，对多平台发布的稿件实行稿分加权，同时对阅读量高的稿件进行加分。

（三）方式转变——多元生成，立体传播

与“内容为王”一样重要的是渠道为王。目前，众多新媒体产品开发也都是以当前用户量最大的移动端，也就是手机客户端为核心。

珠海报业通过融媒改革，全面突破了“报纸”的范畴和局限，使自身成为全媒体，内容产品包括文字、图片、插图、漫画、版面、页面、视频、音频、H5、滚动播报等新闻产品的集成供应商，充分体现在渠道供给。

2017 年 7 月，珠海报业融媒体中心建成使用，珠海特报 App3.0 版正式上线，融媒改革不断向纵深迈进。

四　新媒体技术为港珠澳大桥建设报道“赋能”

传播渠道的变革，究其根本是技术驱动。而无论技术如何进步，信息传播环境如何改变，好的内容永远是稀缺资源。

一场站位、踩点精准的改革大动作，需要一次兼具标志性与创新性的新闻报道实践为“触媒”。融媒改革正式实施不久，恰逢 2017 年 7 月 7 日港珠澳大桥主体工程正式贯通这一全国媒体关注的大事件。

经过精心策划与准备，珠报融媒不仅通过珠海特报 App 和珠海特区报微信在全国率先发出港珠澳大桥主体工程正式贯通的文图消息和 App 直播，更通过《三十公里巨龙飞架伶仃洋》的航拍视频，以及《我为港珠澳大桥完成了“深海穿针”》的 H5 游戏，在互联网上持续“刷屏”，

被全国多家媒体转发，引发受众广泛关注。

该游戏作品通过互动，模拟了最终接头出坞运输、放缆下水以及最终对接等过程。其中游戏部分设置在最终对接安装的过程中，让读者可以直观感受最终接头安装的严苛，弥补了平面及视频无法表现的细节。

据统计，关于当天港珠澳大桥的新闻报道，珠海特区报微信阅读量达到23万，珠海特区报App阅读量达到7万，珠海特区报融媒全平台总阅读量突破50万。该款游戏作品发布后24小时浏览量即破2万，最终浏览量约5万。

作为一项有益的新闻实验，该作品是珠海媒体第一次用H5小游戏的形式参与到重大新闻事件的报道中，亦为本次“超级工程”的整体报道增添了一抹亮色，为珠报融媒在今后的重大事件报道中丰富报道形式、拓宽报道维度提供了鲜活的案例。

次日出版的《珠海特区报》则以四连版的形式，图文并茂地深度报道了这一历史时刻。通过对全球瞩目的重大事件的全媒体立体多维传播，讲好“珠海故事”传递中国声音，也使珠海报业的传播力影响力进一步提升，全面展现了融媒改革带来的爆发力。

在2017年度广东新闻奖与第二十八届中国新闻奖评选中，《珠海特区报》的《一次“多”出来的“深海穿针”》《珠江晚报》的《创造港珠澳大桥的“极致”》等多篇大桥主题报道获奖；《我为港珠澳大桥完成了“深海穿针”》荣获中国新闻奖融媒互动类三等奖。

可以说，在这场围绕港珠澳大桥的大型主题报道中，珠报融媒以深度融合为契机，加强传统媒体和新媒体的策划互动，精心挖掘新闻素材的新媒体亮点和兴趣点，利用H5技术突破了平面型内容产品的制作局限与呈现方式，通过更灵活多样的表达手段讲好“珠海故事”“中国故事”，成功实现了多元化、多渠道传播，充分彰显了主流媒体的影响力。

五　结语：充分利用技术丰富报道内容

什么是主流媒体？人民日报社副总编辑卢新宁认为，主流媒体不仅要看发行量，更要看影响力，要能在舆论场上具备定义事件、引导舆论、凝聚共识的设置议程能力。[①]

媒体融合不仅是应对互联网挑战的有效途径，也是主流媒体巩固主流地位的必由之路。作为先行者，上海报业集团成为各地学习转型经验的典型。

上海报业集团社长裘新认为，围绕网站、客户端、微博、微信等打造报刊的新媒体载体属于基础建设，是以项目为核心的单点探索、局部突破。“当前，应面对报业与新兴媒体融合发展的2.0时代：从产品、项目的单体打造，走向围绕新媒体产业布局、发展模式和体制机制的顶层设计。”[②]裘新提出，要从内容原创的“单轮驱动”向由内容、技术、运营、管理等“多轮驱动”的新媒体发展之路，把集团所属的新兴媒体建设成为自主可控、传播力强的新型传播平台。

在《下好一盘媒体战略转型的大棋——以上海报业集团媒体融合为例》中，复旦大学新闻学院教授张涛甫提出了这样一个问题：“在互联网时代（准确地说是移动互联时代）究竟需要什么样的媒体？在自媒体群起群落，不断冲散机构媒体阵型和操作规程的丛林状态下，机构媒体如何进行规模作业，建立影响力高地，进而实现市场变现？”[③]

如今，全国地方媒体纷纷推出新闻客户端，推出融媒矩阵产品也已是常态。但从现状来看，目前各地所推出的新闻客户端，很多仍然停留在新闻资讯发布的阶段，且内容基本也是报纸的翻版。[④]

与此同时，受限于自身的体量、资金、人力等条件，地方媒体在媒体深度融合发展中也往往会面临平台资源有限、支撑保障不足、技术创新滞后等问题。

---

① 卢新宁：《主流媒体如何巩固主流地位——关于人民日报媒体融合实践的思考》，《新闻战线》2018年第7期。

② 邱曙东：《上海报业集团：借新媒体谋裂变》，《中国新闻出版报》2014年7月29日。

③ 张涛甫、覃琴：《下好一盘媒体战略转型的大棋——以上海报业集团媒体融合为例》，《新闻与写作》2016年第3期。

④ 王刚：《地方党报新闻客户端的困境与突破》，《今传媒》2017年第2期。

愈是在媒体格局和舆论生态深刻变化的时代，传统媒体愈是要敢于创新、勇于精进，在挑战与机遇中觅得生机，重振活力。

（一）加快树立“互联网 +”发展思路

适逢其时的融媒改革，从静态到动态，从一元到多元的传播，主流媒体在保持内容定力的同时，只有真正树立“互联网 +”思维，找准市场定位，建立自身特色，创新内容和形式，走差异化发展之路，才能在夹缝中发展壮大。

（二）创新表达方式满足用户需求

随着媒体融合的深入推进，主流媒体面向互联网进行内容生产的能力亟须提升，只有更快适应互联网的发展趋势，主动根据互联网传播需要进行内容生产，更加注重运用生动的传播语言、灵活的表现形式及移动传播渠道，实现同频共振、多点发力。

（三）充分利用新技术丰富报道内容

媒介即信息，新技术本身也带来了新平台、新渠道与新受众，从微信、App 到视频、H5、直播，“动”起来的新闻充分形成报道“组合拳”，纵深大型报道的深度广度，使传统内容资源产生新附加值，实现内容价值的最大化。

（四）转型之路，难免艰辛

改革之道，唯在坚持。珠海报业做好世纪工程建设报道，进行技术创新“赋能”，成为地方媒体转型升级的一次有益尝试。从报业到融媒，从铅与火到星辰大海，自始至终，都有一种自我实现、自我超越的力量在层层推动。

参考文献：

童兵主编：《马克思主义新闻观读本》，复旦大学出版社 2016 年版。

张志安等著：《新媒体与舆论：十二个关键问题》，中国传媒大学出版社2016年版。

麦克卢汉：《理解媒介：论人的延伸》，何道宽译，商务出版社 2000 年版。

县级融媒体中心建设：地市级媒体的机遇优势和路径创新

刘远朋*

【摘要】随着县级融媒体中心建设升级为国家战略，组建工作已在各地广泛开展。每个地方媒体发展情况有异，决定了县级融媒体中心建设模式的不同。盘梳密集涌现的“县级融媒体中心”，其组建模式不外乎有两个方向，一是依托自身力量，自力更生组建而成的融媒体机构；二是拥抱上级，利用成熟平台和技术支撑以“合办”模式，实现资源整合。无论是自建还是他建，对于正加速媒体融合发展、寻求转型之路的地市级媒体来说，县级融媒体中心建设都是一个必须抢抓的重大机遇。

习近平总书记在今年的全国宣传思想工作会议上指出，要扎实抓好县级融媒体中心建设，更好引导群众、服务群众。这是县级融媒体中心建设的根本遵循，也是对志在下好“先手棋”的地市级媒体探索路径创新的坐标引航。

【关键词】县级融媒体中心　“近地性”优势　路径创新

一　地市级媒体要有抢占阵地的机遇意识

县级媒体建设最初实践于广播电视领域，1983年在“四级办台”政

---

* 作者简介：刘远朋，男，文学硕士，河源日报社融合中心运维部主任。

策指导下县级广播电视台开始搭建；伴随互联网技术快速发展，县级媒体紧跟主流媒体数字化的脚步，2003年响应中央倡导建设县级新闻网站，进一步搭建与扩张县级媒体机构对外传播渠道；2012年县级“两微一端”媒体平台建设全面铺开，实现从单一平台向多元平台的转变。

不容否认的是，由于受体制机制僵化、财政支持不足、内容创新乏力等因素影响，面对互联网的冲击，以广播电视台为代表的县级媒体陷入了生存危机，已很难承担起统一思想认识、凝聚社会共识的使命任务。在此背景下，建设县级融媒体中心将成为解决县级信息传播平台缺乏、舆论宣传渠道不畅等问题的有效突破口，打通引导群众、服务群众的“神经末梢”。

（一）县级融媒体中心建设纵横交错

按照中宣部的部署，县级融媒体中心建设要在2018年先行启动600个县，2020年年底基本实现在全国的全覆盖。因此，各地快速反应，如火如荼地开展县级融媒体中心建设工作，其推进速度超出预期。调研显示，全国1756个县至少拥有一种新媒体平台并开展相关建设工作，占比高达93.90%。

但从各地实践来看，县级融媒体中心建设是改革创新，有试点探索，无统一模式，呈现出中央与县区、省媒与县区、地市级媒体与县区、县区自力更生的纵横交错的建设态势。总体上集中表现为两个方向。

第一个建设方向是依托自身力量，对县级自有媒体相互整合，成立独立运营的融媒体机构，比如江苏省首家挂牌的邳州市融媒体中心就是以广播电台为基础，通过整合电视、报纸、网站、新媒体等优势资源组建而成。

第二个建设方向是借力成熟平台，与中央、省、市媒体纵向联合，由上级机构输出技术、平台、内容、资源等，打造县级融媒体中心，比如北京16区在建设区级融媒体中心中，广泛借助“外脑”，与人民网、新华网、央广网、人民日报媒体技术公司等强强联合。

（二）央媒省媒“争抢阵地”势头强劲

无论是自建，还是他建，这场以行政力量为主导、自上而下的媒介融合行动迅速呈现齐头并进、遍地开花的扩张态势。

从上述两个建设方向来看，上级机构主导的建设方案无论是央媒，还是省媒，均表现出了更为强劲的开拓腹地的势头，《人民日报》、新华网、《河南日报》《陕西日报》《江西日报》等中央、省级媒体成为县级融媒体中心建设的主导力量和母体。随着融合的深入推进，不少媒体已经敏锐地意识到——县区级的媒体融合将是打通信息沟通的“最后一公里”，并将县区一级纳入“版图”新的机遇与探索。甚至有观点认为，县级媒体融合是未来的重大机遇，如果主流媒体没有抓住这次机遇，就再也没有翻盘的机会了。

因而，占据地缘优势的地市级媒体要有强烈的危机意识，不能置身事外，做个旁观者，而应将参与县级融媒体中心建设纳入自身的发展战略中，主动为县级融媒体中心建设基础平台，主动参与县级融媒体中心运营，把推进县级融媒体中心建设变为做大做强自身平台的重要增量。

二 地市级媒体具有“近地性”的地缘优势

在技术标准出台之前，县级融媒体中心建设，哪个模式更符合发展趋势、更合理更管用？从目前来看，尚未有定论，但部分地市级媒体的探索实践，可以提供些许启示和借鉴。

（一）“郑州模式”提供参照坐标

在各地掀起的县级融媒体中心建设的旋风中，郑州报业集团成为先行者。2018 年 8 月 31 日，郑州报业集团与郑州市 5 市 1 县、6 个市辖区、4 个开发区集中签署框架协议，合力推进县级融媒体中心建设，打造了县级融媒体中心建设的“郑州模式”“郑州经验”。

郑州报业集团的探索和实践，为地市级媒体参与建设县级融媒体中心提供了可供借鉴的参照坐标。一方面，当前互联网正在媒体领域催发一场前所未有的变革，加速转型升级、拓展新的发展腹地，成为传统地市级媒体机构的必然选择，而县级融媒体中心建设则提供了一个重要契机。另一方面，经过多年推进自身转型升级的实践与探索，地市级媒体积淀了参与县级融媒体中心建设的资源、平台、团队等，具备了分得一杯羹的实力。

此外，成都市广播电视台也是较早探索县级融媒体中心建设的市级媒体机构，今年 3 月，成都市委宣传部在全国率先启动了市、县两级媒体垂直型融合改革，确定由成都市委宣传部牵头，成都市广播电视台具体负责，在成都台新媒体公司橙视传媒挂牌成立“成都市市县媒体融合服务中心”，利用成都台积累多年的融媒体平台和技术能力，结合各区（市）县发展实际，建设“成都市市县媒体融合综合管理服务平台”，搭建起一个贯穿市、县两级的媒体垂直型融合管理服务体系。

（二）地市级媒体的优势与挑战

在当前传统媒体新闻生产的垄断地位被新媒体打破的情况下，传统媒体要想保持自己的权威性和影响力，必须充分运用新技术、新应用，创新媒体传播方式，加快传统媒体和新兴媒体融合发展。

以《河源日报》为例，近几年该报持续推进媒体深度融合，强化软硬件投入，优化部门设置、完善全媒体采编流程，打造了包括报纸、网站、“两微一端”的全媒体矩阵，形成了全新的传播体系和融合格局。其中以“河源发布”为龙头的政务微信矩阵，囊括了包括县区、市直部门 30 多个微信公众号，总粉丝量达到了 200W+。如果该报与县区携手合作后，可与县级融媒体中心共享上述平台，把县级媒体内容放上市级媒体平台上，使其成为传播县区声音、展示县区形象的重要窗口。

“共商共建、共享共赢”应是地市级媒体推进县级融媒体中心建设的题中之意。在此方面，地市级媒体可采取“一次采集，多端口共享”模式，整合新闻资源，通过接入与整合县级融媒体中心的平台端口，打造多渠道分发的“中央厨房”模式变体，打通县级融媒体中心与其自身全媒体平台的通道，两家单位的记者编辑可以在共有的“中央厨房”内，上传、使用图、文、视频在内的各类素材，实现市县媒体资源共享、融合共通、宣传联动，重大中心工作“上能全球传播，下能触达基层”，从而推动市、县舆论宣传影响力得到全面提升。从这个意义上讲，市、县媒体平台深度融合的“融合”不是替代，也不是弱化县（区），而是强化性的融合，通过建设市、县两级集中发声的强大平台，让媒体发声更强大、更有力。

经过多年的合作，以地市级党报为主体的传统媒体机构多在县区建立了记者站，派驻了驻站记者，并培育了遍布各地的庞大的特约记者、通讯员队伍。在此基础上，他们可组建专门团队，参与县级融媒体中心运营。这些团队成员既有专业的新闻素养，又熟悉县域县情，采写适合两个媒体平台共用的新闻，实现人力资源的最大化利用。更为重要的是，遍布各县区的专业记者和通讯员队伍，可在新闻事件发生的第一时间抵达现场，及时发声，澄清真相，引导舆论。

此外，地市级媒体专业的新闻操作，既可解决省级以上媒体高高在上、不接地气的问题，又可消除市场化传媒机构存在的意识形态安全隐患，同时通过参与平台搭建、内容运维、后期技术维护，让县区建设融媒体中心省钱、省心、省力。

因而，地市级媒体可充分利用平台、资源、团队等“近地性”优势，通过组建统一的“市县融媒平台”，开展市县媒体垂直型融合，实现宣传报道的统筹管理，推动当地多级媒体形成宣传合力，引导群众；同时以媒体融合、专业运营的方式推动当地智慧城市、电子政务发展，服务群众。

当然，地市级媒体推进县级融媒体中心建设也面临着诸多实践层面的挑战，中央、省级媒体的围剿，自身转型升级的不确定性，技术力量的薄弱等，均有可能成为县级融媒体中心建设中的瓶颈。

三　地市级媒体推进县级融媒体中心建设的路径创新

当前，在与传统媒体的竞争中，互联网如入无人之境，日益成为信息集散地、舆论策源地与思想交锋主阵地。作为联系基层群众的“神经末梢”，如何守住基层舆论阵地，做好基层舆论引导工作，将是县级融媒体中心建设的核心要义。上述核心业务做得好坏与否，直接决定县级融媒体中心的生命力强弱和价值大小。

对此，习近平总书记在全国宣传思想工作会上作出的“要扎实抓好县级融媒体中心建设，更好引导群众、服务群众”重要指示，就是县级融媒体中心建设的根本遵循原则。从这个意义上讲，地市级媒体在推进县级融媒体中心建设时，应着眼于国家治理体系与治理能力现代化这个改革总目标，着眼于打通基层宣传思想工作“最后一公里”这个核心要义，创新组建运维路径，打造一个县域现代传媒服务平台，在这个平台上完成引导群众、服务群众的使命任务。

（一）做好“引导群众”文章

由于采编力量薄弱，目前不少县级融媒体优质原创内容缺乏，导致其平台影响力和传播力有限。因此，地市级媒体参与县级融媒体中心运营，仍要坚持“内容为王”理念，创新内容生产方式，再造生产流程，丰富表达方式，让优质、原创、本土新闻成为县级融媒体中心的门面担当。诚如浙江省长兴传媒集团总编辑王晓伟所说：“原创、精品、深度、本土的内容，是县级媒体融合的最大优势。”

传统媒体内容的生产—传播流程基本上是按照“黄金 24 小时”的节奏运转，这和互联网以秒为单位的信息发布时效形成强烈反差。因而传统媒体的内容生产、发布要跟上时代的变化、技术的变迁，就要倒逼生产采编流程再造，在守住安全底线的基础上，立足于“快”“抢”，利用统一的采编调度中心，依托县级融媒体中心的运营团队，第一时间抵达事件现场，第一时间发出权威声音，以最高的效率构筑官方和群众信息沟通的“最后一公里”。当然，县区也可根据自己的实际情况来“点菜”，加一些自己喜欢的“佐料”，然后由市级媒体机构完成供应。

在上述过程中，要坚持移动传播优先战略，以动态的滚动式的报道方式呈现，不给谣言、流言和谎言留出滋生危险的空间。当然，移动优先原则还体现在记者编辑的移动互联网思维上，要通过考核等制度引导，让记者编辑适应全媒体时代的新闻采集发布方式。

（二）做巧“服务群众”文章

一个现代传媒服务平台，不再是传统媒体时代单纯进行新闻报道和信息发布的媒体，而是兼具了其他综合服务功能。而服务功能的设计，则要统筹考虑地市级媒体自身的实力，用好“近地性”优势，巧做“服务”

文章。具体来讲，可在以下三方面努力。

一是强化政务服务。整合各级政务资源，对接各类政务服务系统，把政务资源变为媒体运营资源，把县域内各个政务信息孤岛通过县级融媒体中心连接起来，这样政务联通了用户，用户舆情又联通了政务，既能提高用户的黏合度，又可推动县域政务服务水平的不断完善、提升。

二是完善市场服务。以地方政府、本地商家、本地群众为主要合作与服务对象，引入本地电子商务、在线教育、在线医疗、在线网络文化活动等服务功能，构建便民生活服务"一条龙"的商务圈，让群众真正用起来、离不开。这对目前正寻求经营转型升级的地市级媒体来说，也是开辟了一个新的阵地，从而实现传播价值和经济价值的双赢。

三是提升内容服务。基于社交媒体的经验体验分享机制，用户体验已经成为品牌价值的重要塑造力量，因此，如何获得用户情感上的归属与认同是县级融媒体中心建设过程中实现"服务群众"这一目标所面临的一个核心问题。基于此，地市级媒体需改变以生产者为中心的惯性思维，突出用户意识，在内容提供上坚持本土化，着力本地社会变动的关注，以关注本地、关注小人物、以小切口来考察社会大问题，作为提高县级融媒体中心服务效率的基本坐标。

参考文献：

传播君：《县级融媒体中心为何不是"简单合并"？宜兴日报社原社长程伟这样说》，《网络传播杂志》2018 年 11 月 1 日。

胡正荣：《县级融媒体中心建设的一二三》，《广电实战》2018 年 10 月 29 日。

瑞峰：《划重点，"县级融媒体中心"建设的"四三二一"布局》，《传媒内参》2018 年 9 月 2 日。

谢新洲：《扎实抓好县级融媒体中心建设》，《人民日报》2018年11月8日第7版。

杨明品：《建设县级融媒体中心不能"装模作样"，抓住这些关键问题进行改革》，《广电实战》2018 年 9 月 20 日。

章玲、杨玉波：《市县融媒体肩负时代使命，打通基层宣传"最后一公里"》，《广播电视信息》2018 年 9 月 12 日。

朱春阳：《县级融媒体中心建设：经验坐标、发展机遇与路径创新》，《新闻界》2018 年 10 月 22 日。

《推进县级融媒体中心建设，这些案例值得借鉴》，《传媒圈》2018 年 8 月 31 日。

浅谈地市级党报新闻客户端发展问题与对策
——以“掌上梅州”客户端为例

黄　焱*

【摘要】 为了更有效地进行新闻生产，新闻客户端已成为传统媒体融合发展的重要手段。本文将“掌上梅州”客户端作为地市级党报从“报网融合”走向全媒体全端口融合的重要抓手，探讨了地市级媒体的新闻客户端在发展中面临的交互形式单一化、用户群体断层化、运营推广局限化等问题，并提出了探讨性对策，以期能对地市级媒体未来发展起到参考作用。

【关键词】 新闻客户端　地市级媒体　新闻生产　媒介融合

一　研究背景

地方党报在PC互联网时代跟随时代步伐制作了自己的新闻网站，但此类网站大多只是照搬了纸媒的新闻内容，沿用的还是传统媒体时代的单向传播思维模式。以智能手机为接收终端的移动互联网时代的到来再次为地方党报的融合发展提供了机遇，新闻客户端已成为传统媒体融合发展的重要手段。

---

* 作者简介：黄焱，女，文学学士，梅州日报社文字记者。

当前，新闻客户端从运营商的角度来看主要有三类：第一类是传统媒体客户端，包括纸媒、广播、电视和通讯社，典型代表有《人民日报》、新华社、澎湃新闻等，其特点在于新闻内容原创比例高、公信力强。第二类是门户网站客户端，典型代表有腾讯新闻、新浪新闻、搜狐新闻等，这类客户端是变化的知识接收终端，其特点在于能够提供多、广、泛的内容。第三类是互联网公司运营的客户端，其优势是利用技术抓取新闻，进行整合和定向推送，最具代表性的就是“今日头条”，这是目前新闻客户端较新的运营模式。新闻客户端在传播上有着明显的交互性、新闻报道及时性与跨时空性和全景化的新闻模式。

在此背景下，地方传统媒体如何发挥母报价值，借鉴门户类网站客户端和互联网公司客户端的经验，实现新的盈利模式？各地均在不断探索。在 2018 年 5 月 20 日召开的第十三届中国传媒大会上，《梅州日报》获评“金长城传媒奖·2017 中国传媒融合发展十大影响力地市党报”，这是《梅州日报》继 2016 年在第十一届中国传媒大会上荣获“金长城传媒奖·2015 十大创新力地市党报”后再获素有中国传媒界“奥斯卡”之称的金长城传媒奖。《梅州日报》在实践媒体融合的过程中取得了一些经验，但仍面临一些问题。

本文基于对《梅州日报》“掌上梅州”客户端发展的分析，探讨了媒体融合发展时代下，地市级党报新闻客户端如何突破交互单一、用户断层、运营局限的问题，实现商业模式的转变。

二 “掌上梅州”客户端的发展现状

（一）产品功能日益完善

“掌上梅州”自 2016 年 11 月 8 日问世以来，进行了 4 次版本更新，在界面、内容、服务、互动、用户体验等方面都有了质的飞跃，在 3.0 版本实现了直播功能，最新的 4.0 版本将数字报更换为“轻报纸”模块，增设了“政情”，首页重点推荐微视频、直播模块，用户量从 2017 年年初的不足 3 万至今收获 60 万下载量，拥有了 200 家梅州号入驻。

这一产品的上线是适应新媒体语境下的信息传播需求，它背后的支撑是采编“中央厨房”，通过建立统一指挥调度的多媒体采编平台，重构了新闻采编生产流程，实现新闻信息一次采集、多种生成，快速的、分众的、全媒体平台的多元传播；为保障传统媒体真正实现融合发展，先后投入 100 多万元建设和完善全媒体中控室，试行全媒体采编流程和考核办法，完善和创新奖惩机制。目前，《梅州日报》平台传播用户超 400 万人。

（二）“互联网思维”融入客户端运营

传统媒体做客户端，核心竞争力仍在于内容，但必须摒弃“做媒体”的新闻人思路，向“做产品”的互联网思维转变。“掌上梅州”从 1.0 到 4.0，内容涵盖面越来越广，以前只是将传统媒体已经编发的信息进行二次加工，然后在“掌上梅州”上进行二次传播，现在有了越来越多的客户端产品，比如 H5、短视频，这些产品都受到了用户的欢迎。

比如为报道好“客商银行 · 2018 世界客都梅州马拉松赛”比赛，《梅州日报》派出 40 多人组成全媒体采访团队，联合新华社现场云对赛事进行全程“视频 + 图文”直播，全方位、无死角、滚动式报道和发布了一系列融媒体产品，获得总流量（点击量）近 1000 万次，刮起“刷屏”旋风。据统计，从筹备到赛事正式打响期间，“掌上梅州”客户端相关专题共收录 77 篇稿件，累计阅读量达到 400 万次。赛前，客户端推出了三波梅州日报全媒体产品（共 5 个视频）为大赛造势，共收获了超过 25 万的阅读量；全程直播页面阅读点击量突破 200 万次；快讯《敏哥鸣枪发号，“梅马”开跑！》《2 小时 23 分 52 秒！“全马”冠军：上海选手李伟》《2 小时 44 分！全马女子第一来自肯尼亚》等文章单篇阅读量均在短时间内突破 10 万次。本次报道除了现有新媒体平台报道外，还把融媒体产品“号外”的使用发挥到了新高度，推出的 7 篇号外佳品，被各大媒体、平台广泛传播。据统计，发布的 7 篇“号外 – 融合产品”在全媒体平台共获得超过 210 万的总阅读量。梅州网搭建的直播链接，总点击量超过 100 万次。此外，该报在抖音、腾讯视频平台发布的相关视频作品，点击量均在短时间内突破 10 万。

三 “掌上梅州”客户端现存的问题

（一）从用户体验角度分析存在问题

以用户为中心的互联网时代要求传统媒体的新闻客户端开发和运营要注重用户体验。通常认为，用户体验只是在使用产品时才产生，其实不然，用户体验贯穿于产品产出的各个阶段。一般把这个过程分为三个阶段：准备期、互动期、反馈期。准备期需要充分宣传产品，对即将问世产品进行预热。互动期包括四个方面内容，分别是对受众需求的了解、良好的交互设计、清晰的视觉设计、可用性测试。反馈期包括情感设计、关联推荐和限制机制。

1. 运营推广局限化

在前期推广阶段，“掌上梅州”仅靠自己的纸媒、网站等进行新闻报道。在百度上搜索关键词“掌上梅州”，首页几乎没有关于“掌上梅州”的报道。在后期的活动宣传上，“掌上梅州”也是以“配角”出境，整个推广流程做得不够。

2. 交互形式单一化

反馈要求开发者通过情感设计的维度营造用户与产品间的良好关系。目前“掌上梅州”客户端文章可点赞、评论、收藏，分享到朋友圈、微博和微信，评论不能直接在下拉页面显示，需要跳转页面。这大大降低了读者的互动积极性和互动感，而且由于缺少社群运营人才，读者评论缺少回复，这也会影响用户体验。而最需要交互感的直播功能暂时只开放了聊天室，缺乏像弹幕之类能够引起感情共鸣的因素，这对用户群体也会造成一定的影响。

同时，要充分利用关联推荐来拓展用户对相关产品的使用，这得益于后台对用户行为数据的分析，这就要求后台成立相应的数据库，但由于缺乏资金和人才，目前数据还处于“流放”的状态。

（二）媒介融合方式单一

近年来，传统媒体纷纷成立新媒体部门开展相关业务，有关部门还出台了扶持政策，来推动传统媒体的融合进程。但目前仅有手机这一单一的融合方式，对大多数传统媒体来说只是形式上的融合，没有实质性的作用。

四 “掌上梅州”客户端的发展对策

（一）用户体验需改进

反馈期需要牢牢把握用户需求，这依赖于大数据的支撑，但在数据库建立的空隙，可以通过回复评论的方式增强与用户的互动来留住用户，比如新华社的微信公众号运营就是当下新闻客户端运营者与用户沟通的范本。

（二）媒介融合多元化

在促进媒介融合的过程中，要遵循新闻传播规律，注重媒介和新型媒体的发展规律，注重人与媒介以及其他产业的融合，比如音乐、展览等，加快信息检索的便捷性，增强媒介的互动性，让大众能够主动参与信息传播过程，从被动化为主动，使整个信息传播过程更加开放。

参考文献：

闪耀辉、张妍珂：《浅谈新媒体环境下的媒介融合》，《新闻研究导刊》2016年10月。

王刚：《地方党报新闻客户端的困境与突破》，《今传媒》2017 年第 2 期。

王洋：《浅谈新闻客户端的新闻特点》，《新闻研究导刊》2017 年 4 月。

《互联网思维下对传统媒体移动新闻客户端的思考》，http://m.xzbu.com/1/view-11635756.htm。

新时期地市级媒体公众号运营策略

裘蓓蓓*

【摘要】进入21世纪，在新媒体的冲击下，发展不到100年的电视媒体，在市场份额、话语权等方面开始快速萎缩。在此背景下，大批电视媒体开始涉足新媒体领域，在困境中求得突破和发展，最普遍的做法就是推出各类新闻客户端或微信公众号。但新媒体和电视媒体在各方面都有着本质上的不同，用传统的电视媒体思维去经营新媒体，往往只能得到“画虎不成反类犬”的结果，不但达不到转型的效果，还可能影响到电视媒体本身的正常运作。传统电视媒体到底该如何与新媒体实现融合，从而达到共赢的效果呢？地市级电视媒体又该如何运营公众号呢？本文尝试进行一些积极探索。

【关键词】地市级媒体　电视媒体　新媒体　公众号运营　运营策略

一　传统媒体公众号发展现状

根据腾讯官网公布的，截至2018年9月30日未经审核的第三季度业绩来看，微信及WeChat的合并月活跃账户数达到10.82亿，比去年同期增长10.5%，微信已经成为国内首屈一指的社交软件，在服务业务里，

* 作者简介：裘蓓蓓，女，文学学士，惠州市广播电视台时政新闻部《午间新闻》栏目编导。

涵盖了社交、支付、媒体、生活服务和企业服务等各个方面。伴随着微信的普及，微信公众号也借势而起，迅速成为大家每天打开手机后必需的浏览品。数据显示，截至2017年年底，微信公众号的注册总量已经超过2000万个。

随着互联网和智能手机的普及，大众的阅读习惯也发生了改变，传统的报纸、杂志、电视、广播已经渐渐无法满足大众的需求了，为了适应这一传播规律的变化，对于传统媒体来说，建立媒体公众号已经成为必需的标配，而从各种数据来看，大众对于媒体公众号的出现，也是非常欢迎的。根据2018年9月10日于深圳举办的“2018媒体融合发展论坛”上公布的数据来看，目前在机构运营的微信公众账号中，媒体号数量占比不足1%，粉丝总量却高达近23亿，充分体现了传统主流媒体在传播领域的权威性和影响力。在《有道云笔记》推出的2018年第二季度微信价值排行榜里，传统主流媒体的优势也能体现出来，在排名前十的时政类公众号中，以官媒身份输出权威消息的公众号就有三个，分别是“人民日报”“新华社”和“央视新闻”，其中“人民日报”常年雄踞榜首。

不过，笔者也发现，粉丝量多、影响力大的媒体公众号，基本集中在几大央媒里，省市级媒体公众号的发展情况大多较为普通，甚至有一部分可以用“惨淡”来形容。为何媒体公众号大量涌现却无法做到“百花齐放”，如何充分发挥传统主流媒体优势，成为当下探讨的热点。

二 惠州电视台公众号“午间新闻”实践

（一）现状

惠州电视台午间新闻栏目公众号“午间新闻”于2013年3月20日发出第一条推文，截至2018年11月22日，共发出1767条推文。在最初建立微信号时，设想是用公众微信号来联系收看用户和商业客户，既推广自身栏目影响力，也帮助客户做宣传。作为全台最早开通的微信公众号，微信公众号“午间新闻”建立初期，在本地沉人、聚拢人气、前后期宣传等方面，还是取得了不错的效果的，不少商家也因为看中微信这一宣传平台而愿意合作。但随着微信公众号数量和专业性的提升，持续原地踏步的“午间新闻”开始后继乏力，泯然于众公众号。

（二）不足

1. 观念和认识上存在误区

部分上层领导虽然认识到了和新媒体融合的重要性，但仍未把发展新媒体作为一个必要的工作方向，认为传统媒体仍然占据市场的主动地位，新媒体只是作为辅助渠道出现，以如微博、公众号、App 等新媒体传播媒介，存在即可。不重视，就意味着不投入，而要发展一个全新的领域，零投入注定不会有好结果。

2. 资金投入不足

新媒体和传统媒体在运作规律上有着本质上的不同，新闻采写、编辑等方面更是有着截然不同的方法和技术，但限制于资金投入，目前很多媒体在发展公众号上采取的方法，是沿用传统的采编人员来运营，并未新成立一个新媒体部门，由专业的新媒体运营方接手。以惠州电视台《午间新闻》为例，自开通微信公众号“午间新闻”后，并未增加专门的新媒体采编人员，只是由栏目新闻固定新闻编辑来兼职负责，由于没有经过专业的培训，在微信选题、排版等方面，摆脱不了传统的编辑习惯，只是单纯地把新闻从电视搬到了微信公众号上，缺乏特色和吸引力，寥寥无几的阅读量让公众号平台显得十分冷清。新媒体时代，读者习惯于碎片化的阅读，传统媒体大段的文字形式已不再适合，应尽量把新闻内容段落化，然后在段落与段落之间加入图片、微视频等其他形式的内容，营造生动的阅读场景。

3. 新闻内容同质化

新闻内容贴近人们生活，能更好地吸引读者。地市级媒体无法像央媒、省媒一样，做到立足本土放眼全球。这本来已经落后了一步，如果再不深挖本地新闻，一味跟风“炒旧饭”，就更没有人买账。目前惠州电视台有多档新闻类节目，虽然在节目设立之初作了明确的分工定位，但在实际工作中却出现内容同质化严重的现象，再加上各栏目各自运营有公众号，同样的内容发布多次，只会消磨掉读者的兴趣，最终鲜有人问津。

4. 推送次数限制

微信公众号最初诞生时对推送次数没有任何约束和限制，但随着公众号数量越来越多，无节制的信息推送，给用户带来了巨大干扰。为此，2014 年注册后的公众号每天只能推送一次消息。每次可选择推送单条图文或最多七条图文。但新闻的突发性是无法提前预料的，屡屡错失推送的最佳时机，读者有了更新、更好的选择，自然会取消关注。

三　地市级媒体公众号运营策略

尽管传统媒体公众号在诸多限制下大部分时间显得有些鸡肋，但在媒介融合的大背景下，公众号仍然在一定程度上满足了读者的传播需要，所以有必要改变观念、加大投入，做好运营工作。

（一）更新观念　重新定位

对于传统媒体来说，应该清醒地认识到，过去“高高在上、我播你看、爱看不看”的旧格局已被打破，想要破而后立，就要明白当下的新格局是怎么样的。在新媒体的冲击下，微博、微信等传播媒介已不是可有可无的存在，而是未来发展的主阵地。抱着可有可无、急功近利的心态是注定完成不了传统媒体与新媒体的融合的。就目前来看，宁愿把冗余的部门撤掉，改成新媒体部门，也比保留同质化程度高、效益低的传统部门好。

（二）加强培训　提升素养

在不增加人员的情况下，建议定期开展新媒体培训。当下传统新闻采编人员在面对新媒体时，往往受到媒介手段运用不熟练，独立创新能力匮乏等问题的困扰。但他们也有自身的优势，如强大的母体资源支撑、提供原创性内容，专业的信息采集能力，成熟的信息筛选能力等。只要在排版、文体等方面补足短板，笔者相信媒体公众号的可读性一定会大幅度提升。而在培训师资方面，可以选择短期的新媒体培训班，也可以定期邀请经验丰富的公众号运营者来授课，还可以定期举行内部交流学习会，交流各自的经验。如惠州广电集团旗下的新媒体中心，其负责的公众号东江传媒网，成立至今一直保持旺盛的活力，在资源整合、文体编排、新技术运用方面都有独到的经验，作为同集团的兄弟部门，可以由集团领导出面协调加强合作交流。

（三）整合资源　打造精品

如今很多地市级媒体拥有的公众号数量不在少数，资源分散无法形成合力。以惠州电视台为例，它拥有“惠州电视台”“第一直播室”“午间新闻”“惠州市广播电视台”等一批媒体公众号。栏目各自运营公众号，方便了栏目的自身宣传，但因为内容同质化等原因，反而削弱了整体竞争力。可以整合现有的公众号资源，大胆淘汰，择其精华，建立统一的对外口径。这样既能增强媒体公众号的权威性，也能节省人力物力，免去了每个栏目分别设置微信公众号运营人员的资源浪费。有特色的活动、节目、独立新闻等，可在公众号的底部功能菜单实现分类推送，用四五个公众号的内容来丰富一个公众号，方便用户操作，增加读者黏性。

（四）用户为本　注重互动

传统媒体的经营思路是为读者提供优质的内容或产品，来建立产品与读者之间的关系，随后通过读者来信、热线电话、现场参与等方式建立传播者与读者之间的关系，最后通过互动讨论建立读者与读者之间的关系。但在新媒体时代，这种关系已经无法满足读者的需求，读者已不仅仅满足于“读”，而有了参与内容生产的念头，需要一种更直接、更有时效性的互动方式。这种互动的建立，有时候甚至比内容更受读者的重视。其中最为经典的例子就是新华社的一条全文只有 38 个字的新闻，不到 10 分钟该条微信阅读已经突破 10 万。而引发读者强烈点击和评论兴趣的，不是新闻的内容，而是后台编辑们对于读者评论的各种严肃认真又不失幽默风趣的回复。这种即时互动会迅速在读者和公众号之间建立一种感情联系，迅速提高读者对于公众号的关注兴趣，并在读者与读者之间完成良好的二次转播效应。特别是在普通媒体公众号推送次数有限制的情况下，更应该把握住有限的和读者互动的机会。

（五）把握时机　精简内容

目前惠州电视台大部分栏目公众号的推送时间，都是在节目播出后的一两个小时，如“午间新闻”——一点半到两点，“惠州电视台”——八点到九点，从相关的微信用户阅读时间调查数据来看，这些时间点都不是黄金时段，难以吸引读者阅读，可以把推送时间改在吃饭前后和上下班途中的零碎时间，更符合目前读者“碎片化阅读”的习惯，点击文章的可能性更高。

在实际工作中发现，一次推送发送一条到三条新闻是比较合适的，一次推送内容太多，用户的点击量反而会降低。目前来看，腾讯视频公众号的推送方式，即每次只推送一条，但在一条推送内包含五条到十条内容，在封面处把主要内容的标题注明，这种方式会吸引更多用户点击。

（六）绩效改革　激励创新

地市级媒体虽然在技术、资金等各方面有些匮乏，但它也有其自身的优势——较为宽松的运营环境。可以开通适当的奖励机制，或直接开通打赏功能，提高微信小编们的积极性。

参考文献：

腾讯官网：《腾讯公布 2018 年第三季度业绩》，2018 年 11 月 14 日。

有道云笔记：《2018 第二季度微信价值排行榜》，《新榜》2018 年 7 月 5 日。

《2018 媒体融合发展论坛》，http://mif.pdmi.cn/。

张淑华、苗彩霞、杨吉儿、王红：《地方传统媒体微信公众号的运营现状及发展研究》，《新媒体研究》2017 年第 18 期。

新媒体时代气象灾害报道的探索与思考
——以“中山发布”对台风“山竹”的报道为例

叶倩儿*

【摘要】 新媒体凭借交互性、实时性、广泛性等优势，逐渐成为气象灾害事件中信息发布、政治沟通和舆情引导的主要渠道。本文以2018年9月广东遭遇强台风“山竹”为例，以地级市政务公众号“中山发布”为研究对象，通过翔实的数据和案例，分析“中山发布”的气象灾害报道特色及形成原因，考察政务公众号在气象灾害报道中的传播功效，并提出改进建议。

【关键词】 新媒体　气象灾害　中山发布　传播功效

广东省地处南亚热带季风区，台风、暴雨、洪涝等极端性、灾害性天气频发，给人民的生命财产造成了较大损失。2018年9月16日17时，强台风“山竹”在广东江门台山市海宴镇登陆，给广东、广西、海南、湖南、贵州带来严重风雨影响。截至18日17时，台风“山竹”造成5省（区）近300万人受灾，5人死亡，1人失踪；造成直接经济损失52亿元，是2018年的“风王”。

本文以广东省中山市政务公众号“中山发布”报道台风“山竹”为例，着力分析政务公众号在气象灾害报道中的传播功效和改进方式。

* 作者简介：叶倩儿，女，法学学士，中山广播电视台全媒体编发部主任助理。

将“中山发布”作为研究对象基于以下原因：其一，“中山发布”由中山市网信办主办，是中山市委市政府发布权威信息、关注服务民生、树立城市形象的重要新媒体平台，信息发布及时、权威、综合；其二，“中山发布”上线4年来，目前粉丝量超100万，平均每周阅读量超120万。在人民网发布的《2017年城市政务新媒体指数报告》中，“中山发布”传播力位居全国地级市第一，2015—2017年连续三年获广东“最具传播力政务微信公众号”等称号，具有先进性、代表性。

一 新媒体时代的气象灾害报道新态势

（一）新媒体影响力日益扩大

随着网络技术的发展和移动终端的普及，新媒体渗透到我们的日常生活中，并对政治生活产生颠覆性和革命性的冲击。根据中国互联网络信息中心发布的《第42次中国互联网络发展状况统计报告》，截至2018年6月，我国网民规模为8.02亿，上半年新增网民2968万人，较2017年年末增加3.8%，互联网普及率达57.7%；我国手机网民规模达7.88亿，上半年新增手机网民3509万人，较2017年年末增加4.7%。网民中使用手机上网人群的占比由2017年的97.5%提升至98.3%，网民手机上网比例继续攀升；以微信、QQ为主的即时通信用户规模达到7.56亿，较2017年年末增长3561万，占网民总体的94.3%。手机即时通信用户7.5亿，较2017年年末增长5641万，占手机网民的95.2%。[①]

（二）新媒体在气象灾害报道中的作用日益凸显

以电视、广播、报纸为代表的传统媒体经过多年实战，积累了丰富而成熟的报道经验，有能力对气象灾害报道进行广度和深度的延伸。但随着新媒体影响力日益扩大，凭借反应迅速、开放性高、覆盖面广等优势，新媒体逐渐成为气象灾害中信息传播的主要渠道，发挥了有别于传统媒体的重要作用。而政务新媒体更应该把握契机，最大限度地发挥传统媒

① 中国互联网络信息中心：《第42次中国互联网络发展状况统计报告》。

体权威发布和新媒体交互性、实时性、广泛性优势，在气象灾害报道中发挥更加重要的正面作用。

1. 双向传播模式取代单向模式

传统媒体一般采用自上而下的信息传播模式，传播者较难获得信息接收者的反馈，具有先天的缺陷和局限性。同时信息接收者二次传播的时间成本较高，因此二次传播的概率较低，基本全部依赖首次传播。而新媒体与之不同的是，传播模式由单向性模式转为双向传导机制①，这样信息传播者能够及时获得信息接收者的反馈，一是可以用来评估传播效果，二是能够及时纠正传播过程中出现的问题，三是为下一步报道指明方向。另外，在新媒体时代，信息接收者可以很方便地成为信息的二次传播者，新媒体的传播成本无疑是最低的。

2. 信息传播的时效性大大提升

气象灾害事件具有时间紧、危害重、变化快、影响广的特点，对于政府职能部门来说，及时公开信息本来就是处理危机的首要任务之一，对于媒体人来说，信息的时效性是传播功效的关键。谁能最先发出信息，谁就占领了先机并赢得了受众。

传统媒体与新媒体处理信息的效率差异并不明显，但是在对外传播的速度上，新媒体具有不可比拟的优势。随着技术发展，信息接收者理论上可以在信息发布的瞬间获知信息，并实时做出反馈和补充，这为气象灾害事件的消息传播提供了巨大的便利。天气预报不断更新，这也要求媒体需要时刻保持对新闻的敏感性，全程介入，不断实时追踪并发布最新消息，充分保证公众的知情权。

3. 多媒体功能为报道提供便利

微信的多媒体功能为气象灾害报道提供了诸多便利。一是微信能够快速传输文字、图片、语音及视频；二是微信传播只需要一部手机，在紧急情况下，手机能“取代”录音笔、照相机、摄像机等设备，这不仅

① 许程程：《基于SWOT分析的我国新媒体对外传播研究》，湖南大学硕士学位论文，2012年。

方便媒体人工作，也赋予了民间舆论话语权，让人人都有“麦克风”和“摄像机”。在现场的媒体人和公众，将信息发到微信群或朋友圈，就能马上实现广泛传播，后方编辑也能获取“第一现场”的信息，迅速完成对信息的整合发布。微信的出现，也在很大程度上改变了媒体人的工作方式，传统媒体向全媒体转型已是大势所趋。

二　“中山发布”报道台风“山竹”的传播功效

根据媒介依存理论：在危机事件面前，人们会本能地转向对媒体的依赖，以此消除个体的恐慌。因此，每一次气象灾害报道都是对新闻媒体的浴火锤炼与检验。[①] 面对日渐逼近的台风，公众很容易产生强烈的恐惧感，期望第一时间了解台风相关信息，这就要求政府机关用好政务新媒体这一利器，“以用户为中心”，最大限度发挥自身优势，满足用户的信息需要。

（一）服务群众，信息及时有效全面

在对台风“山竹”的报道中，“中山发布”符合3T原则。3T原则由英国危机公关专家M.Regester.Michael提出，主要强调危机处理时把握信息发布的重要性，即Tell Your Own Take（以我为主提供信息）、Tell It All（提供所有信息）、Tell It Fast（尽快提供信息）。3T原则适用于政府应对危机事件的信息发布行为，在突发气象灾害报道中同样具有指导意义，[②] 即要为公众提供关乎切身利益、全面丰富、迅速及时的信息。

9月9日早上7点，“中山发布”推送首篇关于台风“山竹”的文章《今年第22号台风生成，或达超强台风级！会影响中山吗？| 早安，中山》，迅速引起广泛关注。之后，“中山发布”每天紧跟台风最新动向，从台风实况、交通影响、安全预警、抗风救灾、灾后复产等多个视角滚

① 韩炜林、李保林、王丙全：《在重大灾难报道中提升媒体五大能力》，《新闻前哨》2015年第8期。

② 邱源子：《政务微博：危机应对的有效平台——以“广东发布”对超强台风“威马逊”的舆情处置为例》，《新闻知识》2015年第2期。

动发布信息，既满足了公众的信息需求，又发挥了舆论引导的功效。

据统计，台风“山竹”期间，“中山发布”充分利用2018年4月新开通的每天3次权限，共推送22篇相关稿件，其中18篇阅读量达10万+，总阅读量达450万，为中山打赢抗击台风硬仗提供了有力的舆论支持。稿件的表现形态多样，包括图文、动图、视频、动漫等，以极具冲击力、感染力的现场画面，充分补充文字内容，增强可读性，转发量和评论量自然得到了提高。

对比其他公众号发现，在报道台风“山竹”的过程中，“中山发布”主动通过拓展阅读，提高信息的实时性和丰富性。“中山发布”目前已开通天气查询、实时路况、实时公交、网上办事等14项便民服务功能，在台风期间，“中山发布”通过“阅读原文”等方式，主动设置台风实时路径、实时路况等扩展阅读，既方便了群众，也有效地提升了用户黏性。

（二）权威发声，避免谣言发酵传播

在“人人都有麦克风”的新媒体时代，信息芜杂且碎片化，公众难以甄别，特别是“标题党”谣言，极易得到迅速的传播和高涨的关注。新媒体技术的发展为应对气象灾害带来便利的同时也产生了新的挑战。掌握新媒体时代突发事件的传播模式与路径，利用新媒体优势在报道中抢占舆论制高点，加强舆论引导能力，破除谣言并化解危机，既是政府部门、媒体等应尽的社会责任与义务，也是其获得公信力和影响力的重要方式。[①]

台风“山竹”登陆当天，中山市全市将停水停电停网、超市被抢购一空等消息在多个公众号和网站发布，朋友圈广泛传播，一度造成公众恐慌。对此，“中山发布”第一时间向有关单位求证，在确定信息失实后进行权威辟谣，有效消除社会恐慌和不良影响，使谣言丧失发酵的空间。在日常，“中山发布”也及时关注网络舆情，对影响重大、传播广泛的谣言及时主动地发布权威信息。例如2018年9月25日深夜，有网友在微信朋友圈发布一女子在公交车被猥亵的视频，并称事发地在中山，相

① 梁燕萍：《新媒体在突发公共卫生事件中的作用》，《青年记者》2011年第24期。

关视频和言论被网友大量转发，引起关注。9月26日，“中山发布”与中山警方联动，作为首发媒体迅速进行辟谣。信息第一时间被《人民日报》、澎湃新闻、《新快报》等媒体转载，有效平息舆情。此外，“中山发布”每天安排专人收集、梳理和回复网友的留言，与有关部门建立了常态化沟通机制，对反映的问题及时跟进回复，一些有代表性的问题在每天的《问答小布哥》栏目进行公开解答，潜移默化地树立了“中山发布”作为中山市委市政府权威信息发布平台的公信力。

（三）注重科普，增强防灾减灾意识

在过去的台风报道中，部分媒体更多地关注台风本身的信息以及政府的防灾救灾工作，存在对群众的自防自救宣传报道力度不足的问题，一定程度上导致群众存在麻痹大意的思想，造成不必要的生命财产损失。在报道台风“山竹”的过程中，“中山发布”主动肩负起加强安全知识教育，增强群众自防自救意识和能力的重要职责。

台风登陆前，“中山发布”持续报道台风的最新动态，及时提醒台风预警升级、风力加强等信息，让群众保持敬畏之心，并且通过图文、短视频、动画、动漫等方式，教导群众如何提前做好防御工作；提醒需要转移的群众、渔船等自觉配合政府的统一指挥，及时转移到安全的地方；多次发布指引，引导群众有序停工、停产、停课、停市、停运。台风登陆当天，“中山发布”迅速发布中山市三防指挥部通知，提醒中山全市道路实施交通管制，建议市民切勿外出，正在路面行驶的车辆立即开往安全地带躲避，切勿继续在路面行驶。台风登陆后，风雨影响有所减弱，“中山发布”发出多条安全提醒，科普“如何判断台风是否远离？”“台风过后有‘回南风’”、台风过后“十注意”等知识，既有专业视角又有浅显易懂的科普解析，具有较强可读性。经过充足、持续的科普提醒，中山市民绷紧了安全这根弦，做到了尽量少出门，既避免了人员死亡，也为迅速恢复市容市貌、道路交通、通水通电抢修提供了有利条件。

（四）合力发声，提高传播力和影响力

“中山发布”与有关部门建立了常态化联动机制，2017年3月，“中山发布”还在省内率先建立“政务矩阵”，目前全市25个镇区、73个部

门近100个政务微信集体入驻，搭建起以“中山发布”为龙头的全市政务新媒体矩阵。据统计，“政务矩阵”首次覆盖受众逾300万人次，后续传播将呈几何级递增。

在台风“山竹”的报道中，“中山发布”积极利用政务平台，全景呈现全市各镇区受灾情况和社会各界的一线抗灾行动，鼓励受灾群众并跟进善后工作。在资源整合上，充分体现协同式作战理念，发挥常态化联动机制优势，提前与25个镇区以及相关部门积极沟通，整合镇区媒体的优势资源和各部门的一手信息，快速反应，合力应对，第一时间获取和发布更直观、更全面的信息。例如，台风“山竹”期间，中山市气象局改编知名流行歌曲《中国话》，发布动画MV《停课不求人》，通过朗朗上口、通俗易懂的歌词，指引家长自行根据气象预警信号判断是否停课，“中山发布”进行了转发，有效扩大了视频的传播范围，提升了传播功效。“中山发布”政务矩阵中的镇区和部门微信也转发“中山发布”稿件，相互补充更加全面的信息，这既满足用户的多元化信息需求，也有利于统筹共享资源，协同联动发声，提升信息的传播力和媒体的影响力。

三 关于优化新媒体气象灾害报道传播功效的思考

（一）依法规范信息传播行为

从2018年10月20日起，国家网信办会同有关部门，针对自媒体账号存在的一系列乱象问题，开展了集中清理整治专项行动，依法依规全网处置“唐纳德说”“傅首尔”“紫竹张先生”“有束光”“万能福利吧”“野史秘闻”“深夜视频”等9800多个自媒体账号。国家网信办依法约谈腾讯微信、新浪微博等自媒体平台，对其主体责任缺失、疏于管理、放任野蛮生长，造成种种乱象，提出严重警告。腾讯微信、新浪微博相关负责人表示将认真接受群众和舆论监督，自查自纠，积极整改，严格管理。[①]

① 中国网信网：《国家网信办“亮剑”自媒体 乱象依法严管将成为常态》，http://www.cac.gov.cn/2018-11/12/c_1123702179.htm，2018-11-12。

新媒体时代，为了减少不实信息传播，一方面，权威部门应积极面对媒体需求，主动及时“喂料”。尤其是在遇到重大气象灾害时，要努力引导科学发声，提升舆情分析、应对和引导能力。建议将气象信息传播监管纳入地方政府综合监管体系，以网信办为主体，建立协同监管机制，加强对气象信息传播的管理。根据《气象法》等法律法规，对自媒体、社交平台、气象信息服务单位等发布传播虚假气象信息的行为联合进行查处①。另一方面，腾讯微信、新浪微博等自媒体平台应进一步承担社会责任，完善辟谣机制，与政府、相关媒体进行合作，在微信朋友圈、微博等平台适时粉碎谣言，在突发事件报道中有所作为。

（二）及时疏导网友负面情绪

近年来，天气预报的准确率有较显著提高，但仍有空报、漏报等情况。市民根据天气预报安排出行、穿着，当受到误导时难免产生不满情绪，甚至在推送相关天气预报的新媒体后台留言发泄。若听之任之，久而久之市民会因此对该媒体产生负面印象。面对质疑和不满，气象部门和媒体应该通过诚恳而幽默的语言，安抚留言者情绪，并告知最新天气预报，做好气象服务工作。如有必要，可主动推送一篇通俗易懂的文章跟进天气情况，进行解释，说明“为什么说好要来的降温没有来”“降水为何推迟”等，让群众更好地理解天气预报的“误差”。建议平时局部地区出现大降雨等天气变化时，可多做天气通报，让在“局部”之外的群众提高对天气预报的认同感。②

（三）充分应用新兴传播技术

习近平总书记在全国宣传思想工作会议上强调，宣传思想工作创新，重点要抓好理念创新、手段创新、基层工作创新，努力以思想认识新飞跃打开工作新局面，积极探索有利于破解工作难题的新举措、新办法。③

① 李敏：《新闻类微信公众号对突发事件的报道研究》，大连理工大学硕士学位论文，2017年。

② 郭丹妮、陈美玲：《汕头市“互联网+”公共气象服务背景下新媒体的应用》，《广东气象》2018年第2期。

③ 倪光辉：《习近平：胸怀大局把握大势着眼大事　努力把宣传思想工作做得更好》，《人民日报》2013年8月21日第1版。

受众总是被形式新颖、内容新奇的传播产品吸引。新媒体是一个相对的概念，每一项新技术的革新必然带来媒体传播环境和传播模式的巨大变革。当前，全息直播、无人机等新兴技术和传播媒介的发展日新月异，但受限于平台技术水平、资金投入、专业人才等条件，目前国内在新闻报道中能够运用新兴技术的媒体单位有限，主要集中在新华社、中央电视台、门户网站等重量级媒体平台。即使是新媒体平台，也大多停留在传统报道手段，继续以图、文、视频等形式进行报道，不能满足公众不断提高的需求。[①] 飞速发展的技术变革以及不断提升的受众品位，要求媒体必须与时俱进，运用新媒体思维和技术，创新方式、创新内容，打造紧跟潮流的产品，尽可能为受众提供更好的体验。

（该论文发表于《视听》2019 年第 8 期）

参考文献：

董琳：《如何做好灾难性报道——以〈广东新闻联播〉抗击“彩虹”强台风报道为例》，《新闻传播》2017 年第 8 期。

董青、肖红雷、胡亚：《新媒体时代对气象宣传科普工作的思考》，《新媒体研究》2018 年第 6 期。

何孟洁、王亚伟：《自媒体环境下社会气象信息传播方式探究——以“中国气象爱好者”发布台风“泰利”信息为例》，《科技传播》2017 年第 11 期。

何星烨：《突发自然灾害事件的报道框架研究——以“7・21”北京暴雨、“8・8”强台风“海葵”（浙江段）报纸媒体报道为例》，新疆大学硕士学位论文，2013 年。

杨武、陈玥熤：《重大气象灾害天气过程新媒体服务的思考》，《广东气象》2015 年第 37 期。

张永宁、田曼：《浅析新媒体环境下气象灾害报道的理念和方法》，《气象科技进展》2017 年第 1 期。

① 张永宁、田曼：《浅析新媒体环境下气象灾害报道的理念和方法》，《气象科技进展》2017年第1期。

地市报业推动“新媒体＋会展产业”的实践与探索

——以西江日报社举办“肇庆动漫文化节”为例

涂晓峰*

【摘要】近年来，新媒体迅猛发展，读者阅读方式随之发生变化，报纸读者流失、广告投放减少，报纸广告的传统营销模式已被彻底颠覆。面对新媒体的冲击以及市场的不断变化，省内各地党报不断解放思想，创新工作，勇于探索，取得一些值得借鉴的经验和做法。2016年，广东肇庆西江日报社发挥报业全媒体的优势，利用新媒体办活动，成功举办肇庆首届动漫文化节，吸引市内外参展企业70多家，参展动漫衍生展品2万多种，共吸引市内外近2万人次到会观展体验。成为立足肇庆、培养品牌、本地首创、标杆引领、产业拉动的一个具有示范引导作用的动漫文化盛会。西江日报社坚持业态创新，激发内部活力，深度介入文化产业中的动漫会展产业，为报业在经营逆势中开辟了新的业务领域。

【关键词】地市报业　会展经济　新媒体　动漫　文化产业

一　会展产业与媒体联系紧密

会展产业，是指通过举办各种形式的会议和展览、展销，带来直接

---

*　作者简介：涂晓峰，男，文学学士，西江日报社新媒体部副主任、西江网运营总监。

或间接经济效益和社会效益的一种经济现象和经济行为。在业界，会展经济可分为“政府推动型”“市场主导型”“协会推动型”“政府市场结合型”四大模式。经过多年的发展，随着广东经济的腾飞，逐渐形成了珠三角会展经济带——以广州为中心，以广交会为助推器，以深圳、珠海、东莞等会展城市群，形成了国际化和现代化程度高、会展产业结构特色突出、会展地域及产业分布密集的会展经济带。

会展产业链又可分为核心产业、延伸产业和配套产业。核心产业包括会议运营业、展览运营业、展馆运营业等；延伸产业包括策划业、广告业、装潢业等；配套产业包括传媒业、交通业、零售业、餐饮业、旅游业、电信业、搬运业、演艺业、咨询业等。

其中，媒体可谓会展配套产业中至关重要的一环，两者存在着互动发展的关系。对会展业来说，媒体作用关键，一是要吸引观众到场参观，帮助观众理解会展的含义，使会展达到更好的展出效果；二是通过传媒产品让观众把展览带回家，让更多尚未参加的潜在观众知道展会内容，扩大展会的影响力，吸引更多人来馆参观；三是在消费者与销售商之间架一座直接沟通的桥梁，为商家连通消费群，提升销售量，展示品牌形象，提高影响力。

肇庆市位于珠三角西部边缘，是最新加入珠三角城市圈的城市。近年来，该市先后出台了《肇庆市建设文化强市规划大纲（2011—2020年）》《肇庆市文化事业和文化产业发展“十二五”规划》《肇庆市关于把文化产业培植成为支柱性产业的实施意见》，先后提出：“积极推进广东省综合信息门户网试点工程西江网建设，鼓励和扶持西江网拓展网络业务，开展对外经济、技术和业务合作，打造肇庆最具影响力的主流网络媒体”“加大对网络游戏和动漫产业的引导和扶持，鼓励扶持肇庆本土原创、健康向上的动漫游戏产品的研发和创作”“充分发挥肇庆区域交通优势，积极举办具有全国乃至国际影响力的文化会展”。每年，肇庆市都会举办端砚博览会、房地产博览会等大型展会。会展业的逐步兴起也为地方媒体深度介入会展产业提供了新的舞台。正是在这样的大背景下，2016年，西江日报社抢抓机遇，发挥优势，着力推动地方会展业的发展。

二 地方媒体拓展动漫会展产业具备多重优势

动漫产业被认为是 21 世纪最具发展潜力的朝阳产业，也是近年来国内、省内珠三角其他城市向外界推介自我的新名片。广东省是中国动漫产业大省，相关产值占全国市场的三分之一。目前已经形成了广州、深圳、佛山、东莞、中山等动漫、会展、玩具及周边产业集体，初步形成聚集效应。

肇庆有着悠久的历史，文化积淀厚重，近年来文化产业蓬勃发展，很多文化已形成特色。其中，在广州、深圳等省内城市动漫文化的带动下，肇庆逐步成长了一批有着本土文化特色的动漫文化企业、社团和组织。这些企业、社团和组织自发结合肇庆的包公文化、宋城文化，德庆龙母文化等，创作了一批本土特色动漫 IP 类产品。但总的来说，肇庆动漫文化产业同珠三角核心城市相比还有较大的发展空间。

西江日报社作为肇庆地区主流媒体，一方面，党报拥有地区信息权威，同时经过近 10 年的发展，报社旗下新媒体西江网确立了地区新媒体龙头地位，形成了纸媒 + 网媒 +App+ 官方微信、微博的全媒体传播矩阵。其中，报纸刊量为 6 万余份，网站日均 PV 超 40 万人次，App“掌上肇庆”装机量超 4 万，官方微信号“肇庆西江网”粉丝超 15 万。具有泛娱乐社区和会展产业双重属性的动漫会展，本质上离不开强有力的市场支撑和媒体支撑。另一方面，地方报业举办动漫会展可谓如虎添翼，成为打造区域会展产业的中坚力量。

（一）市场资源优势

没有市场就没有会展。作为文化体验消费类产业的动漫文化节，更是离不开市场。因此，会展与传媒业要想在互动发展中双赢，必须时刻以市场需求为基准。

地方党媒掌握着本土最深厚的客户资源，能根据动漫会展量身匹配商业资源，会展平台与客户有较强的吻合性，可以为客户打造最合适的推广平台。以西江日报社于 2016 年 8 月举办的首届“肇庆动漫文化节”

为例，通过利用媒体优势，整合媒介客户资源，结合客户需求，以“媒体广告 + 活动展位”套装形式，吸引了 70 余家参展企业，涵盖了楼盘、汽车、餐饮、电玩、游乐场、动漫企业等各类相关客户。据不完全统计，展会期间，有超过 2 万人次现场观摩，成交额超 100 万元，两天门票销售收入超 20 万元，活动冠名及现场摊位、广告招商超 30 万元，盛况空前。

图 1　会展现场要到 9 点才正式对外开放，门外已排长龙

图 2　5000㎡的内场人头涌动，高峰时期瞬时人流达到 3000 余人

（二）传播推广优势

媒介直接连通消费者与商家。特别是地方党报，可谓牢牢占据区域市场的话语权，具有在策划、宣传、招展等方面创新办展的成熟条件。

近年来，西江日报社全面实施全媒体发展战略，形成了立体传播的新媒体矩阵，全媒体集群的品牌影响力得到快速提升。西江日报社通过媒体融合发展提高传播力，为深度介入会展业提供了良好的宣传平台。

在这届动漫文化节上，西江日报社通过连续刊发报纸专版、制作网站专题和客户端专题、微信头条推送、培育动漫节官方网站、官方微信号、视频直播等形式，全方位、多角度、立体化地对会前、会中、会后各个阶段进行了展示，这些媒体平台的推送，一方面扩大了展会的影响力，另一方面也提升了肇庆这座城市的知名度和美誉度。

从每一步活动策划到阶段广告推广，从动态新闻跟踪报道到即时直播播报，都以最快、最全、最新的方式，为受众提供声、像、图、文一体化的宣传，在最短时间内将活动营造成热点，全方位刺激消费者的神经，提高他们对重大活动的关注，使展会成为全民期待的盛事，真正做到了家喻户晓，让会展活动未展先热。短时间内，平面纸媒、户外公交、城市 LED，到处都能看到肇庆动漫文化节的展示，各媒体的宣传功效发挥得淋漓尽致，可谓全城无人不知动漫节。

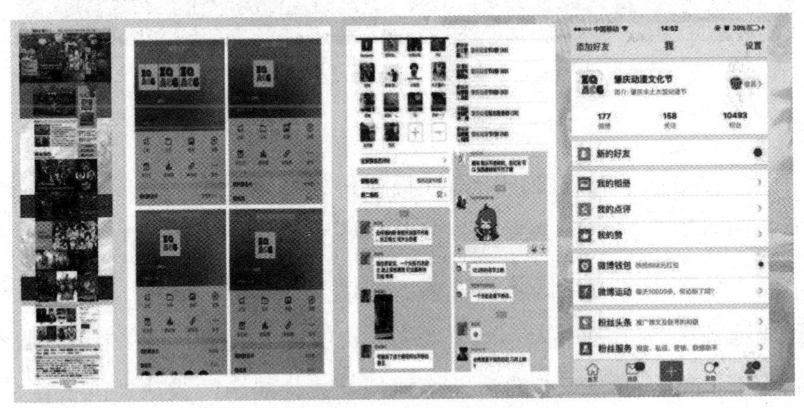

图 3　“肇庆动漫文化节”活动推广

时至今日，相关网络社团微信群、QQ 群仍保持极高活跃度，肇庆动漫爱好者通过动漫文化节找到了一个属于自己的网络社区。

（三）人力资源优势

会展要想成功，就要推陈出新，这离不开策划与创意。可以说，创意策划是前沿与活力的代言词。西江日报社拥有自己专门的策划创意团队，他们最贴近市场，最熟悉市场，更具有市场敏锐性和市场洞察力。经过多年的报业车展等各类中、大型活动的历练，报社活动执行团队具备完善的大型活动整合策划能力，能以精准的活动策划和丰富的执行经验，为会展提供专业的市场调查、营销诊断、整合推广、品牌战略等“一站式全方位”服务。

图4 会展现场

西江日报社下属的肇庆市西江报业传媒有限公司、肇庆市西江文化产业发展有限公司等经营实体，拥有经验较为丰富的活动策划与执行团队，能为会展主办方提供整体方案。在这一届动漫文化节上，从会场规划到现场搭建，从舞台主持到整体场控，从项目卡位招商到广告策划服务，报业营销执行团队点对点的精准策划创意，为展会的成功提供了良好的前提条件。

动漫节系列活动之一“王者荣耀大赛”，从现场设备布线、调试，到节目主持，都是报社团队一手执行。

图5　会场外的招商车展区

三　会展经济是地方传统媒体多元化经营的较好入口

随着“广告”这一主要传统营收模式的崩溃，地方纸媒广告的增长空间与领域不断缩小，广告份额受媒介渠道、市场和政策的影响，正急剧下滑，需要拓展新的空间和领域。

会展产业是媒介寻找素材、挖掘新闻、引爆行业盛况的便捷途径。对会展来讲，地方主流媒体能充分利用和发挥自身特有的品牌优势，以及强大的辐射力、影响力，调动和运用传统及新兴媒体资源，对会展进行全方位的宣传，形成多渠道、强有力的舆论引导，以及即时传递信息的攻势。通过媒体“热”传播，既可以提升展会的档次，利于前期的招展工作与后期展出，又可以保证展览的效果，最终为会展的成功举办奠定坚实基础。正因为如此，会展业是区域媒介突破广告单一赢利模式、开展多元化经营的通道。

作为一个综合产业，会展业在营销、商务、餐饮、广告等多个方面，都有媒体介入的空间；而作为专业的传媒机构，媒体则有着会展业必需的媒体资源优势和人才优势，可通过新闻、广告、策划等领域的全面介入，实现双方的深度合作，形成价值的正循环。

“肇庆动漫文化节”的举行，是西江日报社首次涉足泛娱乐类会展产业，这个平台不仅架起了动漫文化企业与动漫爱好者之间的沟通平台，还填补了肇庆没有本土动漫文化盛会的空白。该项目有利于提升城市品质，将其打造成为广东省知名动漫文化会展品牌，推介肇庆的新名片。而且让党报、新媒体走进企业，走入肇庆文化产业经济，更为报社带来了实实在在的经济收益，带动了传媒的广告业务（票务营收超20万元，活动冠名及现场广告、卡位招商超30万元，现场各类动漫文化产品销售超100万元），有力地推动了传媒产业的发展，取得了社会效益和经济效益的双丰收。

四　结语

报社举办动漫节，笔者曾听有人评论其是“不务正业”。之所以有这样的偏见，其根本原因是因为有人没有认清地方报业转型的困难现实，这些痛点必须靠媒体的多元化产业转型才能解决。

以西江日报社举办的肇庆动漫文化节来看，报社尝试会展产业，不是舍弃媒体的核心能力和价值，而是融合转型的一个阶段性目标和过程，最终目的是建立起现代传播能力，实现文化产业的深耕，实现价值的赋能。这一项目是“融媒体技术＋动漫文化产业＋会展经济＋大众文化消费”的新项目，在新的传播技术下，建立符合大众人群消费习惯的模式，研究动漫产业数字内容资产的保值、增值方法，将新媒体的优势与文化产业相结合，完成媒介对文化资本经济价值的转换与实现。

参考文献：

司徒慧明：《新媒体背景下会展品牌塑造及传播途径研究》，《吉林工程技术师范学院学报》2018年第3期。

赵语涵：《传统媒体多元化转型的探索》，《传媒论坛》2018年第4期。

张士锋：《推动“互联网＋会展经济”的实践与探索——以淮北日报社深度介入地方性展会为例》，《中国报业》2018年第1期。

地方报社转型中的新闻传播路径探索

池　榕*

【摘要】订报量下降、广告流失、传播力削弱促使地方报社纷纷转型，但简单的“+互联网”新闻产品无法有效传播，受众进一步流失。如何在有限的人力物力条件下重建有效的新闻传播路径，成为地方报社迫切需要解决的问题之一。本文以茂名日报社目前转型遭遇的困境为例，提出相应对策增强受众黏性，重塑传播渠道，探索报社成功转型的途径。

【关键词】转型　传播　新媒体　路径

微博、微信、短视频、直播和H5动态页面等新颖的信息产品形态的出现，不仅改变了受众的阅读习惯，也改变了新闻的传播方式。越来越多的人喜欢“看”新闻，同时参与内容生产和发表评论进行互动。报纸作为一种单向传播的媒介很难达到与受众互动的效果，时效性不足，正逐渐被读者边缘化。要打破这种困境，纸媒需要拓宽传播渠道，打造有效的传播路径。

一　报社转型困境

订报量大跌、广告流失、财政困难等因素促使茂名日报社在2012年

* 作者简介：池溶，女，文学学士，茂名晚报采访中心记者。

开始向新媒体转型，但是人才结构性缺乏、传统办报思维转变困难、资金短缺等原因又让报社遭遇了转型困境。从2017年开始，茂名日报社开始尝试对一些重大的活动和新闻事件进行全媒体报道，从微信、微博、直播平台到网站论坛全方位推送，制作的各类小视频生成的二维码刊登在报纸上……但是阅读量和观看人次不尽如人意。

茂名日报社尽管运用了新媒体作为传播载体，但是本质上未摆脱传统的以传播者为中心的思想，简单地将报纸内容搬到互联网。即使调动多个渠道对同一重大新闻事件同时进行播报，但新媒体与报纸之间并没有形成优势互补，传播效果较差。比如，2018年7月1日，深茂铁路开通，茂名日报社组织了全体记者分成多组高铁线路进行现场图文和视频直播，但这篇综合了视频、文字和图片的文章在茂名日报社官方微信公众号“微茂名”（粉丝数约9万）上的阅读量不到一万。而茂名网微博当天发布的两条深茂铁路开通博文转发数仅35，评论数为2，点赞数只有36，像这样阅读量、转发量双低的文章很多。以该文章为例，笔者分析认为，不能吸引读者的原因首先在于内容重复空泛，采访角度单一。记者在每一个站点拍几张车站相片，拍一段视频，然后采访几个民众，所有人都在称赞高铁的快速便捷，都在重复唱“赞歌”，全篇没有让读者印象深刻的故事和细节，信息量不足，新闻性不够。而文章阅读量低还由于该公众号本身粉丝较少，黏性不足，即使有好的新闻产品也很难传达到互联网用户手中。要打破这一困境，除了转变传统的办报思维，注重内容生产外，报社还需要一套有效且广泛的分发渠道，打造一个与用户连接的平台。

二　解决传播困境的方法

新闻产品传播的渠道有成千上万，其传播的范围和效果也不一样。比如山东“辱母杀人案”事件，其传播效果是如何达到最大化的？2017年3月23日，《南方周末》官网首发该新闻，但阅读数和评论数都较少，没有引起人们关注。但是第二天，凤凰网将该文章标题修改为《山东：

11 名涉黑人员当儿子面侮辱其母 1 人被刺死》，平台转换后，该事件获得较多关注，评论数在几天后达到 4000 条。之后网易转发了此文章，并将标题改为《女子借高利贷遭控制侮辱 儿子目睹刺死对方获无期》，后网易新闻客户端也转载此稿，并精准修改标题，强调儿子刺死 1 人。此后，该稿引爆网络，被各大媒体转发，网易用户评论数更是达到惊人的数百万。

从"辱母杀人案"一文的传播过程来看，虽然传统媒体《南方周末》生产出优秀的原创新闻产品，但由于它在信息量、整合能力和交互性上不能与凤凰网和网易等大门户网站匹敌，受众的聚合力不高，传播力不足，导致文章阅读量低。《南方周末》尚且遇到传播困境，那作为像茂名日报社这样的地方报社又该怎么办呢？笔者认为，报社缺乏资金和技术去创建一个大型综合类社交信息平台，但可以在有限的人力物力条件下，在区域内打造一条有效的新闻传播路径，提升自身传播力和影响力。

要想打造有效的新闻传播路径，其中的渠道很关键。人们获取信息的方式因互联网的发展而发生变化，从传统媒介到各种社会关系渠道，所以"如何使内容产品能够有效地'嵌入'社会关系渠道中，便成为今天构建传统媒介传播有效性的关键"①。在新闻传播路径当中，与受众关系密切，获得受众信任和喜爱的渠道正是地方报社最缺乏的，与受众重新建立连接是打造有效新闻传播路径的关键。

三 打造有效新闻传播路径的对策

吸引受众的永远是内容，虽然《南方周末》传播力不如凤凰网和网易，但是其"辱母杀人案"一文能大范围传播也充分展现了传统媒体的优质原创内容仍不可或缺。茂名日报社在打造有效新闻传播路径前首先要充分重视新闻内容的生产，坚守"内容为王"的同时，以受众为本。

---

① 喻国明、戈利佳、梁霄：《破解"渠道失灵"的传媒困局："关系法则"详解——兼论传统媒体转型的路径与关键》，《现代传播》2015 年第 11 期。

茂名市人口基数大，2017年年底户籍人口超过800万，而城镇率只有41.9%，低于全国平均水平。[①]市小县大，乡镇和农村人口相对较多。这么多年来，茂名日报社专注深耕茂名市区市场，而忽略了广大的农村受众，有些文化程度较低的村民一辈子都没有看过报纸，且现在移动网络发展迅速，手机普及，村民获取各类资讯的渠道增多，报纸就更加无法进入农村市场。茂名日报社在转型期间需要对市区和农村受众的阅读习惯和需求进行分析，根据受众特点进行内容生产，邀请受众参与新闻制作，改变原有单向的传播模式，增强互动，提高新闻辐射力，这也是有效新闻传播路径中重要的一环。比如，在每年的两会报道中，报社可以向社会民众征求话题，打造《群众之声》栏目，为政府和民众提供互动平台，让农村受众也深入了解两会，参与两会。

受众的另一个身份是互联网用户，报社打造有效新闻传播路径的另一环是聚合用户，利用社群关系扩大影响力。聚合用户需要考虑人群的相同兴趣或者特质，比如，茂名乡村有许多种植户和养殖户，报社针对该特质人群组成专门的团队发展乡村农户圈子，推出相应的微信群和公众号。农户可以在圈子里提出问题，也可以分享经验，圈子里定期邀请一些专家或者种植、养殖小能手给成员上课或者答疑。专门团队深入挖掘农户们日常生活的趣闻进行直播或者拍成小视频，或者建立话题，开展线下活动，吸引农户拍摄新鲜有趣的短视频进行互动交流，报社还可以打造线上商城为农户牵线搭桥销售农产品。同理，对于本市其他拥有相同爱好的群体也可以进行聚合，比如美食圈、育儿圈、旅游圈、文学圈、汽车圈，等等。这些社群关系圈为报社持续提供各种有价值的底层信息，由采编人员将信息转化为优质原创内容，最终由圈子成员分享出去，吸引更多人关注和参与，成为粉丝经济变现的基础。

新闻传播的另一个重要渠道是政府部门，茂名日报社是党的“喉舌”，与各级党委和政府业务联系较多。而如今各级政府部门几乎都会开设自

① 李红军：《加快中心城区扩容提质 融入服务北部湾城市群发展》，《茂名日报》2018年3月13日第2版。

己的微博或微信公众号，作为对外宣传和发布信息的渠道，而营运都是由本单位宣传人员负责，很少外包，这是报社可以开拓的服务市场，也是新闻传播的重要路径之一。新媒体时代，人们主动性和参与性增强，阅读也呈现碎片化和娱乐化等特点，政务新媒体需求也日益多元化，报社可以借鉴深圳《晶报》的经验，“直接介入信息生产与发布前端”[①]，与党政事业单位合作，代营运新媒体，提供创意 H5、微信公众号、政务直播、手机轻游戏等服务。目前，《晶报》营运的政务新媒体有 110 多家，拥有 2000 万粉丝，已成为全国最大的政务新媒体服务机构和第一品牌。报社营运新媒体的能力要取得政府部门的认可，首先要加大对一线员工的培训，不拘一格降人才，打造一支集采写、拍摄、录制以及熟练运用其他网络技能的专业团队，搞好自己的新媒体，并形成一个品牌。

“网红”等于流量。在网络时代，虽然专业的新闻机构依然是传播的主体，但是作为网红的个人的影响力不容忽视。作为有效新闻传播路径中的重要节点和流量担当，网红记者展示出的人格魅力和具有道义力量的特质能增强新闻报道的可信度和感染力，吸引更多读者关注。接地气的网红记者更注重与网民互动，让网民参与讨论，最终形成二次传播，从而提高媒体的传播影响力。

近两年来，许多纸媒纷纷开展名记培育工程，其中最具有代表性的是南方报业的“南方名记培育工程”，成效显著；还有央视的重点培养“直播 +”网红记者；2017 年《楚天都市报》让 7 名网红记者进驻该报官方微信公众号，开辟个人专栏，以新方式报道新闻。

茂名日报社既有朝气蓬勃、懂技术和写作的新入社记者，也有文笔老辣、见解独到的老记，这是一笔有待挖掘的宝贵的资源，报社对外服务用户，对内要提供一个让采编人员学习和发挥才华的平台。比如，让外形、口才较好的记者担任直播记者，然后逐渐转型成“名主持”；让能写敢写的记者开设个人专栏，紧跟热点，以网民关注点为导向，增强

① 李鸿文：《5000 万级主旋律“爆款”如何炼成——从短视频〈戏精女护士〉看〈晶报〉“视频优先”探索》，《中国记者》2018 年第 6 期。

公众认同感，吸引粉丝；让年轻记者组团开设工作室，针对本市读者特点进行内容融合生产，形成品牌栏目。相比打造其他传播节点，培育网红记者硬件设施投入相对较少，媒体融合成本较低，鼓励记者转型有利于激发创意，提高其受众覆盖面和传播影响力。但也存在失败的可能性，需要记者不断提升自身的专业水平，善于找话题，保持健康形象，拒绝低俗，以优质原创内容感染受众。

四 总结

在新媒介环境下，传统办报思维难转变、人才匮乏、资金不足等因素是报社转型的关键瓶颈，在有限的条件下，报社要意识到自己的优势，那就是公信力、政策支持以及强大的内容生产力，在转型期善于运用自己的优势，掌握技术，运用各种新媒体手段进行差异化传播，为用户提供精准的个性化信息和服务，而实现这些都需要一条有效新闻传播路径。路径打造除了重塑传播渠道和节点，更需要报社从上至下更新理念，重视人才培养，以互联网思维服务用户，从体制到机制进行一系列改革创新，最终提高新闻传播效果，实现平面媒体向全媒体的转型。

［该论文发表于《新闻战线》2019 年第 4 期（下）］

融媒背景下地级市党报全案服务模式的探索
——以《清远日报》为例

黄扬梅*

【摘要】 新兴媒体正以前所未有的趋势改变着传播格局，传统媒体面临的困境，本质上是服务能力的危机。提升服务能力是媒体融合发展的关键。近年来，《清远日报》依靠党媒的传播力、号召力、公信力、影响力，顺媒体融合之势而为，通过传播平台融合，积极向文化、会展、广告等文化创意服务产业开拓市场，为地方政府提供全案服务，当好各级党委和政府的文化服务供应商，走上主业与版面外创收并举的路径。

【关键词】 传统媒体　媒体融合　服务能力　政府　全案服务模式

自 2012 年开始，随着新媒体发展的不断加温，报业生存环境开始持续恶劣。“纸媒消亡论”数度喧嚣，每年报业不断传出休刊停刊等新闻。媒介生态群中的地市级党报，其新闻、主流、快速等优势渐失，发行量、广告收入更是迎来断崖式下滑，人才、资金、媒体融合等问题亟待解决。

传统媒体面临的困境，本质上是服务能力的危机。提升服务能力是媒体融合发展的关键。在报业广告“断崖式下滑”的形势下，改变过去单纯的版面售卖模式已经迫在眉睫。顺势而为，开展以产品为基础，以

---

* 作者简介：黄扬梅，女，文学学士，清远日报社编辑。

品牌为核心，以市场为导向的全案运营服务就很有必要。近年来，《清远日报》依靠党媒的传播力、号召力、公信力、影响力，顺媒体融合之势而为，提高内容生产与服务能力，通过传播平台融合，积极向文化、会展、广告等文化创意服务产业开拓市场，为地方政府提供全案服务。承办政府活动带来的收益超过了商业广告，为政府各部门提供购买服务正成为地市级党报新的增长点。清远日报融媒体获“2015年地市党报年度最具突破奖”。《清远日报》2016年、2017年分别获第11届中国传媒大会“十大创新力地市党报”、第12届中国传媒大会“金长城传媒奖·中国十大影响力地市党报”荣誉。《清远日报》新媒体在中国报业协会520家报纸新媒体影响力排行榜中入围省级地市级党报百强榜，位列第70名。社长、总编辑获得“中国报业深度融合发展奖·十大创新人物”。

本文基于对《清远日报》探索全案服务模式的分析，探寻新媒体下地级市党报如何延伸产业链条，当好各级党委和政府的文化服务供应商，走上主业与版面外创收并举的路径，希望能为地级市党报提供一些启发。

一 《清远日报》全案服务模式分析

（一）传播平台为基础：融合传播平台，从单一纸媒向全媒体转型，重塑品牌影响力

习近平总书记2014年在中央全面深化改革领导小组第四次会议上指出：“要推动传统媒体和新兴媒体融合发展，要遵循新闻传播规律和新兴媒体发展规律，强化互联网思维，坚持传统媒体和新兴媒体优势互补、一体发展，坚持先进技术为支撑、内容建设为根本，推动传统媒体和新兴媒体在内容、渠道、平台、经营、管理等方面的深度融合。”

媒体融合背景下，探索全案服务模式，离不开传播平台融合这一基础。根据习近平总书记的重要讲话精神和中央《关于加快传统媒体和新兴媒体融合发展的意见》，清远日报社制定的《清远日报全媒体发展战略》，提出要把《清远日报》建设成为以内容为核心，以技术为支撑，以移动媒体为重点的传播矩阵。按照规模化、集群化、效益化、现代化要求加

快传播平台建设。

目前，《清远日报》已从单一纸媒延伸为涵盖清远日报网、清远日报官方微博、清远日报官方微信公众号、清远新闻 App、清远日报·头条号等清远主流政务、时事新媒体矩阵。

清远日报融媒体承担的政治宣传、公益报道、民生热点等任务不断加大。以今年的数据为例，据不完全统计，2018 年 1 月 1 日到 10 月 26 日，融媒体发布各类新闻、信息内容约 9000 条，总阅读量超 1.3 亿人次，活动现场直播 6 场，制作短视频 34 部。

影响力、传播力带来的品牌效应，使得政府部门的官方微信公众号纷纷由清远日报社代运营。如代表清远市人民政府权威声音的“清远发布”政务双微、清远政协、清远人大、清远组工、清远廉信等 17 个政务新媒体平台均由新媒体事业部在代运营、管理或深度合作。清远日报社 2017 年提出要打造“清远政务新媒体管家”这一重要角色。清远日报社“清远政务新媒体管家”项目在 2018 年中国报业第二届融合创新大会上获得“中国报业新媒体项目创新奖 30 强”。

（二）活动为载体：打造品牌活动，做党委政府最大的文化服务供应商

鉴于现代媒体间的竞争从单纯的内容竞争演变为品牌、内容、渠道等全方位的竞争。越来越多的传统媒体选择通过打造品牌活动，开拓市场。党报仍是距离百姓最近、最接地气的主流媒体，清远日报社充分整合和利用资源，通过积极探索媒体 + 服务，以品牌管理为目标，结合市委市政府、各地县委县政府中心工作，积极延伸产业链，向文化、会展、广告等文化创意服务产业开拓市场，为地方政府提供全案服务，打造品牌活动，做各级党委政府最大的文化服务供应商。

近年来，清远日报社通过全案服务模式，策划实施活动近百场，几乎是月月有大活动，周周有小活动，取得多个成功案例。

1. 连山壮族瑶族自治县戏水节，连南瑶族自治县稻田鱼节、盘王节

2015 年报社全案服务实现了零的突破。

农历七月初七壮族戏水节、瑶族盘王节和稻田鱼节分别是清远市所

辖连山瑶族自治县和连南瑶族自治县的具有民族特色的传统节日。2015年清远日报社承办了连山壮族瑶族自治县戏水节，连南瑶族自治县稻田鱼节、盘王节活动，初步形成了“品牌策划+形象推广+现场执行+报纸封面强势导读+内版系列报道+新媒体推广+外部宣传”相结合的全案服务模式。其中，传统媒体驱动+新媒体驱动，原创内容驱动+服务平台驱动，全媒体联动持续发力，报道立体呈现，内宣外宣相结合，组合拳扩大了传播效果。

全案服务推动了当地城市旅游消费。其中连山七月香戏水节共接待游客18.2万人次，带动旅游消费近1个亿，景区接待游客1.6万人次。仅开幕当日接待游客近15万人次，同比增长63%，开幕当日带动旅游消费8200多万元，同比增长127%，景区接待游客6800多人次，同比增长235%。连南稻田鱼节使稻田鱼的美味、信誉广泛流传，甚至引起当地稻田鱼严重缺货，使稻田鱼价值得到较大的提升。为期10日的活动中，大坪镇稻田鱼被抢购一空，产值约400万元。尽管“十一黄金周”与稻田鱼节时间相切，但连南旅游业在台风影响下仍实现逆势增长，一定程度上被视为稻田鱼效应，连南全县接待游客10.2万人次，较上年同期相比增长10.1%。珠三角以及非珠地区的近千名驴友前来参与活动。其中超过三分之一的驴友是第一次来连南，第一次知道连南稻田鱼节。

2.“蓝丝带”系列品牌活动

清远日报社以全案服务擦亮“蓝丝带”公益品牌，为创建全国文明城市工作提供优质服务。

2014年12月1日，清远全国文明城市提名资格测评专题汇报会前几天，《清远日报》发起蓝丝带行动，倡导每个个体在日常生活中用实际行动来推动整个城市的文明。以“鼓励、关怀与爱”的蓝丝带理念，迅即得到社会各层面的认同，并落实为行动。从机关到社区、从个体到群落、甚至摩托车仔和广场舞大妈都积极响应，飘扬的蓝丝带成为城市的一道风景。

蓝丝带行动，不仅在短时间内有效地提高了创文的知晓率，也因其温软而人文的叙述方式，将创文的倡导自发自觉地传递到清远人的生活中，并将蓝丝带倡导的“文明”转化为日常的实际行动。2015年年初，蓝丝带被写入政府工作报告。报告提出将“清远文明蓝丝带”打造成综合性的创文载体和最重要的创文品牌，以关爱、互助为主题，培养城市的人文精神，全面激发市民参与创文的热情。《清远日报》在实现全案服务零的突破之后，继续以全案服务擦亮“蓝丝带”公益品牌，为创文工作提供优质服务。

如今，“蓝丝带”已成为清远创文的重要抓手，并延伸出许多品牌，如蓝丝带志愿者、蓝丝带助学、我为清远加点蓝。《清远日报》2015年7月发起的蓝丝带助学行动，通过众筹善款帮助刚考上大学的贫困学子。几年来，共募集了近150万元的善款，帮助269名贫困学子圆梦大学。清远日报社还创建了创文研究院，设计文明校园、文明小区、文明街道的标准和样板，制定文明指数测评标准和公告，推动创文工作深入开展，负责制定乡村文明十二条及推广工作等，社会效益和经济效益双赢。清远日报社还建立了我市第一所“蓝丝带”品牌主题学校——清新区太和镇中心小学“蓝丝带”品牌主题学校。策划该项目时间短任务重，从品牌LOGO的升级完善，到学校各式物体的蓝丝带主题形象设计再到施工，仅有5天时间。报社圆满完成，创全案服务速度最快之项目。

3. 从2016年开始连续三年承担中国（深圳）国际文化产业博览交易会清远馆的策划方案、宣传报道、布展设计、执行等工作

中国（深圳）国际文化产业博览交易会清远馆的全案策展工作，清远日报采编团队、品牌、用户团队都会进驻深圳一线，深度参与清远馆以及参展项目的策划执行。特别要提的是2018年取得的成绩，开幕式当天，清远馆现场6个签约项目投资总额达到89.3亿元，比2017年同比多出12亿元。2018年文博会清远馆还斩获了“优秀组织奖”“优秀展示奖”两个奖项，给予了清远馆策展工作最大肯定。

4. 2018年承办清远建市三十周年成就展策展工作

清远建市三十周年成就展策展工作，报社安排采访、编辑、品牌、用户等部门，完成策展内容搜集、筛选、设计、校对、布场等工作，为这个城市30岁生日呈现了一场文化盛宴，得到全市乃至全国各地参观单位的认可，成为学习借鉴案例。在清远市建市三十周年成就展开幕当天，清远日报全媒体推出现场直播、电子杂志、短视频、送祝福得移动流量礼包、上头条为清远市 30 年打 call 等系列专题活动，其中现场直播上线不到 2 小时，吸引了超 10 万人围观。

二 全案服务模式的困难和挑战

在探索全案服务模式的过程中，《清远日报》面临着不少困难和挑战。

（一）全案服务模式同质化严重，在同城媒体竞争力缺乏竞争力

全案服务模式的借鉴度高，也导致了同质化这个无法避免的现象。比如今年报纸承办了这个品牌活动，明年可能电视台也按照此模式来承办。同质化导致特色的缺乏，既容易引发受众接受疲惫心理，也缺乏竞争力。

（二）全媒体中心建设问题

目前，清远日报社虽已建成了全媒体中心，但与省内外的众多地市党报相比，还仅仅是初级水准。一方面，全媒体运营的理念亟待加强，要将之运用到新闻实务当中，而不仅仅是一个口号和形式而已；另一方面，全媒体运营能力需要加强，做出真正有吸引力的全媒体产品。

（三）全媒体人才紧缺、考评机制和用人机制不够完善

从人员构成来说，媒体人员偏传统化，真正懂全媒体运营的人才相对缺乏，很多全媒体业务无法全面展开；从考评机制和用人机制来说，在当前主流媒体人员“双轨制”运行的背景下，用人体制、人员身份不同的问题更加凸显，无法实现激励创新、吸引人才的目标。

三 对策

针对全案服务模式遇到的困难和挑战，接下来需要进一步探索补齐短板的新路径。

对于传统纸媒而言，在同质化竞争激烈的今天，必须要提高信息质

量、突出报纸特色，坚持“内容为王”，坚持创新，打造不可替代的品牌，才能够克服整个报业衰退期中的困境。在全案服务品牌开发上不搞“人有我有”的同质化竞争，而是集中力量打造具有独特优势的拳头产品。同时，立足清远特色和自身实际，开发更多满足用户需求的产品，形成新型产品集群，不断提升影响力，增强自我发展能力。

继续加快媒体融合工作，加强基础建设，加大对全媒体建设的投入力度，着力建设采编一体化平台，打通报、网、端，理顺采、编、发，真正实现信息一次采集、多种生成、多元传播。要按照新的业务流程调整机构设置、人员配备，按照产品需求建立灵活多变的小型团队，促进写作创新要继续深化人事、薪酬制度改革，培育新型全媒体人才队伍。

重点培养一批新兴媒体内容生产、技术研发、资本运作和经营管理人才，特别是跨媒体、跨业态的复合型人才，打造在地级市中处于一流的媒体融合发展团队。破除采编部门间相互分割、自成一体的藩篱，破除传统媒体、新闻网站和新媒体采、编、发环节的壁垒。要完善人才激励机制，探索建立与融合发展相适应的激励约束机制，进一步完善用人体制、优化人才环境。探索将单一的纸媒考核办法升级为“新媒体 +”的全媒体考核办法。

参考文献：

李雪昆：《困于“纸”，城市党报经营如何破局？》，中国新闻出版广电报 2018 年 6 月 13 日。

粟战：《借力文化传媒资源整合推动媒介融合的思考》，《新传播》2017年第 3期。

梁金河：《媒体融合发展要以“三创新”为支撑》，《新传播》2017 年第 3 期。

林琳：《以“活动办报”拉动纸媒发行量持续增长》，《岭南传媒探索》2018第 2期。

莫高义：《提升服务能力是媒体融合发展的关键——南方报业转型发展的探索与思考》，《中国记者》2015 年第 10 期。

孙铭欣：《新媒体环境下纸媒商业模式转型初探》，《新闻与写作》2014年第 2期。

阳天、吴怀辉、周劲：《“双循环 · 三驱动”柳州日报新动能》，中国报业协会/微信号：zhongguobaoxie，2018年8月1日。
周敏、郑俊良、苏燕华、梁玉仪：《双轮驱动＋跨界营销开创融媒新格局—〈羊城晚报〉创新突破改写营收模式》，《岭南传媒探索》2018年第1期。
朱剑飞：《媒体融合：认识——实践——推进直面当下传统媒体的发展瓶颈和路径依赖》，《岭南传媒探索》2016年第6期。

地级城市电视台微信公众号提升传播力策略初探

——以潮州电视台微信公众号为例

杨宗楷*

【摘要】在微信越来越深刻影响中国网民生活的背景下，传统媒体急需寻求自身传播方式的变革与拓展。全国各地级城市电视台纷纷开设微信公众号，努力提升在微信上的信息传播力。潮州电视台官方微信公众号以“打造潮州地区主要资讯发布平台”为定位，经过精心运营，跻身全国“2018年上半年地级城市台微信传播力排行榜”榜首。本文基于对潮州电视台微信公众号的研究，分析其深耕本土、资源整合、精准传播和创新互动四种提升公众号传播力的策略，探寻地级城市电视台微信公众号提升传播力的路径。

【关键词】城市电视台　微信　公众号　传播力

当前，微信已成为全民级移动通信工具。根据腾讯2018年一季报数据，微信及WeChat合并MAU达到10.4亿，微信已实现对国内移动互联网用户的大面积覆盖。2017年，微信登录人数已达9.02亿，较2016年增长17%，微信已成为国内最大的移动流量平台之一。微信完全融入国

---

* 作者简介：杨宗楷，男，管理学学士，潮州市广播电视台电视传媒中心时政新闻部主任。

内网民生活，成为一种生活方式。微信占据了国内网民23.8%的时间，已经培养出用户高度的依赖性。

作为微信的衍生产品，微信公众平台凭借微信庞大的用户群体，已经发展成重要的移动互联网入口和信息传播渠道。微信公众号自2012年7月上线，以订阅号、企业号、服务号的模式将用户与资讯、服务连接在一起。截至2017年年底，微信公众号已超过1000万个，其中活跃账号350万，月活跃粉丝数7.97亿，公众号已成为用户在微信平台上使用的主要功能之一。

传统媒体打造微信公众平台既是争夺受众市场的现实举措，也是对新兴传播工具的积极探索。在新的媒介生态环境下，作为传统视听媒体的代表，各级电视台也先后在微信公众平台上开设账号，试图在媒介融合的浪潮中抢占先机。各地级城市台凭借本地传播优势，纷纷开设各自公众号运营。在国家广播电视总局发展研究中心新媒体研究所与泽传媒共同研究并发布的“地级城市台微信传播力排行榜”中，就有26个省级行政单位的234家地级城市台公众号被列入其中。地级城市电视台公众号已成为各地城市居民获取资讯的一个重要渠道，也成为各城市台与观众实现互动融合的重要平台。

微信公众号“潮州电视台”是潮州电视台的官方微信公众号，于2014年11月正式上线。2017年7月，公众号以“打造潮州地区主要资讯发布平台”重新定位，经过精心运营，粉丝量持续增加，传播力不断提升，已经成长为潮州本地最具影响力的微信公众号。2018年7月26日，国家广播电视总局发展研究中心新媒体研究所与泽传媒共同公布“2018年上半年地级城市台微信传播力排行榜”，潮州电视台微信公众号位居榜首。本文基于对微信公众号“潮州电视台”的分析，探寻在新媒体环境下，地级城市电视台微信公众号提升传播力的策略和路径。

一　提升潮州电视台微信公众号传播力策略分析

潮州电视台微信公众号以“潮州地区主要资讯发布平台”为定位，

特别是自 2017 年 7 月以来，依托潮州电视台的新闻采编团队和电视节目内容进行运营。公众号聚焦本地资讯热点，服务社会民生，弘扬正能量，传播主流声音，发布内容越来越贴近用户需求，粉丝人数持续增长，年阅读量超过 1200 万，成为潮州地区的头部大号。

（一）深耕本土策略

潮州电视台微信公众号坚持深耕本土，“大处着眼，小处着手”，紧紧围绕潮州大事，聚焦城市发展，服务市民生活，不断提高传播力。公众号运营团队注重提取潮州市民关注的信息点，如《潮州将对 42 条道路进行“黑底化”改造！》《凤凰大桥今年开建 还有 68.5 亿要花在改善交通上》等推文，均是对潮州城市发展重点工作进行“解码”，用“网言网语”将信息及时告知市民，获得较高阅读量。今年中央环保督察“回头看”期间，公众号发布的《归湖溪美 30 多家农家乐污染环境被清拆》《严查陶瓷企业环保违法行为 3 家企业被停电》等推文，也获得较高的点击量，网友在文章后积极留言；《扩散丨潮州种得最多的这种树，不许再种了！》《潮州建房新规！村民住宅不能任性建，标准在这里……》等推文则是对全市相关会议信息和公告内容进行数据提取和材料加工，选取网友最为关注的内容作为切入点，既进行政策宣传，又获得较高的关注度和阅读量。

在资讯飞速传播的网络时代，无论是对于传统媒体还是微信公众号，深耕本土是参与竞争的制胜“法宝”，也是提升用户黏度的最有效办法。潮州电视台微信公众号实施深耕本土策略，既是对电视台本身原有的“本土化”模式的坚守和延伸，也是公众号提升传播力、赢得市场竞争的不二选择。

（二）资源整合策略

在日常运营中，潮州电视台微信公众号充分整合利用潮州电视台丰厚的采编资源，依托电视新闻采编团队，主推“第一时间”“第一视角”“第一现场”，提供优质原创图文视频。2018 年 2 月，潮州“一江两岸”亮灯工程正式启动前夕，潮州电视台微信公众号调动全台精干拍摄团队 20 多人，对“一江两岸”亮灯工程进行海陆空全方位拍摄，发布的两篇推文 72 小时内阅读量达 10 万 +，其中《刷爆朋友圈！今夜，潮州绝对让你惊艳！》阅读量更达到 20 万 +，相关文章中的视频总播放量超过 100 万次，在潮州市民中产生巨大影响，也将潮州本地其他没有强大采编队伍的公众号抛在身后，实现了非常好的传播效果。

在资源整合过程中，强调微信运营团队与电视新闻采编团队紧密配合，确保文章和视频的质量。2018 年 5 月 7 日，潮州气象部门开展人工增雨作业缓解旱情。运营团队与前方采访团队紧密合作，第一时间剪辑现场视频，迅速制作长度为 25 秒的发射增雨火箭弹现场短视频在公众号发布。短视频播放量快速突破 50 万次，被广东电视台等省级媒体引用。7 月 5 日，泰国普吉岛游船倾覆事故发生后，潮州微信运营团队联合电视新闻采编团队，辗转联系上了当时正在普吉岛自由行的 5 名潮州游客，成为潮州独家采访到遇险游客的公众号，相关采访内容推文短视频播放量超过 40 万次。

精干的采编队伍和丰厚的新闻资源，无疑是城市电视台公众号最大的优势所在。合理实施资源整合策略，对重要信息和民众关注度高的信息，采取“网台互动”“先网后台”的发布方式，充分利用采编队伍资源，发挥城市电视台全体系采编的优势，及时准确提供更权威、更全面的优质资讯，大大提升了城市电视台微信公众号的传播力和影响力。

（三）精准传播策略

目前，潮州电视台公众号每天最多可进行三次推送。虽然受到微信推送次数的限制，但运营团队仍特别注重做好信息的及时发布。对于突发的大规模停水、停电等关系市民生活的公共事件进行及时采访，获得最新信息后第一时间发布，避免引起恐慌；对于台风、冰雹、强降水、寒流等极端天气的信息确保第一时间推送，提醒市民及时做好防御应对措施。

作为城市电视台公众号，潮州电视台公众号还注重精准设置城市公共议题，回应受众关切。今年上半年，针对枫溪区儿童疫苗接种难和如意大桥辅道路况差等社会热点问题进行重点关注，推出的《孩子接种疫苗，家长要早上六点去抢号？》《如意大桥：江东段辅道路难行》等文章，引起数万网友关注，大量网友参与留言。通过潮州电视台公众号报道，收集网友留言意见，也拓宽了政府和相关部门与市民的沟通渠道。推文推出后，相关单位和部门及时整改，妥善解决了疫苗接种难、大桥行路难等问题，收到良好社会效应。

此外，公众号运营团队还对受众进行分析，针对用户地域、年龄、学历等特点，在话题选择、内容制作、表达形式、推送方式上进行精准定位，精准送达，提高公众号传播力。比如在推送时间上精准计算，针对潮州城市面积较小、市民通勤时间较短等特点以及用户使用习惯，每天合理化安排推送发布时间，将发布时间定在 17:45—18:00，即是用户结束一天工作回到家中这个时间点，提高了推文点击率。

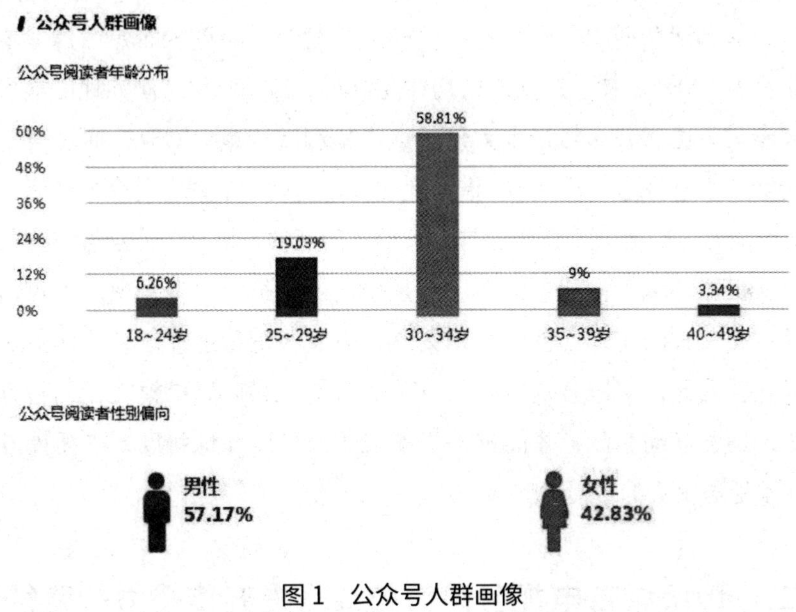

图 1 公众号人群画像

精准传播策略的实施，使城市电视台公众号能更好地融入目标受众的生活，满足其独有的信息需求。同时，通过精准设置议题，主动回应社会关切，让公众号内容更具权威性、专业性和可靠性。此外，在推送发布时间上实现精准定位，也能使更多的内容实现更好的二次、三次传播。

（四）创新互动策略

在提升线上传播力的同时，潮州电视台微信公众号还积极创新公众号运营模式，实现与用户的良性互动，进一步增强公众号传播力。在菜单栏设置上，设有《潮州热点》《栏目点播》两个固定栏目以及一个机动栏目。其中《潮州热点》栏目进入后又分设《最热门》《最潮州》和《最关注》三个子栏目，为用户梳理潮州本地最新资讯和最热门话题；《栏目点播》让用户可在公众号中点播潮州电视台《潮州新闻》《民生直播室》《天天好生活》《630说吧》等节目，深受用户欢迎；机动栏目则配合公众号线下活动随时进行设置调整。

2018年下半年，潮州广播电视台主办“首届潮汕原创歌曲排行榜”，在潮汕地区影响力大。潮州电视台微信公众号作为活动唯一新媒体入口全程介入。活动期间，公众号菜单栏专门设置《原创歌曲》栏目，参赛作品投稿、MV展播、观众投票均在此进行。活动吸引了潮汕地区众多音乐人参与，更为公众号带来大量的点击量和阅读量。同时，通过设置关注投票、评论功能“吸粉”，借助此次活动，潮州电视台公众号新增“粉丝”约4万，也增进了公众号与线下粉丝的互动，提升了公众号影响力。

新媒体环境下，信息传播已不是单向的供给，而是呈现一种双向、互动、交叉式的流动。创新互动策略，适应的正是这种信息传播模式的新变化。因此，城市公众号必须打破原有传统媒体思维模式，创新方式方法，增强互动交流，才能进一步增强用户黏度和依赖度，进而提升自身在本地居民中的传播力。

二 地级城市电视台微信公众号提升传播力的路径

（一）精准定位发力，实现精准传播

消息推送是微信公众号运营的一项基本方式。与传统电视媒体不同，微信公众号推送的信息不再转瞬即逝，用户可以阅览公众号的消息内容，或者回顾历史消息进行查看与收藏，电视台微信公众号已成为新的信息整合平台。因此，地级城市电视台微信公众号必须明确自身定位，明晰

目标用户群，通过精准定位，达到精准发力，实现精准传播。

1. 公众号定位

首先，应凸显“喉舌属性”。城市电视台微信公众号作为城市电视台在移动网络上的延伸，天然具备电视台作为党政喉舌的功能属性，必须履行把握正确舆论导向、传播主流声音、弘扬社会正能量的职责，承担应有的社会责任。其次，应凸显“资讯属性”。突出作为地级城市台所属公众号的资讯供给功能，充分发挥在本城市、本地区主要权威资讯发布平台的优势，以此与其他非媒体类公众号区分开来。再次，还应凸显“电视属性”，即体现城市电视台公众号在视音频制作、资讯时效性等方面的优势，与其他传统媒体公众号形成差异化竞争。潮州电视台微信公众号明确“潮州地区主要资讯发布平台”定位，不断强化公众号的“喉舌属性”“资讯属性”和“电视属性”，传播主流声音，聚焦本地资讯热点，服务社会民生；同时，突出视频制作发布优势，每日头条推送80%以上有视频内容，在本地众多公众号中脱颖而出。

2. 公众号用户定位

传媒发展早已迈入“受众中心”时代。“今天的受众对传媒业的信任或喜爱程度，不仅取决于媒体的规模与传播时间的长短，还取决于媒体如何展现内容、如何尊重受众的需求，以及如何提供个性化服务等因素。”因此，十分有必要对地级城市台公众号受众进行精准分析。首先，应明晰公众号用户属性，摸清用户的性别、地域、年龄等的分布，以便针对用户属性进行精准传播。如女性用户居多，可以在三八节、母亲节等女性相关日子推送该类文章，或者策划契合女性的微信活动；如男性用户居多，在选题上可多策划偏向男性喜欢的话题，等等。其次，还应明晰用户的使用习惯、信息需求、话题偏好等，有针对性地在内容推送、发布时间上满足用户需求，以进一步提高用户黏合度，提升公众号影响力传播力。比如潮州电视台微信公众号针对用户多为潮州本地中青年上班族的特点，侧重推送天气、交通、娱乐等本地城市资讯迎合用户需求，同时合理选择推送发布时间，方便用户查看。

（二）立足城市本土，提供优质内容

传播学理论指出，人们关心周围的事情一般要胜于关心遥远地方的事情。而本土化的内容大都是本地生活的人、本地发生的事、本地存在的物，这就有针对性地满足了受众的心理需求，顺应了受众的心理定势，形成“兴奋点”和“共振区”。城市电视台扎根本土，新闻触角遍布所在城市各个角落，观众绝大部分集中在本地。地级城市台微信公众号的用户与城市台受众高度重合，用户同样集中在所在城市，因此必须深耕本土，立足城市本土，建立以本地受众为本的价值取向，提供受本地受众的优质内容。

1. 强调接近性

所谓接近性，是指与受传者在心理、生理、地理、社会地位等方面的接近性。接近性并不局限在某一方面的接近，而是多方面的，传者要根据具体的新闻事实，寻求合适的切入点，增加接近性。城市台微信公众号在传播中强调接近性，首先应强调地域的接近，即公众号推送内容应更多地关注本地事、本地人，或者发生在外地而与本地息息相关的，这是城市电视台也是城市电视台微信公众号最具优势的制胜法宝，也是用户的“兴奋点”和“共振区”所在。其次应强调生活的接近，即推送内容与目标用户生活的重合度，公众号应更多关注与本地生活息息相关的内容，如城市天气、交通、教育、文娱等生活资讯等。再次还应强调与目标用户表达方式的接近，不同于传统媒体语言的严肃谨慎，城市台微信公众号应该用生活化的语言、以人际交流的方式、用亲切自然的语言风格，将用户的关系拉近为朋友关系、交流者关系，比如采用“网络语言＋文艺风格”“第一人称＋口语表达”等叙述风格，迎合公众号主流用户的时尚潮流，创造面对面的人际沟通阅读体验。

2. 坚持原创性

随着移动互联网的快速发展，信息消费不断扩大，互联网上的信息内容也呈井喷的态势发展。其中充斥着大量碎片化、重复的内容，因此对原创内容深度的需求将更加迫切。城市台微信公众号的原创能力直接影响点击率和关注度，是提升公众号传播力的关键。首先在原创方向上，既要把握大局，又要结合“热点”，提供吸引人的优质内容。作为地级城市台公众号，其原创内容要着眼于城市整体发展，有自己的站位，有自己大格局、大视野，才能避免内容“鸡毛蒜皮”；同时，又要结合市民生活关注的热点，提供贴近受众的信息，才不至于放空炮、自说自话。其次在原创内容上，要注重对信息的深加工和再生产，不能只做“标题党”。地级城市台公众号有自己独特的内容生产优势，一条信息往往时政类、民生类等多个电视栏目会同时关注，因此城市台公众号在信息处理和内容生产上要善于利用整合各栏目的内容，对信息进行“二次生产”，为受众提供更加丰富、更加立体、更加全面的优质原创内容，而不能像其他一般城市公众号一样，缺乏对信息的再生产能力，只能局限于换标题加图片，沦为难以产生持久影响的“标题党”。

3. 注重时效性

时效性是新闻的根本要求和重要特征，失去了时效性，新闻也就失去了吸引力；反之，新闻的时效性越强，传播力就越强。在新媒体领域的竞争中，时效性的决定性作用更加凸显。在提供城市资讯方面，地级城市台微信公众号面临着与其他众多本地公众号竞争的压力，要想得到用户的青睐，以快取胜是王道。今年 5 月 23 日潮州部分地区出现强对流天气，一些区域突降冰雹，潮州电视台微信公众号运营团队第一时间核实情况，半小时内完成相关视频图片收集，发布的《刚刚，潮州下冰雹了！》4 小时内阅读量突破 8 万，远超当地其他公众号；9 月 15 日至 16 日，防御超强台风“山竹”期间，潮州电视台微信公众号每天以最快速度发布台风预警、登陆以及停复课等信息，相关信息发布时间均远早于本地其他公众号，其中《刚刚，潮州防风应急响应提升至Ⅱ级》《潮州各学校恢复上课通知》等推文均是在潮州市有关部门发布信息后 5—10 分钟内完成推送的，第一时间满足受众的信息需求，被用户大量转发，形成二次传播效应。

4. 强化服务性

“使用—满足”传播理论指出，当传播内容满足受众需求时，他们才会继续选择接受该媒体。城市电视台公众号根植本地，深耕本土，一方面具有服务本地受众的责任义务，另一方面也具有为本地受众提供信息服务的能力。一直以来，潮州电视台公众号不断强化服务意识，为市民生活提供便利，增强了用户黏合度，提高了公众传播力。比如针对潮州大桥、如意大桥新建成通车后附近交通较为复杂的情况，潮州电视台公众号适时发布“两桥”道路交通指引；春节元宵节期间潮州市民争相观看“一江两岸”灯光秀，公众号及推送灯光秀节目时刻表以及古城区道路指引，经用户大规模转发产生二次、三次传播，成为市民“看秀”人手一份的参考。今年8月14日，潮州市区启用智慧执法魔方系统，由于涉及潮州广大交通参与者，社会关注度高，潮州电视台公众号及时对民生新闻稿件进行整理和再加工，发布推文《注意！潮州交警明天启用智能执法系统 调用全城所有摄像头对违法行为进行抓拍》，汇总交警部门相关数据，详细介绍了智能执法系统的运行方式和特点，为市民文明出行提供信息指引，推文发布后3小时内文章阅读量就达到10万+。

（三）整合母媒体资源，形成传播合力

在全媒体时代，传统媒体最核心的优势之一是内容生产力。虽然新媒体的崛起挤占了传统媒体的部分市场，但是大量的原创性首发报道仍来自传统媒体。而城市电视台公众号最大的优势和资源，必然也来自母媒体。城市电视台在信息收集与生产、采编人才队伍等方面，都能为自身微信公众号提供最有力的保障和支撑，同时地级城市台已建立的众多新媒体单元，还可产生新媒体矩阵效应，形成传播的强大合力，这是其他非媒体微信公众号所难以比拟的。

1. 信息和内容共享

地级城市电视台长期承担着收集与传播各类资讯的社会角色，其在本地城市的信息采集渠道遍布城乡，是城市信息交流一个重要的“集散中心”“加工中心”和“分发中心”。目前，地级城市台公众号每天推送的文章数量一般在3—8条，如果不依托母媒体，仅靠公众号运营小团队为原创主力，选题和内容难免会渐渐变得单调和重复，甚至难以为继。因此，城市台公众号必须紧紧依托母媒体在信息采集传播等方面的资源，实现对信息的快速反应、高效采集和有效生产。

首先要建立城市台内部畅通高效的信息共享机制，一旦有即时信息

发生，城市台传统采编部门和新媒体部门均能第一时间获得、第一时间介入。其次还要建立内容共享机制，传统采编部门和新媒体部门要打破信息壁垒，在文稿、图片、视频等内容实现共享和深度合作。比如潮州电视台建立了各部门间的信息共享机制，依托微信工作群“全媒体平台信息群”，群成员第一时间发布掌握到的信息，实现信息在各部门间的即时共享；同时，还依托电视台内部局域网平台，实现生产内容共享共用，进一步提高了信息生产的能力和质量。

2. 采编队伍整体作战

在采编队伍建设方面，城市电视台拥有一支政治强、业务精、“招之即来、来之能战”的采编播队伍和技术团队，形成了一套规范有效的信息采集生成操作程序，确保信息传播的权威性和公信力，这是电视台公众号传播力和竞争力的根本所在。就目前而言，许多地级城市台公众号的运营团队与传统采编部门相比，在采编力量配备等方面还较为薄弱，要调用传统采编部门的人员为我所用还较为困难。因此，城市台内部要打破部门间的门户之见，实现队伍和人员的有效整合利用。

在工作机制方面，应加强顶层设计，从整个城市台发展的层面重视公众号运营，赋予公众号在调用采编人员、使用新闻素材方面更多权限；传统采编部门要大力支持公众号工作，为其开展工作提供更多便利。在人员培养方面，应进一步加大培训力度，使全体采编人员掌握各种新媒体技术，熟练运用各种新设备，增强适应融媒体环境下采写编发新闻的能力，努力成长为“融合型”记者。在激励机制方面，应对积极参与公众号运营和采编工作的人员进行绩效倾斜，形成重视公众号发展的导向，调动全台采编队伍支持参与公众号运营的积极性。

3. 形成广电新媒体矩阵群传播效应

目前，许多地级城市电视台除了开设城市台公众号外，自身还拥有涵盖不同层次、不同领域、不同风格的众多新媒体单元，如城市台的服务号、微博、App 等。此外，目前全国地市级广播电台、电视台已经完成合并。城市电台旗下也有自己的频率公众号、微博等。合并后的地级城市广播电视台不仅具有广播和电视的立体传播优势，基于广播电视媒体的综合性、集成性、层级性，还可以迅速整合建立起涵盖不同层次、不同领域、不同风格的众多新媒体单元，即“新媒体矩阵群”。

地级广电新媒体矩阵群中，新媒体单元不是盲目建立、各自为战，它们的关系应该是协同作战，有定位、有分工、有合作，逐步实现从“相加”到“相融”，从“你是你、我是我”到“你中有我、我中有你”。在矩阵群中，每一条内容的素材可实现共享，各个新媒体单位根据各自风格和定位，对内容进行再加工、再生产，形成有各自特点又互为补充的信息产品，再进行有针对性的发布，形成广电新媒体矩阵群传播效应。这就意味着，城市电视台、电台的每一个公众号、App 等都能够以传统媒体的整体力量与同一领域的个人或小团体的新媒体竞争。定位明确、内容丰富、劲力持久，是广电新媒体矩阵群能在新媒体中脱颖而出的三大特点。这三大特点正是基于传统媒体的规模优势发展而成，也是地级城市广播电视台新媒体提升传播力和影响力的法宝。

（四）加强用户互动，提升传播效果

新媒体时代，传统媒体的单向线性传播已无法满足受众需求。人人都是信息的传播者，受众在传播活动中的地位不容忽视。公众号如果只是用户单向的关注而没有互动，就不能最大限度地发挥受众的价值。因此，地级城市台公众号只有通过加强与用户之间线上线下的互动，才能有效放大用户数量，提升用户黏性，进而提高公众号传播力。

地级城市台公众号应加强自身推广，扩大用户数量。二维码（QR Code）的应用，为电视媒体这种瞬时画面构成的线性传播提供了可灵活操作的解决方案。地级城市台公众号可以将自己的微信公众号二维码在节目播放期间推荐给观众，还可以走进社区，利用线下活动扫二维码大抽奖等方式来吸引更多粉丝的关注。另外，地级城市台公众号还可以积极参与由城市台或者政府部门、企事业单位主办的各类线下活动，作为新媒体入口大规模“吸粉”。

地级城市台公众号还应对用户用心维护，增强用户黏性，增加公众号“铁杆粉丝”数量。公众号应及时对用户留言进行筛选，有必要的积极进行回复，增加用户互动积极性。除了微信平台互动外，还可以把互

动触角延伸到电视荧幕，实现“大小屏”互动。如可在电视节目中，引导观众通过微信扫描电视屏幕中出现的二维码，参加节目话题的讨论、投票评选等。另外，从2017年年初起，全国各地一大批媒体微信公众号推送消息迎来了从“一天一次”到“一天三次”的跳跃。因此，相对于一般的微信公众号，城市台公众号可以“一天多推”，在新闻热点追踪方面也更加及时。一旦发现用户对当前话题或内容反响强烈，城市台公众号应及时响应，迅速对该热点进行跟进，及时进行再挖掘、再推送、再传播，以求达到最佳的传播效果。

［该论文发表于《新闻战线》2019年第4期（下）］

参考文献：

程世寿：《现代新闻传播学》，华中理工大学出版社2000年版。

黄楚新，彭韵佳：《我国电视微信公众号台的发展现状、问题及建议——以排名前十的电视频道为例》，《中国广播电视学刊》2016年第3期。

胡娜：《论互联网原创内容的特点及价值平衡》，《中华文化论坛》2016年第10期。

李明德，刘婵君，宋宁：《传统党报社会化媒体平台传播技巧初探——以〈人民日报〉微信公众账号为例》，《中国出版》2014年第17期。

刘孟达：《依托传统媒体资源集约优势构筑“新媒体矩阵”——以“今日绍兴”为内核的绍兴广电新媒体集群探析》，《科技视界》2016年第22期。

刘晓林，邓利平：《传统媒体的传统优势》，《青年记者》2012年第21期。

康秀梅：《论城市电视新闻的本土化发展》，华中科技大学硕士学位论文，2008年。

孙宝国：《两台合并 台网联动 制播分离——2014年中国广电的体制机制创新》，《新闻战线》2015年第3期。

孙志刚，程明：《数字第一、内容第一、受众第一——数字技术与媒介融合背景下的传媒产业特征及其发展趋势》，《中国媒体发展研究报告》2012年。

王丹、周晓康：《电视新闻与微信公众号的融合创新》，《视听界》2017年第4期。

《2017年微信经济数据报告》［R］，深圳：企鹅智库，2017。

2018年中国微信登录人数、微信公众号数量及微信小程序数量统计，2018-5-30. http://www.chyxx.com。

人工智能与贵州智慧城市建设

万 婧*

【摘要】作为21世纪互联网发展的关键技术，人工智能的影响已渗透到现实生活各个方面，尤其是现代智慧城市的建设与规划。本文在回顾媒介技术与社会发展的基础上，介绍人工智能与智慧城市的基本要素；结合贵州地理与人文特色，探索人工智能在贵州智慧城市建设中的应用，提出从“数据城市”向“智能城市”、从“生态城市”向“活力城市”和从“单一性城市”向“多样化城市”升级的智慧城市建设路径。

【关键词】人工智能　智慧城市　贵州

一　媒介技术与社会发展

纵观人类历史，文明演化总是伴随技术的革新与进步。信息技术不仅创造物质与精神财富，而且塑造和重构人的社会理解和社会行为，影响社会变迁。媒介从来不是单一前行的孤独者，而是与其他社会要素共同作用，协助意义阐释，形成从社会认识到社会评价，再到社会行动的过程。

今天，从传播技术角度讨论社会发展，将媒介置于关键而非全部、核心而不褊狭的社会子系统位置，关注交流形式对文化形态和社会形态的作用，重点毫无疑问是电子媒介。卡洛琳·马文指出，电子交流的历史不

* 作者简介：万婧，女，文学博士，广东外语外贸大学新闻与传播学院教师。

仅是符号交换效率的增强与演变，更是社会生活准则至关重要的种种话题——场域内外、话语权力与权威，交往形式的塑造被电子媒介左右①。

（一）信息革命与权力重组

从古登堡发明铅字印刷术，到声音与图像传送、数字存储、传输和再生产技术的创造②，近代历史上的传播技术经历数次重大革命。报刊、广播电视和互联网等媒介的发明与使用，对社会沟通方式与交流效果产生根本性影响；单向传递的大众传播路径，在某种程度上破坏了“媒介”的“社交属性本质”，形成媒介发展史的特殊阶段③。

以 20 世纪 90 年代为界，此前，报台电刊等传统媒介，即旧媒介（old media）是主要传播力量。大部分社会行为，尤其是与国家利益息息相关的活动，几乎都会参考媒体报道，实况直播尤甚——海湾战争时，萨达姆和老布什都通过观看 CNN 了解最新战况；美国对阿富汗的“反恐战争”中，本·拉登和小布什都在收看 CNN 和半岛电视台的节目④。此后，互联网第一代媒介如电子邮件、留言板、聊天室等新媒介（new media）成为潮流；2001 年互联网用户超过 4 亿，互联网第二代媒介即“新新媒介”（new new media）⑤兴盛。

脸书（Facebook）滥觞于 2004 年，十几亿用户俨然是一个“虚拟国家”：“它就是世界上的第三大国，仅排在中国和印度之后”⑥，而且这个“国家”“每个小时都有数以百计的新人加入”⑦。2005 年问世的优兔（YouTube），如今每天流通的视频多达 40 亿，平均每分钟有 72 小时视

---

① ［美］马克·波斯特：《信息方式：后结构主义与社会语境》，范静晔译，商务印书馆 2014 年，第 8—9 页。

② ［荷］简·梵·迪克：《网络社会：新媒体的社会层面》，蔡静译，清华大学出版社 2014 年版，第 6 页。

③ ［美］汤姆·斯丹迪奇：《从莎草纸到互联网：社交媒体 2000 年》，林华译，中信出版集团 2014 年版。

④ ［美］小约瑟夫·奈，戴维·韦尔奇：《理解全球冲突与合作：理论与历史》，张小明译，上海世纪出版集团2012年版，第365页。

⑤ ［美］保罗·莱文森：《新新媒介》，何道宽译 .2 版，复旦大学出版社 2014 年版。

⑥ ［美］保罗·莱文森：《软利器：信息革命的自然历史与未来》，何道宽译，复旦大学出版社 2011 年版，第 17 页。

⑦ 同上。

频上传；创立于2006年的推特（Twitter）仍是影响力最大的社交媒介之一。2000—2011年，全球互联网用户增加480%，这场巨大的变革被称作“第三次工业革命”[①]。

弗兰西斯·培根说，知识就是权力（Knowledge is power）。传播技术变革导致越来越多的人和组织掌握这种权力，信息革命正在改变与重组世界的政治、社会和文化。国家的中央集权被削弱，非国家行为体权力增加。政府不再是世界政治的专属掌权者，公司、非政府组织等个人与私营组织，逐渐拥有在全球政治格局中发挥作用的权力，非正式网络对传统官僚机构的垄断地位形成巨大挑战[②]。

传统媒体的信息控制权力中心被打破，普通人被赋予更大的传播权力。2006年《时代周刊》将“你”（You）评选为年度人物[③]，意味着每个人既是信息的生产者也是消费者，既是受众也是传者。尽管信息鸿沟仍然存在并可能以某种形式扩大，然而新媒介赋权以及普通人的权力运用现实已经并将继续对全球政治、经济和文化产生深刻影响。

（二）网络社会与虚拟共同体

由于信息革命导致传播权力重组，以互动为特征的网络社会中，传统意义上的受众已终结[④]。新媒体提供双向沟通平台，信息传播从单向传递变为多极互动。新技术聚焦多样化的专业信息，人们不再是被动的接收者，而根据意识形态、价值观念、品位和生活风格等选择性注意感兴趣的内容，大众社会逐渐演变为“区隔社会”（segmented society）[⑤]。早在1985年，弗朗索瓦·萨巴（Francoise Sabbah）就曾预言：

---

① ［美］小约瑟夫·奈，戴维·韦尔奇：《理解全球冲突与合作：理论与历史》，张小明译，上海世纪出版集团2012年版，第326页。

② ［美］曼纽尔·卡斯特：《网络星河：对互联网、商业和社会的反思》，郑波、武炜译，社会科学文献出版社2007年版。

③ Conway, M. (2014), Reality check: assessing the (un) likelihood of cyberterrorism. In Cyberterrorism, Springer New York, pp. 103-121.

④ ［美］曼纽尔·卡斯特：《网络社会的崛起》，夏铸九等译，社会科学文献出版社2001年版，第405页。

⑤ 同上书。

新媒体决定了区隔化的、分化的受众，虽然就数目而论算是大众，但是从信息接收的同时性与一致性来说，他们已经不再是所谓的受众（mass audience）了，新媒体已不再是传统定义下的大众媒体：传送有限的信息给同质的视听大众。由于信息与来源的多样性，观众本身变得更会选择。目标观众群倾向于选择信息，因而加强了多区隔化，促进了传送者与接收者之间的个人关系[①]。

互联网沟通的另一特征是“弱联系”或称“弱纽带”（weak tie）。平等互动模式削弱了社会特征导致的沟通限制与阻碍，拥有不同社会背景和条件的陌生人很容易建立联系，弱纽带促使人群相互连接，因而扩张了社会交往[②]。

互动、区隔和弱纽带特征共同促成互联网虚拟共同体的形成。一方面，对于那些数量很多和享有共同的历史，但在地理上相互隔绝的人们，互联网是一个天赐之物，他们可以利用网络行使软权力（soft power），向故土同胞传播有吸引力的观念[③]；另一方面，网络“想象的共同体”不拘泥于民族国家形式，更多以共享价值和利益为集聚核心，以意识形态和共同兴趣为吸引元素。

（三）21 世纪互联网发展的“三个时代”

尤瓦尔·赫拉利在《未来简史》提出，21 世纪是“智人”这站发出的末班车——在生物科技与计算机算法为主导力量的时代，人类还能掌控时代及赋予意义吗？[④]

21 世纪第一个十年，人类社会以网络为中心再组织化，网络社会

① Sabbah, F. (1985), The new media, High Technology, Space and Society, Beverly Hills, CA: Sage.

② ［美］曼纽尔·卡斯特：《网络社会的崛起》，夏铸九等译，社会科学文献出版社 2001 年版，第 445 页。

③ ［美］小约瑟夫·奈，戴维·韦尔奇：《理解全球冲突与合作：理论与历史》，张小明译，上海世纪出版集团 2012 年版，第 339 页。

④ ［以色列］尤瓦尔·赫拉利：《未来简史：从智人到智神》，林俊宏译，中信出版集团 2017 年版，第 246—251 页。

的崛起与繁盛深刻地影响现实互动的过程和频率；第二个十年，在网络社会的基础上，通信技术飞速发展、大规模数据存储能力显著增强，人类数据规模呈现指数型飞跃；《Nature》和《Science》先后出版“*Big Data*”和“*Dealing with Data*”专刊，2012 年美国政府正式发布及启动“大数据研究和发展倡议”计划[①]，大数据时代翩然而至；如今，生物科技、算法与运算技术应用于生活各方面，“蓄势待发的人工智能即将超越人类智慧[②]，人类进入人工智能时代[③]。

“人 + 计算机 + 互联网”的组合将带来怎样的可能？对社会组织与文化形态有何种影响？当“智能”不再专属于人类，世界将以怎样的面貌呈现？这些由技术发展引起的问题与思考，已真切地以现实样貌出现和影响着我们的生活。

二 人工智能与智慧城市的基本要素

（一）人工智能：人类社会科技发展的核心趋势

人工智能（Artificial Intelligence，AI）指的是让系统实施通常需要人类智能（如视觉接受、言语感知、做出决定和语言翻译等）参与任务的一系列计算机技术，其重要分支机器学习和深度学习，是基于算法及强大的数据分析，令计算机独立自主学习和适应的技术。[④] 人工智能运用人工方式与技术，对人的智能进行模仿、延伸和扩展[⑤]，通过机器解决人类已经遇到与可能遇到的问题，实现获取、表达及运用知识的功能。

---

① 李德仁等：《智慧城市中的大数据》，《武汉大学学报（信息科学版）》2014年第6期，第631—640页。

② ［以色列］尤瓦尔·赫拉利：《未来简史：从智人到智神》，林俊宏译，中信出版集团 2017 年版，第 250 页。

③ 何哲：《通向人工智能时代——兼论美国人工智能战略方向及对中国人工智能战略的借鉴》，《电子政务》2016 年第 12 期，第 2—10 页。

④ 美国国家科学技术委员会，美国网络和信息技术研发小组委员会：《国家人工智能研究与发展战略计划》，2016 年。

⑤ 杨焱：《人工智能技术的发展趋势研究》，《信息与电脑》2012 年第 8 期，第 151—152 页。

20世纪50年代发展至今，人工智能在信息检索处理、模式自动识别、机器自主学习、人工神经网络等领域表现卓越；在金融、安全、教育、医疗等领域也存在深度应用，有效实现了风险规避、效果预测、智能匹配、人机交互、个性化推荐等功能，在精确高效与低成本低风险之间几乎完美统一。

人工智能成为科技发展与应用核心，已在全球范围内达成共识。一些国家和地区围绕人工智能领域制定发展报告，从国家战略高度对人工智能研发与应用进行指导规划。典型代表是美国白宫科技政策办公室（OSTP）下属的国家科学技术委员会（NSTC）于2016年10月发布的两份报告：《国家人工智能研究与发展战略计划》（National Artificial Intelligence Research and Development Strategic Plan）和《为人工智能的未来做好准备》（Preparing for the Future of Artificial Intelligence）。

《国家人工智能研究与发展战略计划》指出美国优先发展人工智能七大战略方向，分别是：①对人工智能研究进行长期投资；②开发有效的人类与人工智能协作方法；③了解并解决人工智能的伦理、法律和社会影响；④确保人工智能的安全可靠；⑤开发用于人工智能培训及测试的公共数据集和环境；⑥制定标准和基准以测量和评估人工智能技术；⑦更好地了解人工智能人力需求。[①] 在七个战略重点基础上，报告提出两大建议：一是开发人工智能研发实施框架，支持人工智能研发投资，与第1–6项一致；二是研究创建和维持健康的人工智能研发队伍的国家图景，与第7项保持一致。[②]

《为人工智能的未来做好准备》对人工智能的发展及应用现状展开描述，并从美国联邦政府的角度，探讨分析潜在的公共政策治理问题。值得注意的是，该报告除了提出政府的职责，如随时监控技术发展和加大资金支持等，还建议全体公民准备接受人工智能教育，“要求全体公

---

① 美国国家科学技术委员会，美国网络和信息技术研发小组委员会：《国家人工智能研究与发展战略计划》，2016年。

② 中国云计算：《美国国家人工智能研究和发展战略计划》，http://www.chinacloud.cn/show.aspx?id=24328&cid=16，2017–09–18。

民都能够阅读数据、理解数据，对数据进行沟通，并参与到与人工智能相关政策制定的讨论中来。”[①]可以预见多数美国公民的生活将受到人工智能，特别是人工智能驱动经济需求的影响。

作为全球最有影响力的国家，美国将发展重点面向人工智能，其战略指导意见对其他国家具有强烈的引领、启示和借鉴意义。从报告关注领域及现实应用情况，可以观察到人工智能的研究、应用及发展重点主要包括以下方面[②]。

（1）问题求解：通过程序和方案设计，机器可以分析、推理与判断，对基本的和有一定难度的问题分类，并根据问题的繁杂程度分解成若干步骤，从而“解决管理活动中由于意外引起的非预期效应或与预期效应之间的偏差”[③]。典型代表如下棋程序，谷歌旗下的人工智能软件“AlphaGo”升级版“Master”在互联网平台挑战中、日、韩三国的围棋顶尖高手，以 60 局连胜的好成绩收官[④]。

（2）机器学习：学习是将外界的专业化信息转换和存储为自身的知识，并被系统理解和应用的过程，是人类智能的基本特征。让机器学习即赋予机器智能，通过使其模仿人类的学习活动和学习方式，让机器变得“聪明”，这同时也是一个探索人类大脑获得知识路径与机制，提高人类学习效率的过程，因此既是“让机器学习”，也是“借助机器学习”。

（3）专家系统：从思维的一般方法和规律转为运用专业化知识或经验分析研究，模仿人类专家判断和决策的过程，是真正从理论转向实践、从简单走向复杂的机器活动过程，也是人工智能应用最广泛的领域。

（4）模式识别：通过计算机模拟人类的感觉器官的能力，如听觉、视觉、触觉乃至嗅觉等，实现对外界信息的感知，对外部环境的识别与

---

① 网络大数据：《白宫报告：为人工智能的未来做好准备》，http://www.raincent.com/content-11-7805-1.html，2017-09-18。

② 邹蕾，张先锋：《人工智能及其发展应用》，《理论研究》2012 年第 2 期，第 11—13 页。

③ 同上。

④ 搜狐科技：《AlphaGo 升级版横扫围棋界，人工智能将走向何方？》，http://www.sohu.com/a/124056640_468726，2017-09-18。

理解，以便做出正确的分析判断。

（5）人工神经网络："由大量节点（神经元）及其之间相互连接构成的运算模型"，通过对大脑和自然神经网络的基本特征抽象模仿，模拟大脑运行机制，达到某些类似功能效果。[①] 人工神经网络具备自主学习能力，在解决定量和定性问题上均有一定优势，并擅长处理多维度、多层面、非线性的复杂问题，拥有大规模并行处理和分布的信息存储能力。[②]

（二）智慧城市：现代城市之灵魂

作为现代社会最基本和最重要的组成单元，城市提供生产繁衍、经济发展、社会交往和文化享受四大类职能[③]，具有人口、景观、资源、文化、沟通等维度的丰富性、创造性、包容性和多样性优势，易于接纳和拥抱技术变革，成为创新应用的领先者和受益者。爱德华·格莱泽在《城市的胜利》一书中表示"城市是人类最为伟大的发明"[④]，城市社会学家和经济学家意识到技术对城市的环境保护、平面拓展、可沟通度与智能建设的作用，依据特点划分"聪明的城市""消费城市""成长中的城市""管理有方的城市"，等等。

"智慧"（Smart）是形容人的词语，用于描述城市便赋予了人的特性。智慧城市的基础是物理城市，与存在于网络空间的虚拟"数字城市"勾连耦合之后，形成了独特城市样态。李德仁院士用公式形象地表达其内涵："智慧城市 = 数字城市 + 物联网 + 云计算"——数字城市技术依照地理位置组织分散的城市信息，实现信息检索、整合与利用，并展示自然、人文和社会的有机联系与互动，是全方位全覆盖的信息模型，是智慧城市的"母体"；物联网强调万物为媒介以及彼此的互联互通关系，"通

① 邹蕾，张先锋：《人工智能及其发展应用》，《理论研究》2012 年第 2 期，第 11—13 页。

② 杨焱：《人工智能技术的发展趋势研究》，《信息与电脑》2012 年第 8 期，第 151—152 页。

③ 李德仁等：《智慧城市中的大数据》，《武汉大学学报（信息科学版）》2014年第6期，第631—640页。

④ ［美］爱德华·格莱泽：《城市的胜利》，刘润泉译，上海社会科学院出版社 2012 年版，第 5 页。

过射频识别、红外感应器、全球定位系统、激光扫描器等信息传感设备，按约定协议将任何物品与互联网连接起来进行信息交换和通信，以实现智能化识别、定位、跟踪、监控和管理”。[①]应用于城市的基础建设和软件操作的物联网技术，是人机互动和机器互动的典型体现，是智慧城市的“血液”；云计算是在互联网基础上，快速处理海量资源、向全球数以亿计的用户提供服务的计算模式，具有计算资源动态化、可伸缩化和被虚拟化等特点[②]，是智慧城市的“大脑”。从美国政府的信息高速公路计划到“数字地球”概念，再到IBM的智慧地球和智慧城市理念，智慧城市的发展经历了信息化、数字化和智能化三个阶段[③]。

三　人工智能在贵州智慧城市建设中的应用

新媒体将权力赋予信息时代的每一个普通人，使其拥有获取、理解、表达和运用知识的能力，根据兴趣、利益或意识形态自由地建立以弱关系为特征的网络虚拟共同体，形成社会区隔与分化；在万物以数据的方式存在和流动的大数据时代，信息处理超越粗糙的整体描述阶段，深入个体化、具体化、细节化分析层次；人工智能技术通过机器与人的互动，协助人类实现精准理解和解决问题效果。

从网络社会到大数据再到人工智能时代，媒介技术的发展越来越重视人的主观能动性和个人差异，尽管人工智能技术将权力赋予“智人”之外的“智神”[④]，但作为人类不断挑战和突破的自身局限的产物，人工智能的终极目标是为人服务。

将城市建设与治理置于技术发展的大环境中考察，突出表现即不再是居高临下的单向传递信息及要求的事务，而是在以人为本理念的指导

---

① 李德仁等：《智慧城市中的大数据》，《武汉大学学报（信息科学版）》2014年第6期，第631—640页。

② 同上。

③ 同上。

④ ［以色列］尤瓦尔·赫拉利：《未来简史：从智人到智神》，林俊宏译，中信出版集团2017年版，第250页。

下，城市多元主体互动，借人工智能让生活更美好的过程。

作为中国十分有特色的省区，贵州冬无严寒、夏无酷暑，多民族聚居、多元文化交融，具有独特的地理与人文优势，贵州的城市具有别样的吸引力。人工智能技术的应用需要充分考虑贵州的地理景观和文化特征，重点关注以下三个方面的城市职能与特色“升级”，力争成为西南地区智慧城市开拓者。

（一）从“数据城市”向“智能城市”升级

贵州是全国大数据省市建设的领跑者。从2014年的“大数据元年”发展至今，贵州发挥凉爽的气候优势和充足的电力资源优势，从建设基础的大数据工程“数据中心”和“呼叫中心”，到逐渐组建大数据交易所、获批大数据综合试验区、大数据产业发展集聚区、大数据产业技术创新试验区，举办大数据博览会，设计“云上贵州”平台，吸引了阿里巴巴、京东、腾讯、华为、惠普等多家国内外企业入驻，电子信息产业及传统产业信息化改造成绩突出；2014年上线的“云上贵州”系统平台，成为全国首个省级政府数据统筹存储、管理、交换、共享的云服务平台。①

从大数据运用与效果来看，以贵阳为代表的贵州城市属于当之无愧的“数据城市”。如何在前一阶段的基础和积累之上，将数据优势转化为智能优势，实现从互联网时代的第二阶段向第三阶段的自如升级，是贵州城市建设需要考虑的核心问题之一。毋庸置疑，智慧城市建设的关键主体，即政府、企业、市民首先需要“观念升级”，将日常活动与管理智能化，并借助人工智能技术，实现彼此之间的良性互动。

政府相关部门对城市规划与治理时，在已掌握数据的基础上，可引进人工智能方法：例如模式识别之人脸识别技术，具有便捷化与可视化程度高、成本低、操作容易等特点，可方便地应用于机场、车站等交通领域，出入境检查与侦察等公共安全领域，甚至在发生滑坡、泥石流等自然灾难事件后，用于灾后救援的人员追踪与辨识。政府部门需要结合

① 人民网：《贵州：大数据汇聚全球精英》，http://cpc.people.com.cn/n1/2017/0907/c412690-29520684.html，2017-09-18。

贵州的自然和人文特征，因地制宜地采用人工智能化管理模式。例如，共享单车和共享汽车等交通工具是如今城市的常见现象，自行车道和机动车道规划与调整成为许多城市的关注热点。对于“地无三尺平”的贵州城市，城市路线规划与交通设计与平原地区有很大差异，如果生搬硬套其他发达城市的经验，可能非但不会促进问题的解决，还会带来新的麻烦。建议针对多山的地势特征，设计适宜当地气候和地质特征的人工智能自然地理专家系统；再如，贵州吸引外来游客的一大特色是多样性交融文化，特别是以苗族、彝族、布依族等少数民族文化为代表的“多彩贵州风”。如果运用机器学习与模式识别等功能，建设跨文化交流问题求解案例库，将人工智能应用于贵州智慧旅游，对提高文化产业价值和城市形象都将大有裨益。

企业作为城市最有活力的构成单元，无论从自身发展还是对社会承担责任的角度，都具备率先尝试新技术的必要性与可能性。在大数据发展阶段，贵州名牌企业茅台集团利用大数据技术，实现对生产、管理过程的全程优化和提升，形成产品全程可追溯系统，为产品销售提供精准管理。[①]除了茅台集团这样的传统企业，贵州重点城市特别是贵阳，聚集了一批以信息技术为核心的新兴企业，在软件、机器人、信息产业和信息技术服务方面领先，关注人工智能技术的研发与应用，这些企业将成为从数据城市到智能城市的推动者。

（二）从“生态城市”到“活力城市”升级

贵州的城市文化富有自然清新与原生态特色，例如贵阳不仅是“全国文明城市”，而且获得首批中国金融生态城市、“国家节水型城市”“最佳避暑旅游城市”“最美生态旅游目的地”和“全国十佳生态文明城市”称号。[②]作为承担全省多项服务职能的首府城市，贵阳兼顾城市功能和生态保护，难能可贵。然而，“爽爽的贵阳”在生态城市品牌建设方面表现突出，但城市整体活力不足，偏安一隅的地理位势在某种程度上降低

① 网易财经：《大数据让贵州看清后发赶超之路》，http://money.163.com/17/0705/23/COKAJ5OB002580S6.html，2017-09-18。

② 贵州年鉴编辑部：《贵州年鉴》，2016 年，第 597 页。

了城市可沟通指数与知名度。除了贵阳，贵州的其他城市，如贵安、六盘水等也存在类似的问题。

在一所城市的发展前景的各项衡量指标中，“活力”是重要选项。简·雅各布斯在《美国大城市的死与生》中甚至指出活力是决定城市生死存亡的关键：“单调、缺乏活力的城市只能是孕育自我毁灭的种子”，而“充满活力、多样化和用途集中的城市孕育的则是自我再生的种子”，她认为，哪怕有些问题和需求超出了城市的限度，这些充满活力的城市也有足够的力量延续再生能力，并且最终解决那些问题和需求。①

雅各布斯认为，为提高城市活力，规划者需要综合考量这些要素：在城市任何一个地区，从形式和数量上刺激与催化城市功能，力争效果最大化；发展经济的同时，让社会生活充满生机，提高城市自身的魅力程度；推动以当地街道为主的街区网络形成，依靠企业和市民确保城市公共空间的安全，并将外来者和陌生人视为公共安全的保障者；协助市民建立对城市的认同感，以及彼此之间的跨文化敏感与沟通能力；在促进与阐释城市实用功能的基础上，规范城市视觉秩序，提高城市识别度。②

人工智能为贵阳等从生态城市向活力城市升级提供了技术支持。利用机器学习和人工神经网络，将城市交通、安防和能源等基础建设数据连接打通，对城市开展整体观察分析，根据实时情况分配与调整资源，及时修复城市活动中的问题，以低成本换高效率；借助信息技术与智能算法观测、分析、判断城市活动的核心信息，对商业、安全、卫生、服务、环境等需求做出及时准确的智能回应，对城市设施和社会舆情进行数据化管理；利用自然语言处理技术和专家系统，将贵州城市特征推广到国际社会，构建特色鲜明的多彩贵州国际品牌形象等。

（三）从单一性城市到多样化城市升级

尽管每个城市强调的特色及功能不同，但智慧城市建设的基础和发展动力是多样性的。雅各布斯认为，城市多样化包括四个必要条件：第一，

① ［美］简·雅各布斯：《美国大城市的死与生》，金衡山译，凤凰传播传媒集团译林出版社 2006 年版，第 448 页。

② 同上书，第 409 页。

城市内部区域具备两个或以上的主要功能；第二，大多数街段短，便于转弯；第三，拥有各种特色、各个年代和状况的建筑，老建筑占有一定比例；第四，人流密度程度足够高。[①]

美国的城市规划与建设经验未必完全适用于中国城市，但存在一些共通之处，譬如对城市功能、建筑特色和人流密度的关注。从当前的情况来看，贵州部分城市存在服务职能单一，重视现代风格设计、忽视历史建筑保护，人流密度稀松等不足，需要通过人为干预，促进城市积极变化。

根据麻省理工学院媒体实验室研究小组的观察研究，城市积极变化的最大因素是受过高等教育人群的数量。[②] 对于教育水平相对落后的边疆地区来说，这对城市功能增长和人流密度提升十分不利，极大地阻碍了从单一性向多样化的城市转型升级。贵州智慧城市建设需要考虑的一个现实问题是，在有限的高等教育情况下，难以吸引外省市人才，而且本省培养人才外流严重。囿于地理、经济、文化等因素，这一现现象短期内难以解决，除了进一步提升城市吸引力外，另辟的一条“蹊径”（也是“捷径”）即为人工智能。借助机器学习的力量，让聪明的机器完成部分聪明的人类的工作，利用算法寻找城市规划和设计的最优方案和科学解释；通过信息搜集、分析和预测找出适合贵州城市发展的现实路径，特别是提供“城市的本质——人们在旅行中才能得到的东西——新奇”[③]，发现专属贵州城市的智慧。

四 结语

20 世纪 90 年代，政界、商界、学界专家和媒体一致预测，互联网将

---

① ［美］简·雅各布斯：《美国大城市的死与生》，金衡山译，凤凰传播传媒集团译林出版社 2006 年版，第 127 页。

② 思路网：《人工智能重塑我们对智慧城市的认识》，http://www.siilu.com/20170720/238815.shtml，2017-09-18。

③ ［美］简·雅各布斯：《美国大城市的死与生》，金衡山译，凤凰传播传媒集团译林出版社 2006 年版，第 215 页。

改变世界。[①] 经过信息革命的洗礼，人们越发意识到技术发展对社会的本质化影响。网络社会模糊时空界限，大数据主义更新存在方式，人工智能“打开人类认知未来之窗”[②]。

作为21世纪互联网发展的关键技术，人工智能作用于社会生活的各方面，并将在未来世界发挥更大效能，对社会理解与行为产生直接和间接影响。人工智能对智慧城市建设有促进作用，通过问题求解、机器学习、模式识别、专家系统和神经网络等活动，城市管理者对城市规划、设计与治理积极干预，有助于城市的智能化转型。在具体应用过程中，需要结合贵州城市的地理、历史和文化特征，发挥大数据领跑优势，促进从数据城市向智能城市、从生态城市向活力城市、从单一性城市向多样化城市升级。（广东外语外贸大学新闻与传播学院研究生颜云芳、王婷、陈娴对本报告有贡献，在此表示感谢）

---

① ［英］詹姆斯·柯兰 等：《互联网的误读》，何道宽译，中国人民大学出版社2014年版，第4页。

② ［以色列］尤瓦尔·赫拉利：《未来简史：从智人到智神》，林俊宏译，中信出版集团2017年版。

网络新媒体时代高校舆情治理研究

王豪菁*

【摘要】随着网络新媒体技术的飞速发展和多元文化思潮的不断入侵，高校舆论环境呈现出前所未有的复杂态势。本文主要研究总结网络新媒体环境下高校舆情的主要类型及其传播特点，针对高校舆情治理中存在的理念、机制、能力等方面不足和短板，提出完善机制、畅通渠道、加强舆情治理能力建设等对策建议。

【关键词】高校　网络新媒体　舆情治理　舆论引导　传播

高校是思想、文化、人才的聚集地，是社会的风向标，历来是社会关注的焦点，微博、微信等网络新媒体的即时性、互动性、全球性，使高校舆情的产生和传播速度大幅提升。在网络和新媒体的环境下，高校舆情数量不断增加且负面影响加剧。根据新华网发布的《2016 年度社会热点事件网络舆情报告》，2016 年度的社会热点舆情中，涉及教育类的事件有 35 起，占比为 10.03%，其中多起与高校有关。虽然目前多数高校已开始重视舆情治理，开启日常舆情收集研判、突发事件舆情处置的相关工作，并逐步探索建立相关体制机制，但从总体上来看，相关的体制机制仍未完善、具体操作执行存在较大不足，舆情治理能力有待提升。

* 作者简介：王豪菁，男，文学硕士，广东外语外贸大学党委宣传部外宣科科员。

一　网络新媒体时代高校舆情事件的主要类型及特点

做好高校舆情治理工作，首先要深入了解高校舆情事件的主要类型，分析其主要特征，才能有的放矢、行之有效。

（一）高校舆情事件的主要类型

根据在网络新媒体平台搜索到的近年高校舆情事件发现，高校舆情事件主要涉及以下几个方面：一是涉校园安全的舆情事件。高校师生安全事故极易受到社会关注，并引发社会对高校管理、心理辅导工作等方面的质疑；二是涉师生违法犯罪的舆情事件。高校师生作为知识阶层，社会期待更高、要求更严。高校师生言行失范，甚至触犯法律底线的事件极易引发舆情震动，并形成社会舆论焦点；三是涉高校腐败的舆情事件。高校往往被外界视为“象牙塔”的净土，大学里的腐败问题则会得到更多关注；四是涉高校管理的舆情事件。高校的改革、管理关系着学校的长期发展，关系着在校师生的生活学习，涉及高校管理、改革方面出台的举措比较容易引发舆情；五是涉师生言论不当的舆情事件，高校领导、教师、专家学者由于特殊的职业身份，发表的言论稍有不当，就极有可能被曝光、报道，形成舆论风波。

（二）网络新媒体时代高校舆情传播的特点

一是传播主体的特殊性。高校师生自我意识强烈，思想活跃，极易接受新事物新思想，具有较强的信息参与意识和互动意识，青年学生由于世界观、人生观、价值观正在形成之中，阅历处世经验不足、自控能力较弱且易从众，个别学生可能成为敏感舆情甚至是谣言扩散的助推者。二是传播方式的多样化。当前，各类网络新媒体因传播速度快、覆盖面广、互动性强等特点，成为高校师生获取资讯和传播信息的主要媒介，也使得高校各类敏感舆情传播载体呈现多元化。三是传播效果的裂变性。由于高校敏感舆情涉事主体主要是高校师生，且传播方式多样化，涉及内容多元化，造成高校舆情的不可控性加剧。在媒介平台多元化的信息环境下，各类社交媒体在校园突发事件中的作用愈加明显，导致个别突发事件大范围扩散，甚至传播至国际社会。

二　高校舆情治理尚存的问题和不足

网络自媒体的蓬勃发展，极大地拓宽了师生民众的发声渠道，一般性、个别性危机事件都可能经过网络发酵，容易成为社会舆论热点。当前高校舆情收集、应急处置、舆论引导工作在理念、手段、方式方法都亟须更新，适应新时代的工作需要。

（一）高校舆情治理的理念仍未完全转变

网络新媒体时代，信息的传播形式多、效率快，影响力大。传统依靠封堵、管控信息传播的舆情处置方式不再适应新的时代要求。网络新媒体时代，舆情处置和舆论引导工作的理念亟须从“堵”转变为“疏”，从受众的关注点出发，主动公开信息，化解公众疑虑，疏导公众情绪，引导公众舆论。当前，很多高校在工作理念上并未完全跟上时代，直接影响了舆情处置和舆论引导工作的效果，甚至引发次生舆情危机。

（二）高校舆情治理的体制机制不完善

网络新媒体的出现使高校舆情治理面临许多新的问题、新的挑战。很多高校往往聚焦于舆情事件的具体处理，未能将舆情处置和舆论引导的经验进行及时总结，研究规律，制定出具有普遍指导意义的工作预案、处理程序，形成长效机制。在具体执行上，协作性不强，反应速度不快。在舆情的具体处置环节，由于缺乏统一协调机制，职责和分工未能做到十分明确，容易产生多口交叉应对和口径不一的风险。

（三）高校舆情治理的人力物力基础较薄弱

目前，高校在舆情治理的相关人力、物力方面投入还相对欠缺。一是队伍建设不健全。当前，高校舆情应对工作普遍依靠宣传部门单兵作战，几乎没有组成由信息安全人员、专业舆情研判专家协同合作的舆情应对力量。二是舆情监控的技术设备基础尚未完备。据调查，目前很多高校并没有开发或购买舆情监控软件和设备，舆情的收集主要依靠人工进行搜索，对网络舆情无法做到 24 小时全面监控。

三 加强和改进高校舆情治理的思路和举措

网络新媒体时代，舆情治理逐渐成为高校一项重要工作，关系着高校发展的舆论空间。舆情治理必须上升到学校层面予以高度重视，加快研究，完善体制，强化队伍才能适应复杂传播格局下的舆情应对需要。

（一）健全舆情监控、研判、处置机制

舆情事件的发生不可预期，舆情的提前干预、及时处置具有极端重要性。高校应该及早建立并完善相关的体制机制，形成长期有效的应对和舆论引导程序和方法，从容妥善处理舆情事件。一是要建立起由学校党委宣传部牵头，学校各单位联合监控学校舆情的机制和舆情汇报平台，及时发现具有苗头性的事件。二是要建立舆情研判机制，定时召开舆情研判会，对近阶段校园舆情进行汇报总结，对下一阶段舆情风险点进行预判。三是建立舆情处置机制，对高校高发性舆情事件进行分类，制定有针对性的舆情应对预案，规范学校各相关单位的职责。

（二）构筑有力的信息发布和舆情引导平台

高校要充分建设和改善信息发布平台，畅通舆论引导渠道，占领舆论阵地。一是着重于校园新媒体建设，建设好“两微一端”和新兴的新媒体平台，确保学校在处理舆情工作时能够发声。二是完善新闻发布、信息公开渠道，对影响较大的舆情事件及时召开新闻发布会，对内对外及时回应，化解师生校友和社会民众疑虑，避免信息误传。三是加强与媒体机构的沟通联系，在日常工作中搭建好信息沟通渠道，借助专业媒体的影响力、传播力及时对舆情事件进行公开澄清说明，确保高校在舆情事件中能够广泛发声，保证媒体能够全面、客观、真实地报道。

（三）全面促进高校舆情治理能力建设

做好高校舆情应对和舆论引导工作必须建立强有力的工作队伍，提高舆情工作队伍的能力素质。一是要重点建设舆情监控队伍和网络评论员队伍，对校园舆情进行 24 小时实时监控，确保第一时间获取舆情信息，并围绕舆情事件开展有效的舆论引导。二是加强对全校各单位负责宣传、

舆情工作人员的培训，系统宣讲学校开展舆情应对和舆论引导工作的流程、规定，开展有关舆情应对的讲座、学习班，提高学校整体的舆情应对能力。三是高校要调动起学校新闻、网络安全等专业的研究力量，通过课题委托、专题研讨、学术论坛等方式，引导科研人员开展有关高校舆情的研究，为学校制定科学的舆情应对方案提供有价值的参考。

网络新媒体时代，舆论环境高度复杂化。高校舆情治理强调对时、效、度的恰当把握，强调技术性和艺术性的相互结合。做好网络新媒体环境下的高校舆情治理工作，亟须全面强化舆情治理机制、能力、渠道、方式方法等方面，不断适应新的舆论传播环境。

参考文献：

陈纯柱，敖永春：《网络环境下高校舆情的传播及引导机制研究》，《重庆大学学报》2011 年第 2 期。

丁义浩，王烁：《当前高校网络舆情中存在的问题与对策》，《东北大学学报》2013 年 7 月第 4 期。

新华网：《2016 年度社会热点事件网络舆情报告》，http://news.xinhuanet.com/yuqing/2017-01/04/c_129432155.htm，2017 年 1 月 4 日。